融合型·新形态教材
复旦社云平台 fudanyun.cn

婴幼儿托育·教养·早期教育系列教材

U0730975

婴幼儿游戏指导

总主编 陈雅芳 颜晓燕

主 编 孙巧锋

副主编 林淳淳 夏 佳 练宝珍

复旦大学出版社

内容提要

本书依据《托育机构保育指导大纲（试行）》《3岁以下婴幼儿健康养育照护指南（试行）》等政策文件，结合婴幼儿发展心理学、游戏理论等知识，以"助力师资提升与家长科学育儿"为宗旨，采用项目与任务结合的形式编写。

本书以婴幼儿游戏为核心，系统构建了从理论认知到实践指导的完整知识体系。全书共分七大项目。项目一阐释婴幼儿游戏的本质、价值及理论基础，奠定专业认知框架。项目二到项目六将0~3岁婴幼儿的年龄阶段划分为0~6个月、7~12个月、1~1.5岁、1.5~2岁、2~3岁5个阶段。每个项目均包含四项递进式任务：解析该阶段婴幼儿游戏特点、创设适宜环境与材料、设计组织游戏活动、指导家庭亲子互动，形成特点认知—环境支持—活动实施—家托共育的完整闭环。项目七聚焦游戏观察评价方法，强调对游戏过程的科学支持与反思优化。

本书内容紧扣不同月龄段婴幼儿身心发展规律，注重理论与实践结合，既提供分龄化游戏设计策略，又强调教师观察指导能力与家庭教育协同。适合早期教育、婴幼儿托育服务与管理专业师生，托育机构工作人员以及0~3岁婴幼儿家长使用。

本书配套有视频、教案、课件、习题及参考答案等丰富的数字资源，学习者可登录"复旦社云平台（www.fudanyun.cn）"查看、下载。

"婴幼儿教养系列教材"编委会

总 主 编： 陈雅芳　颜晓燕

副总主编： 许琼华　洪培琼

高等院校委员：

曹桂莲　林　娜　孙　蓓　刘丽云　刘婉萍　许　颖　孙巧锋　公燕萍　林　竞

邓诚恩　郭俊格　许环环　谢亚妮　练宝珍　张　洋　姚丽娇　柯　瑜　黄秋金

冯宝梅　洪安宁　林晓婷　候松燕　郑丽彬　王　凤　戴巧玲　夏　佳　林淳淳

行业企业委员：

陈春梅（南安市宏翔教育投资有限公司教学顾问、泉州工程职业技术学院继续教育学院副院长）

李志英（泉州幼儿师范高等专科学校附属东海湾实验幼儿园党支部书记、园长）

黄阿香（泉州幼师附属幼儿园党支部书记、园长）

欧阳毅红（泉州市丰泽幼儿园党支部书记、园长）

褚晓瑜（泉州市刺桐幼儿园党支部书记、园长）

吴聿霖（泉州市丰泽区教师进修学校幼教教研室主任）

郑晓云（泉州市丰泽区实验幼儿园党支部书记）

李嫣红（泉州市台商区湖东实验幼儿园党支部书记、园长）

陈丽坤（晋江市实验幼儿园党支部书记、园长）

何秀凤（晋江市第二实验幼儿园党支部书记、园长）

柯丽容（晋江市灵源街道灵水中心幼儿园园长）

张珊珊（晋江市灵源街道林口中心幼儿园园长）

王迎迎（晋江市金井镇毓英中心幼儿园园长）

庄妮娜（晋江市明心爱萌托育集团教学总监）

孙小瑜（泉州市丰泽区信和托育园园长）

庄培培（泉州市海丝优贝婴幼学苑教学园长）

林文勤（泉州市博博宝贝托育服务有限公司园长）

郑晓燕（福建省海丝优贝托育服务有限公司园长）

黄巧玲（福州鼓楼国投润楼教育小茉莉托育园园长）

林远龄（厦门市实验幼儿园党支部书记、园长）

钟美玲（厦门市海沧区实验幼儿园党支部书记、园长）

黄小立（厦门市翔安教育集团副校长）

简敏玲（漳州市悦芽托育服务中心园长）

复旦社云平台
数字化教学支持说明

为提高教学服务水平，促进课程立体化建设，复旦大学出版社建设了"复旦社云平台"，为师生提供丰富的课程配套资源，可通过"电脑端"和"手机端"查看、获取。

【电脑端】

电脑端资源包括PPT课件、电子教案、习题答案、课程大纲、音频、视频等内容。可登录"复旦社云平台"（fudanyun.cn）浏览、下载。

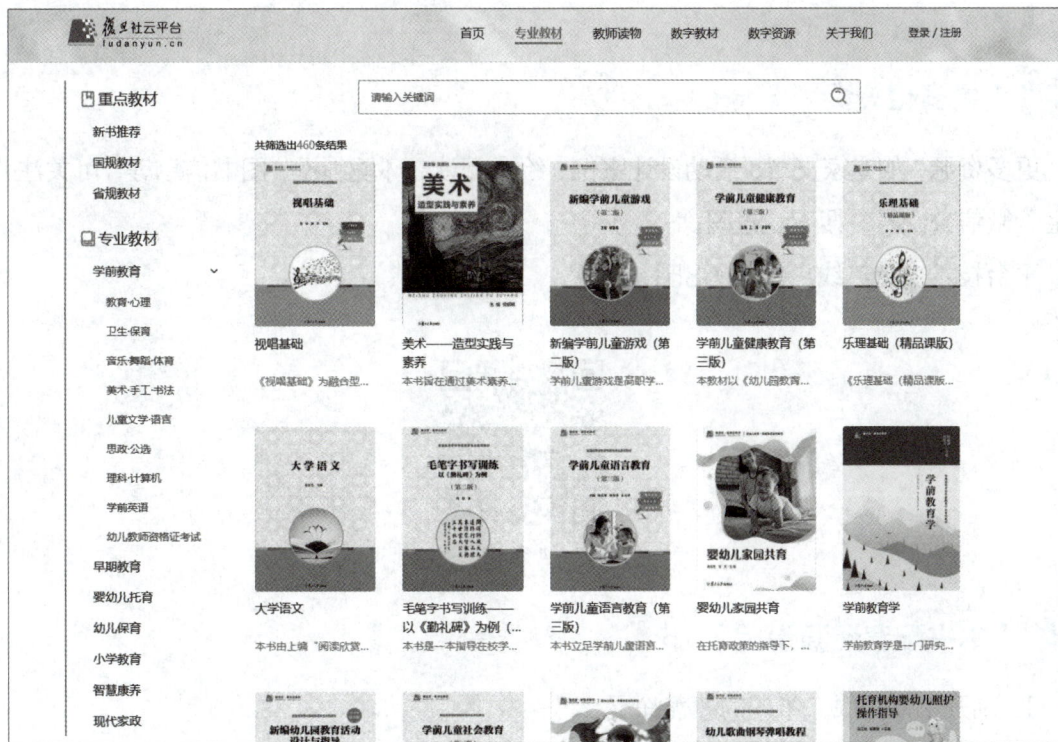

Step 1 登录网站"复旦社云平台"（fudanyun.cn），点击右上角"登录／注册"，使用手机号注册。

Step 2 在"搜索"栏输入相关书名，找到该书，点击进入。

Step 3 点击【配套资料】中的"下载"（首次使用需输入教师信息），即可下载。音频、视频内容可点击【数字资源】，搜索书名进行浏览。

📱【手机端】

PPT 课件、音视频、阅读材料：用微信扫描书中二维码即可浏览。

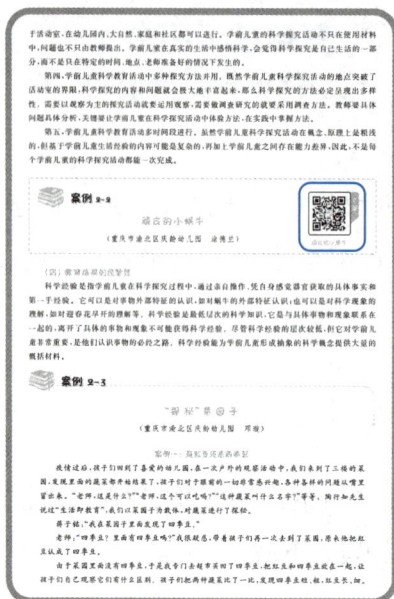

扫码浏览 ➡

📖【更多相关资源】

更多资源，如专家文章、活动设计案例、绘本阅读、环境创设、图书信息等，可关注"幼师宝"微信公众号，搜索、查阅。

平台技术支持热线：029-68518879。

"幼师宝"微信公众号

✏【本书配套资源说明】

1. 刮开书后封底二维码的遮盖涂层。

2. 使用手机微信扫描二维码，根据提示注册登录后，完成本书配套在线资源激活。

3. 本书配套的资源可以在手机端使用，也可以在电脑端用刮码激活时绑定的手机号登录使用。

4. 如您的身份是教师，需要对学生使用本书的配套资料情况进行后台数据查看、监督学生学习情况，我们提供配套教师端服务，有需要的教师请登录"复旦社云平台"（fudanyun.cn），点击"教师监控端申请入口"提交相关资料后申请开通。

人生百年,立于幼学。0～3岁婴幼儿的早期教育与照护是学前教育与终身教育的开端,不仅关系着儿童的健康成长,也关系到千家万户的幸福和谐与国家未来人才的综合素质。习近平总书记指出,要大力发展普惠托育服务体系,显著减轻家庭生育、养育及教育负担。党的二十大报告指出:深入贯彻以人民为中心的发展思想,在幼有所育上持续用力。坚持以推动高质量发展为主题,建设教育强国,办好人民满意的教育。2022年7月,国家卫生健康委、国家发展改革委等17部门联合印发《关于进一步完善和落实积极生育支持措施的指导意见》,也明确提出提升托育服务质量。在此背景下,国家迫切需要建设一支"品德高尚、富有爱心、敬业奉献、素质优良"的婴幼儿照护服务队伍,开展托幼专业师资人才培养培训并编写相应的专业教材成为当务之急。泉州幼儿师范高等专科学校在2014年编写了"0～3岁儿童早期教育"系列教材,在此基础上,我们再次组织高校、幼儿园和托育机构的教师团队,对本套丛书进行编写和修订。

本丛书以习近平新时代中国特色社会主义思想为指导,贯彻落实党中央关于托育工作的决策部署,依据国务院办公厅《关于促进3岁以下婴幼儿照护服务发展的指导意见》(国办发〔2019〕15号),国家卫生健康委《托育机构保育指导大纲(试行)》(国卫人口发〔2021〕2号),国家卫生健康委办公厅《3岁以下婴幼儿健康养育照护指南(试行)》(国卫办妇幼函〔2022〕409号)、《托育从业人员职业行为准则(试行)》(国卫办人口函〔2022〕414号)等政策要求,全面落实立德树人根本任务,通过教材建设,满足专业人才培养需求。本套教材拟从以下三方面回应当前托育发展的现状。一是破解托育服务行业快速发展与专业人才供给不足的矛盾,为婴幼儿教育提供可持续、专业化的服务和指导。二是弥补高校早期教育、托育服务专业教材系列化的缺失,助推人才培养,建立与托育服务产业链相配套的人才链,为各院校提供前沿教材参考,从人才培养的源头保障托育服务专业化水平的提升。三是助力解决公办托育一体化服务、社区配套托育服务中科学养育方案和教材内容欠缺等难题,助推"托幼一体化"模式和多形式普惠托育服务模式形成,促进托育机构多样化健康发展。

本丛书依照中华人民共和国国家标准《0～3岁婴幼儿居家照护服务规范》《家政服务 母婴护理服务质量规范》,对照教育部《早期教育专业教学标准》《婴幼儿托育服务与管理专业教学标准》,融合思政教育,对接工作岗位,以任务驱动、问题导向的岗课赛证贯通的体系编排内容,呈现"项目导读、学习目标、知识导图、案例导入、内容阐释、育儿宝典、任务思考、实训实践、赛证链接"的编写体例,突出职业性、科学性与实用性三大特色。此外,教材还内置二维码链接视听资源、课程资源与典型案例,形成数字化教材体系,支持线上线下混合式教学。实现纸质教材＋数字资源的结合,体现"互联网＋"新形态一体化教材的编写理念。

本丛书组建专业编写团队,汇聚学前教育、早期教育和婴幼儿托育服务与管理专业的专家学者,联合高校、幼儿园、早教和托育机构等相关教师参与编写,共同打造涵盖0～3岁婴幼儿"卫生保健、心理发展、早期教育、环境创设、营养喂养、动作发展、言语发展、游戏指导、艺术启蒙、情感与社会性发展、观察评价、亲子活动、家庭教养"等内容的14本系列教材,体现专业性、系列化和全视域特点。

本丛书中的8本教材——《婴幼儿卫生与保健》《婴幼儿心理发展》《早期教育概论》《婴幼儿亲子活动设计与指导》《婴幼儿游戏指导》《婴幼儿活动设计与指导(动作发展)》《婴幼儿活动设计与指导(言语发展)》《婴幼儿活动设计与指导(艺术启蒙)》,历经十余年教学实践检验后,结合当代托育服务新理念进行全新修订;另6本教材——《婴幼儿科学营养与喂养》《婴幼儿活动设计与指导(社会性发展)》《婴幼儿活动设计与指导(综合版)》《婴幼儿行为观察与发展评价》《婴幼儿教养环境创设与利用》《婴幼儿家庭教养指导与咨询》则是最新编写,能够较好地融合校企合作、双元育人的有效做法,体现理论与实践密切结合的特点。

本丛书由陈雅芳、颜晓燕担任总主编,许琼华、洪培琼担任副总主编,统筹全书策划与审校工作。各教材分别由专人主编:洪培琼、许环环主编《婴幼儿卫生与保健》,孙蓓主编《婴幼儿心理发展》,刘丽云主编《早期教育概论》,林娜主编《婴幼儿科学营养与喂养》,陈春梅主编《婴幼儿活动设计与指导(动作发展)》,颜晓燕主编《婴幼儿活动设计与指导(言语发展)》,公燕萍主编《婴幼儿活动设计与指导(艺术启蒙)》,许琼华主编《婴幼儿活动设计与指导(社会性发展)》,邓诚恩主编《婴幼儿活动设计与指导(综合版)》,曹桂莲主编《婴幼儿亲子活动设计与指导》,孙巧锋主编《婴幼儿游戏指导》,许颖主编《婴幼儿行为观察与发展评价》,林竞主编《婴幼儿教养环境创设与利用》,郭俊格主编《婴幼儿家庭教养指导与咨询》。

本丛书符合职前早期教育、托育服务与管理等专业课程的开设需求,符合职后相关教育工作者职业能力的发展需求,同时也为家长提供科学育儿参考,适宜高校教师和学生,早教和托育机构的教育工作者、研究者以及广大家长使用。

打造高品质的专业教材是编写组的初衷,助力广大学生、教师和家长共同守护婴幼儿的健康发展是编写组不变的初心!由于编者水平有限,书中存在不妥之处,恳请读者批评指正!

"婴幼儿教养系列教材"编写组

前 言

  0～3岁是人一生中生长发育最为迅速的时期，也是健康成长的奠基时期。近年来，随着国家对婴幼儿养育照护日益重视，婴幼儿早期教育和养育照护已成为社会各界关注的焦点。2019年国务院办公厅发布的《关于促进3岁以下婴幼儿照护服务发展的指导意见》提出，要发展多种形式的婴幼儿照护服务，满足人民群众对婴幼儿照护服务的需求。2022年国家卫生健康委办公厅发布的《3岁以下婴幼儿健康养育照护指南（试行）》则进一步细化了养育照护的内容和方法，明确提出"交流和玩耍是婴幼儿养育照护的重要内容"，强调了游戏在婴幼儿成长过程中的不可替代作用。游戏不仅是婴幼儿探索世界、与周围互动的方式，更是促进其身心全面发展的重要途径。本教材旨在帮助未来的托育机构从业人员树立正确的游戏观，掌握婴幼儿游戏观察、评价、设计与组织的基本技能，为婴幼儿及其家庭提供更加丰富、有趣、有益的游戏活动，促进其全面发展。

  本教材在编写过程中，始终秉持科学性、实用性、职业性的理念。科学性是本教材的核心，旨在帮助学习者全面、深入地认识婴幼儿游戏，理解其重要性和必要性。实用性是本教材的重要特征。未来的托育机构从业人员需要的不仅仅是理论知识，更重要的是能够将理论转化为实践的能力。本教材结合托育机构的实际工作需求，介绍了婴幼儿游戏观察、评价、设计与组织的具体方法和步骤。职业性是本教材的独特之处，注重以任务为导向，结合岗课赛证等多项内容，构建完整的婴幼儿游戏指导知识体系。

  本教材由孙巧锋拟定编写提纲，颜晓燕提出编写要求和审定提纲，陈雅芳在整个编写过程中组织编写者讨论、修改和完善。全书由孙巧锋整理、加工和完善，由颜晓燕和陈雅芳审阅、定稿。本教材共七个项目。项目一、项目二、项目七由泉州幼儿师范高等专科学校孙巧锋编写；项目三由泉州幼儿师范高等专科学校练宝珍编写；项目四、项目五由泉州幼儿师范高等专科学校夏佳编写；项目六由泉州幼儿师范高等专科学校林淳淳编写。

  本教材在编写过程中，参阅了国内外大量专家、学者的研究成果，引述良多，未能一一注明，特在此说明，恳请原作者见谅，并致以谢忱。由于编写者水平有限，教材之中不足之处在所难免，恳请广大读者批评指正。

目 录

项目 七　**观察与评价婴幼儿游戏活动**   135

项目一 认识婴幼儿游戏

项目导读

2022年国家卫生健康委办公厅发布的《3岁以下婴幼儿健康养育照护指南（试行）》明确提出"交流和玩耍是亲子陪伴的重要内容，也是养育照护中促进婴幼儿早期发展的核心措施"，强调了游戏在婴幼儿成长过程中不可替代的作用。游戏是婴幼儿与周围世界互动的重要方式，是他们探索世界、理解社会、发展自我、实现潜能的重要途径。

本项目主要阐述婴幼儿游戏的概念、基本特征和分类，婴幼儿游戏的发生与发展，婴幼儿游戏的价值，以及婴幼儿游戏理论。通过本项目的学习，希望学习者能够对婴幼儿的游戏有更清晰的认识，并理解婴幼儿游戏的价值。

学习目标

认知目标

1. 认识婴幼儿的游戏，熟悉游戏活动的基本特征，了解婴幼儿游戏理论；
2. 理解婴幼儿游戏的发生与发展，掌握婴幼儿游戏的类型。

能力目标

1. 能够阐述婴幼儿游戏的含义和特征；
2. 能够列举不同类型的婴幼儿游戏，并说明其价值。

素质目标

理解婴幼儿游戏的重要性与价值。

知识导图

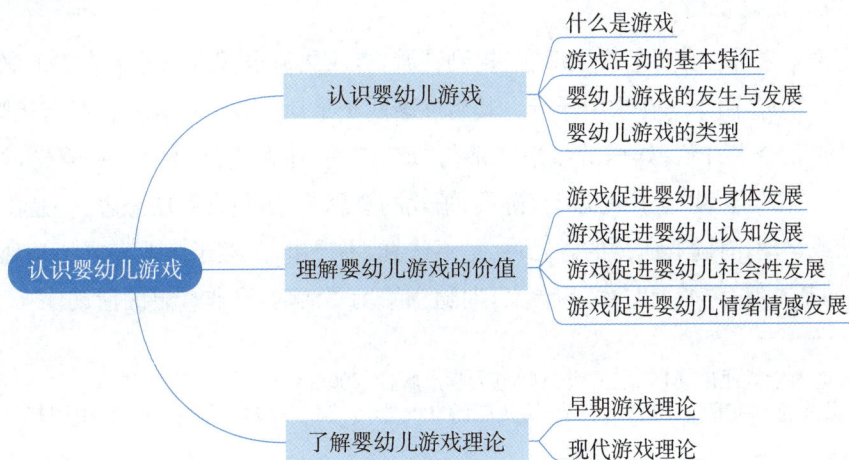

认识婴幼儿游戏
- 认识婴幼儿游戏
  - 什么是游戏
  - 游戏活动的基本特征
  - 婴幼儿游戏的发生与发展
  - 婴幼儿游戏的类型
- 理解婴幼儿游戏的价值
  - 游戏促进婴幼儿身体发展
  - 游戏促进婴幼儿认知发展
  - 游戏促进婴幼儿社会性发展
  - 游戏促进婴幼儿情绪情感发展
- 了解婴幼儿游戏理论
  - 早期游戏理论
  - 现代游戏理论

任务一 认识婴幼儿游戏

案例导入

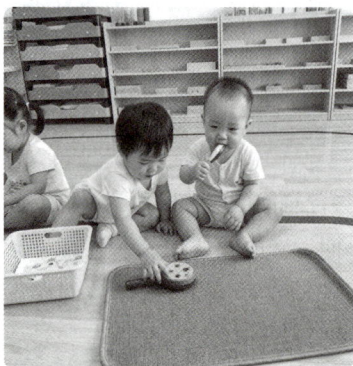

图 1-1-1 开开玩拨浪鼓

李明在一所托幼机构实习,他看到 2 岁的乐乐在搭积木,旁边还有两个小朋友在追逐嬉戏,他知道这是幼儿在游戏。可是看到乳儿班只有 8 个月的开开坐在地毯上,伸手从旁边的篮子里抓住了一个红色的拨浪鼓,他把拨浪鼓放在嘴边,试图去啃,然后随意地晃动了几下,拨浪鼓发出了声响(图 1-1-1)。很快,拨浪鼓掉在了地板上,接着他又捡了起来,这次他又晃动了几下,听到拨浪鼓的响声,他朝着旁边的成人笑了笑。

李明很疑惑,开开是在游戏吗? 对婴幼儿来说,什么是游戏? 游戏有什么价值呢?

自从有了人类,就有了游戏。游戏是一种普遍的社会现象,各种文化的社会都有游戏。全世界的婴幼儿都玩游戏。他们或一个人游戏,或几个孩子一起玩游戏,或和成人一起游戏。游戏是什么? 它对婴幼儿有多重要? 有没有关于"游戏"的明确定义? 提到游戏,你脑海中想到的是什么呢?

一、什么是游戏

由于游戏内涵的丰富性和类型的多样性,我们很难对游戏进行明确的定义。一种游戏的定义可能只适合于某一类的游戏,而无法涵盖所有的游戏。"游戏就像一个巧于规避的精灵和我们玩着捉迷藏游戏,躲避着精确的定义。"[1]"而且电子游戏的出现,以及幼儿被置于'有组织的游戏',而不是其可以自由地在任何地点、任何时间、以其所希望的方式玩游戏,正在对游戏的定义造成进一步的混淆。"[2]那什么是游戏呢? 不同的视角有不同的观点。

(一)不同视角下游戏的定义

从语言学上来进行分析,《说文解字》提到:"游,旌旗之流也。"意思是指旗帜上飘动着的飘带。后加上水字旁,引申为在水中浮行。其后逐渐同于足动,表示行走游玩,具有闲暇、嬉戏的意思。"戏"是指令人开心、娱乐的事情。常与"嬉"连用,在古代汉语中带有贬义,如"业精于勤,荒于嬉"。"游"与"戏"连用时,带有游玩、嬉戏的意思,一般包含两层意思:一是供人们休闲娱乐的活动或运动,有随心所欲的意思;二是不认真、不严肃,无益于学业发展。从现代汉语来看,游戏一词基本保存"游"和"戏"的含义,即随意的玩耍活动,是非严肃的活动。

---

① 刘焱.儿童游戏通论[M].北京:北京师范大学出版社,2008:141.
② [加]贝弗莉·迪策,黛安娜·卡希.幼儿园游戏与学习[M].鄢超云等译. 北京:中国轻工业出版社,2023:7.

英文中和游戏有关的词语有：play、game。play 作名词时指玩耍、游戏，是一类行为的总称，其共同特征是没有压力和负担，使人愉快和满足，更偏向于自发的游戏；game 则较偏向于有规则的竞技活动，是有规则的游戏，如奥林匹克运动会的英文 The Olympic Games。当 play 作动词时，构成"play games"，"游戏"前的动词为 play，而工作前的动词为 do，这在一定程度上反映出游戏和工作指向不同的活动。play、game 和 fun 一起构成了游戏的"素描"：即游戏是富有趣味的玩乐活动，从中能够体验到乐趣和快乐。

从教育学的视角来看，游戏总是和童年联系在一起，学前时期似乎是游戏唯一合法的栖身地。德国教育家福禄贝尔是第一个强调游戏的教育价值的人。艾利康宁、乌申斯基等学者也都发表了关于游戏的观点。

尽管从不同的角度，不同的学者对游戏有不同的定义，但是也有一些共同的特征，即游戏是一种自由自主的、创造性的、愉悦的、非功利性的活动。

第一，游戏是幼儿自主自愿、自由调控的活动。是"我要玩"而不是"要我玩"。具体表现在幼儿作为游戏的主体，可以自主地选择游戏内容、决定游戏材料、创造和决定游戏的玩法、选择游戏玩伴，即决定要玩什么、怎么玩、和谁玩等。

第二，游戏是一种创造性的活动。游戏的魅力就在于其开放性、不确定性和生成性。自主性必然意味着主动性和创造性。自主性为创造性提供了肥沃的土壤。幼儿不再是被动的接受者，而是主动的创造者。他们可以根据自己的兴趣和想象，创造出各种新奇的游戏内容和玩法。游戏的过程就是自由创造的过程，也是幼儿自我表达和个性发展的过程。

第三，游戏是幼儿获得愉悦和满足的活动。在游戏中幼儿会感到开心、快乐，也会体验兴奋与紧张。幼儿游戏的情绪取决于游戏活动的性质，比如智力游戏中的紧张与放松、棋类游戏中的专注与认真、体育游戏中的兴奋与大笑。虽然幼儿在游戏中会有焦虑、恐惧和不安，但是从本质上来说游戏让幼儿感觉到快乐。

第四，游戏是幼儿非功利性参与的活动。幼儿参与游戏并不是为了获得外在的物质利益，游戏活动本身就能够带来身心愉悦和满足。

（二）游戏的本质特征

国外的学者通过对游戏行为和非游戏行为的动机、手段和目的进行对比，列举其特征，从而概括游戏的本质特征，有以下几种代表性的观点。

1. 纽曼的"三内说"

纽曼（Neumann）提出用内部控制（control）、内部真实（reality）、内部动机（motivation）来概括游戏的特征。

首先是控制，游戏的特征是内部控制。这里的控制指的是游戏者在游戏过程中对活动本身的自主掌控，包括游戏方式、规则制定、进程推进等方面的自我调节能力。控制可分为内部控制和外部控制。大部分情况下，控制不可能全是内部控制或外部控制，只是程度不同。当幼儿一个人在玩时，这时的控制全部是内部控制，当有其他幼儿参与时，控制就是相互的，由内部控制向外部控制转移。例如一个两岁的幼儿自己在玩娃娃家，这是内部控制，当另外一个幼儿也参与进来，他们一个扮演爸爸，一个扮演妈妈，内部控制就向外部控制转移。

其次是真实，是指游戏与现实生活相符合的程度。游戏是虚构的、想象的，在外人看来是假的，但在游戏者那里是一种内部真实，如幼儿扮演妈妈，照顾娃娃。游戏又和生活紧密相连，游戏总是现实生活的某种反映。

再次是动机，动机可分为内部动机和外部动机。游戏是由内部动机支持的行为，但是实际上很少有某种活动的动机是纯内部动机或纯外部动机。游戏大多时候是"我要玩",而不是"要我玩",这就是内部动机。

从内部控制到外部控制、内部真实到外部现实、内部动机到外部动机之间构成了一个行为连续体,游戏与工作是这一连续体的两端,许多行为都可以在这一连续体上找到相应的位置。

2. 克拉思诺和佩培拉的四因素说

克拉思诺(Krasnor)和佩培拉(Pepler)认为游戏活动具有以下这四个特征。

① 灵活性(flexibility),即游戏活动在形式与内容上的多变性;

② 肯定的情感(positive affect),即游戏者的情绪体验总是快乐的,笑容是这种肯定情感的标志;

③ 虚构性(nonliterality),即游戏总带有想象的因素;

④ 内部动机(intrinsic motivation),即游戏不受外部规则或社会性要求的制约,游戏者是为游戏而游戏,玩即目的。

3. 加维的五特征说

凯瑟琳·加维(Catherine Garvey)认为游戏活动具有以下五个基本特征:

① 游戏是令人愉快的、有趣的活动,即使有时不一定表现出快乐,但游戏者仍会做出积极的评价;

② 游戏没有外在的目标,游戏是一种非功利性参与的活动,更多地是一种获得愉快体验的手段,而不是为了某种特别的目的而努力;

③ 游戏是自发自愿的,它是非强制性的,由游戏者自由选择;

④ 游戏包括对游戏者的积极约束;

⑤ 游戏与非游戏活动之间存在某种系统性的联系。

从以上国外学者对游戏特征的分析和概括中,我们发现他们都采用了将游戏与非游戏活动进行对比分析的方法,尝试列举出游戏的主要特征。这些分析和概括都在尝试无限地逼近游戏的定义,具有一定的启发意义。但是,游戏本身的含义是复杂的。在对游戏进行界定时,人们很难仅仅依靠二分法做出判断。一些非游戏活动中也可以包含某些游戏因素。例如人们在享受工作的状态时,也可能是自愿的、自发的、愉快的。而同一种行为在此时此刻是游戏,在彼时彼刻可能就不是游戏。因此,游戏与非游戏活动应被看作是可以相互转化的连续体,在特定的时间和特定的地点,游戏可以转化为非游戏活动;同理,在特定的时间和特定的地点,非游戏活动也可以转化为游戏活动。

二、游戏活动的基本特征

(一)游戏活动的基本特征

游戏是幼儿与周围世界相互作用的基本形式,是他们探索世界、理解社会、发展自我、实现潜能的重要途径。游戏活动具有对象性、社会性、主体性、发展性等一般活动的基本特性,这些特性共同构建了幼儿游戏活动的独特价值和魅力。

1. 游戏活动的对象性

幼儿的游戏活动,总是围绕一定的对象进行。人与物是幼儿游戏活动的两种性质不同的对象。游戏孕育于早期的社会性关系之中,最初的游戏往往发生在父母或主要照护者与婴儿之间,特别是母婴游戏。例如,婴儿从第一次社会性微笑中得到的回应,支持他后来与周围的世界进行更复杂的互动。这些互动是游戏行为的开始。正是这种最早的社会性关系,形成和发展着婴幼儿与物质世界的"非社会性关系"。游戏也发生在婴幼儿与物体的交互作用中。各种玩具材料、自然材料等都是婴幼儿游戏的对象。婴幼儿正是在动手操作、多感官探索中认识各种物质材料,发现事物之间的关系。

2. 游戏活动的社会性

游戏活动的对象性决定了游戏活动的社会性。在游戏中,幼儿通常会与同伴、成人进行互动和合作,共同完成任务或达成目标。这种社交互动不仅有助于幼儿发展同伴关系、学会合作,还让他们在实践中理解社会规则、培养社交技能。例如,在角色游戏中,幼儿通过扮演不同的角色,体验不同的社会角色和职责,学习如何与他人沟通、协商和妥协。

3. 游戏活动的主体性

所谓主体性,是人作为活动主体与客体相互作用过程中表现出来的自主性、积极性和创造性。在游戏活动中,幼儿是主体,他们拥有自主权、选择权和决策权。他们可以自主决定是否参与游戏、自由地选择游戏内容、决定游戏方式、创造游戏玩法和规则,并在游戏中充分展示自己的个性和特点。这种主体性不仅有助于幼儿发展自我意识和自我认同,还让他们在游戏中体验到成功和成就感。

4. 游戏活动的发展性

游戏活动是幼儿身心发展的重要途径。正是游戏的对象性、社会性使得游戏对于幼儿发展的作用可与教学相提并论。在游戏中,幼儿不仅能够锻炼身体协调性,提高认知能力,还能够促进社会性发展,以及情绪情感的发展。例如,在户外游戏中,幼儿通过奔跑、跳跃等活动,锻炼身体协调性;在积木游戏中,发展空间想象力、创造力、认知能力以及问题解决能力;在角色扮演游戏中,幼儿通过模仿和体验不同的角色,了解角色所处的场景与基本规则,发展同理心和责任感。正如维果茨基所言,游戏可以创造幼儿的"最近发展区"。

(二) 游戏活动的双重性

游戏活动不同于其他活动的一个特点就是它的双重性。游戏特征的双重性体现在其内在的矛盾统一之中。游戏是想象的、虚构的,但同时又是真实的,是现实生活的反映;游戏是自由的、无拘无束的,但又存在游戏规则;游戏是开心的、快乐的,但也包含着严肃、紧张;游戏时幼儿专注于游戏的过程,游戏之外没有目的,游戏的目的就是游戏本身,但同时游戏又是有目的的,幼儿会使出浑身的解数或策略,达到"赢"的目的。

1. 想象和真实

幼儿的游戏是一个充满想象的世界。在这个世界里,幼儿可以自由地创造、扮演角色、创编故事、自由搭建。想象是幼儿游戏的灵魂,它激发了幼儿的创造力,使他们在游戏中体验到无限的乐趣和成就感。例如,幼儿把自己想象成妈妈,抱着一个布娃娃,把沙子想象成食物,喂它吃饭。布娃娃不是真的宝宝,沙子也不是真的食物。但是在游戏的世界里,在幼儿眼中,布娃娃就是宝宝,沙子就是食物。在积木游戏中,幼儿模拟搭建出现实中世界的高楼大厦。这不仅仅是对现实建筑的一种模仿,也是对建构材料的创造性应用,是对空间结构等物理概念的初步探索。幼儿的生活经验越丰富,游戏活动就越丰富。游戏的源泉来自现实生活,游戏是想象和真实的统一。

2. 自由和规则

游戏是一种幼儿可以自主选择、自由支配的活动,游戏的本质就是自由。幼儿可以自由选择我要不要玩、要和谁玩以及怎么玩。但同时,任何游戏都是有规则的,比如捉迷藏、老鹰捉小鸡等游戏有外显的游戏规则,扮演妈妈的幼儿也知道自己要做什么才会更像妈妈,这是内隐的游戏规则。即使是最早的亲子游戏,游戏双方也在按照基本的社会交往的框架轮流交替。如藏猫猫游戏中,妈妈用小毛巾或是双手挡在脸前,同时问宝宝:"妈妈哪儿去了?"然后重新露出脸来,如此重复。这种来来回回、不断重复变换的节奏就是游戏隐含的内在规则,它使游戏中的行为自然地受到一定的约束,而这又是游戏的乐趣之所在。游戏是自由和规则的统一。

3. 紧张和放松

游戏是快乐的,游戏可以使人愉快、放松。但是游戏的"放松"外表之下掩盖的是"紧张","嬉戏"外表之下掩盖的是"认真"和"严肃"。游戏中幼儿感到开心、快乐、放松,也会体验到紧张、刺激。有时游戏的放松恰恰是通过紧张而来的。游戏中的幼儿是认真、专注的,他们以"工作"的精神对待游戏。游戏就是幼儿的"工作",是紧张和放松的统一。

4. 手段和目的

游戏的目的就是游戏本身,幼儿游戏就是为了游戏,而不是游戏之外的其他目的。幼儿游戏就是为了玩,而不是为了获得教师的奖励或赞赏。幼儿在游戏中享受过程,体验乐趣。游戏又是有目的的,"赢"就是游戏的目的。例如,赛龙舟游戏中不想输、滑滑梯游戏中想要倒着滑等。在游戏的过程中,幼儿会有各种各样的奇思妙想或方法策略。游戏的过程就是游戏的目的,游戏是手段和目的的统一。

三、婴幼儿游戏的发生与发展

(一) 婴幼儿游戏的发生

婴幼儿游戏的发生是多因素相互作用的结果,它依赖于婴幼儿生理和心理的成熟以及外部环境的刺激和支持。随着婴儿月龄的增长,一方面婴儿的生理开始成熟,肌肉力量逐渐发展,特别是大肌肉群和小肌肉群的发展,协调性和灵活性也逐渐提高,这些都为游戏活动的产生和发展提供了必要的生理基础;另一方面婴儿的感知觉、认知能力等也进一步发展,婴儿渴望得到成人的关注、爱护,对母亲或是主要照护者有迫切的情感与社交需求。当有适宜的外部环境刺激和支持时,婴儿的游戏就发生了。

1. 游戏发生的时间

关于游戏的发生时间有两种不同的观点。一种观点认为游戏在出生后不久(约 3 个月)即发生;另一种观点认为出生后前两年内的活动不能算是真正的游戏,真正的游戏要等到第三年才发生,即"3 岁发生论"。

(1) 出生后不久即发生

持该观点的代表人物是皮亚杰(Piaget)。皮亚杰认为游戏并不是先天的,而是后天习得的,是随着婴幼儿的认知发展逐渐发展起来的"认知活动的一种形式"。婴幼儿游戏的最初形式是与物体的交互。

婴儿在出生后的第一个月,只有一些尚未协调的、与营养等基本本能需要相联系的遗传性图式。这时,主客体混沌一片,同化与顺应也是混合、无区别的。这一阶段既没有游戏,也没有模仿。出生后的第二个月至四五个月,为感知运动的第二阶段。在反射练习的基础上导致循环反应的发生,循环反应本身并不是游戏,而是一种探究性质的适应性活动。而如果循环反复延续下去,即行为的重复出现,就会变成游戏。例如婴儿碰巧把手指放到嘴里,随后试图重复这一动作。再如婴儿的脚偶然碰到音乐健身架的一个按钮,并发出了音乐的声响,这种现象引起了婴儿的注意,他表情严肃,很想弄清楚发生了什么。在接着几次尝试后,婴儿似乎明白了自己的动作和音乐声响之间的关系,于是他露出了微笑的表情,便重复用脚触碰,使其发出音乐的声响,这时游戏便发生了。皮亚杰认为区分婴儿的行为是探究还是游戏,其判断标准是婴儿的表情。探究阶段,婴儿的表情是严肃的、认真的。一旦掌握了新的动作图式,循环反应就不再有学习的性质,而是通过重复动作获得"机能快乐",这时游戏就发生了。

（2）3 岁发生论

社会历史文化学派认为真正的游戏是婴幼儿 3 岁以后才出现,最具有代表性的就是以假装为特征的角色游戏。该学派认为 3 岁以前,只有实物活动而没有游戏。实物活动就是以对物体的操作为特征、以掌握社会所规定的物体用途和使用方法为结果的活动。

学者之所以对游戏的发生时间会有不同的观点,最根本的是对游戏的定义有所不同。社会历史文化学派侧重于将游戏定义为有想象性的角色游戏,而按照皮亚杰的观点,则将游戏定义为游戏者主动控制（而不是被人或物控制）、获得愉悦的活动。本书采用皮亚杰关于游戏的定义和发生的观点。

2. 游戏和探究的关系

探讨婴幼儿游戏的发生问题,必然会涉及游戏与探究的关系问题。从心理学的视角来看,在信息加工认知主义心理学和动机心理学"唤醒-调节"理论的影响下[1],探究和游戏有一定的区别。探究被看作是一种有目的的、收集信息的行为;游戏则是一种随意的、多样化的、对所获取的信息进行个体化意义重组的行为。探究时婴幼儿的表情通常是认真的、严肃的;游戏时的表情则常常是微笑的、开心的。萨顿-史密斯（Sutton-Smith）认为,婴儿最初的行为既不是"游戏",也不是"非游戏"。在最初的两年中,婴幼儿的行为在本质上是探究,即"原始的"游戏。他用"探究""掌握""游戏"这三个概念来概括婴儿第一年的"游戏"生活。探究是以物体为中心的,目的在于了解物体的性质、特征;掌握是以自我为中心的,是自己想法的实现;游戏可能发生在探究和掌握之间。判断的依据是婴幼儿脸上的兴奋、微笑或尖叫着跳上跳下等表现。哈特（Hart）基于探究和游戏的密切关系,将游戏中的行为分为认知性行为和嬉戏性行为两种。认知性行为相当于特殊性探究;嬉戏性行为相当于多样性探究。在游戏活动中,先认知后嬉戏。游戏和探究之间并不是平行关系,而是包含关系,即游戏作为一种活动,包含探究行为。

从教育学的视角来看,幼儿教育强调游戏化、生活化,其目的就是要把游戏活动的主体精神贯穿始终,使幼儿在游戏活动中和通过游戏活动主动学习。探究是婴幼儿认识世界的初步方式,而游戏也是婴幼儿与周围世界积极互动的方式。刘焱教授将其合二为一,称为探究性游戏,并分为特殊性探索和多样性探索两个阶段[2]。特殊性探索往往表现出对于玩具或游戏材料性质的兴趣,它主要回答"这是什么""这有什么用"等问题。随着对玩具或游戏材料性质的了解,幼儿开始按照自己的想法而不是按照玩具或游戏材料的特性来使用,这时探索开始超越物体本身"既定"的特点而具有想象和创造的因素,这一阶段为多样性探索,它主要回答"我还可以用这个东西来干什么"。

对于婴幼儿而言,探究和游戏密不可分。探究是游戏的基础,游戏则是探究活动的延伸和深化。

（1）探究是游戏的基础

在游戏的个体发生历程中,探究通常先于游戏而发生。探究是一种有目的的、收集信息的行为,婴幼儿主要通过感知运动的方式探索周围环境,试图掌握物体的性质、特征和使用方法。

---

① 刘焱. 儿童游戏通论[M]. 2 版. 北京:北京师范大学出版社,2008:155.
② 刘焱. 儿童游戏通论[M]. 2 版. 北京:北京师范大学出版社,2008:423.

这种探究行为在生命的第一年占据主要地位,随着婴幼儿认知能力和身体协调能力的发展,探究逐渐与游戏相结合,形成了多样化的游戏形式。

（2）游戏是对探究的延伸和深化

在游戏活动的微观发生历程中,婴幼儿也是先探究后游戏。当婴幼儿对某个物体或环境刺激产生了兴趣,并通过探究初步了解了其性质后,他们往往会通过游戏来进一步探索和体验。游戏为婴幼儿提供了一个更加自由、自主的环境,使他们能够在不受限制的情况下,通过想象和创造性地使用物体,深化对世界的理解。

（3）游戏与探究的相互促进

游戏和探究之间并不是孤立的,而是相互促进的。一方面,探究为游戏提供了素材和内容;另一方面,游戏又促进了婴幼儿探究能力的发展。在游戏中,婴幼儿不仅巩固了已有的探究成果,还通过创造性地使用物体,发现其新的可能性和用途,从而推动了探究活动的进一步深入。

（二）婴幼儿游戏的发展

1. 游戏的萌芽（0～2岁）

婴幼儿出生的头两年,主要是进行身体运动游戏、玩物游戏和社会性游戏[①]。身体运动游戏指以大肌肉动作为主的游戏。玩物游戏指以小肌肉动作为主的游戏。社会性游戏指以人际互动为特征的游戏,包括亲子游戏和同伴游戏。成人在0～2岁婴幼儿的游戏中发挥着重要的作用,这一时期的社会性游戏主要以亲子游戏为主。身体运动游戏、玩物游戏和亲子游戏并不是截然分开的,往往会有重叠。

（1）身体运动游戏

婴幼儿动作的发展为身体运动游戏提供了生理基础,同时身体运动游戏也促进了婴幼儿动作的发展。身体运动游戏的发展经历三个阶段:有规律的重复动作阶段、练习性游戏阶段、追逐打闹游戏阶段。

重复动作指婴儿没有目的、重复进行的大肌肉动作,如踢脚、摇动身体等。这种重复的动作很早就出现,在婴儿6个月时达到高峰。随着年龄的增长,这种动作的数量逐渐减少。

1岁以后,幼儿的练习性游戏数量不断增加,他们在游戏中练习动作,学习控制自己的身体,如爬行、站立等。练习性游戏往往和亲子游戏、玩物游戏结合在一起。例如,幼儿喜欢和成人玩"扔和捡"的游戏。幼儿将自己吃饭的小勺扔出去,当勺子落地并发出"叮当"的声音时,露出满意的笑容,成人给他捡起来,他又扔出去,乐此不疲。幼儿正是在与成人玩"扔与捡"的游戏中,巩固和发展自己的动作技能,认识勺子这种物质的特性,获得相关的物理经验和空间感知,并体会到游戏的快乐。

当幼儿掌握了更多的动作技能后,就进入追逐打闹游戏阶段。追逐打闹游戏最早出现在亲子游戏中,尤其是幼儿与父亲的游戏中。随着幼儿年龄的增长,追逐打闹游戏逐渐由父母扩展到同伴。这种游戏一般发生在户外,由一群幼儿共同参与,也是一种社会性游戏,如追逐、躲避、打闹等。追逐打闹游戏是以身体和动作为主的游戏,游戏中幼儿对同伴身体的攻击性动作,是假装的而不真的打架,因此该游戏也是一种假装游戏。

（2）玩物游戏

玩物游戏指以小肌肉动作为主的游戏。婴幼儿在游戏中积极探索,通过操作、摆弄玩具材

---

① 刘焱.学前儿童游戏指导[M].北京:高等教育出版社,2015:66.

料,从而促进小肌肉动作发展和认知发展。婴幼儿摆弄和操作物体方式的变化,既反映了婴幼儿身体和动作能力的发展,也反映了婴幼儿认知能力的进步和发展。在0～2岁阶段,婴幼儿以探索为特征的玩物游戏表现出以下发展趋势:最初以玩弄自己的身体为主,发展到初步探索和摆弄身体以外的物体,逐渐到能够进行物体与物体间关系的连接。

最初的玩物游戏以玩弄自己的身体为主。婴儿最初分不清主体和客体,对待客体的方式也是笼统不分化的,对待任何客体都会用同样的方式,如抓、咬、拍、敲打等。随着动作的发展和经验的累积,婴幼儿逐渐能够区分主体和客体。例如,当婴幼儿的手脚无意碰到摇篮的铃铛,铃铛就发出声响,婴幼儿逐渐意识到自己的动作(主体)和物体声响(客体)之间的关系,于是开始区分主体和客体。

4个月以后,婴儿开始初步探索和摆弄身体以外的物体。婴幼儿开始对周围的物体产生兴趣,咬和看往往是探索的第一步。最开始抓握东西也是两只手去抓,对小的玩物也是用全部手指去抓。之后婴儿的动作逐渐分化,能够用不同的动作对待不同的物体。随着抓握能力和手眼协调等能力的发展,8个月婴儿能够换手拿玩具。1岁以前,婴儿通常每次只玩一件物品,并且玩法不固定,不会按照社会约定俗成的方式来使用物品。1岁以后,幼儿逐渐能够同时摆弄两件物体,并能按照社会约定俗成的方法来使用物品,如一手拿杯子喝水,一手拿饼干。

1岁以后,幼儿能够进行物体与物体之间关系的连接。能够将两个物体关联起来,这标志着幼儿认知发展的一个新的成就。比如,幼儿看到有轮子的玩具,就会去推它;看到一个锅,他就会给它盖上盖子;又或者将几块积木从一个地方搬到另一个地方,装进盒子再倒出来。这种把两种物体关联起来的能力为之后象征性游戏的出现奠定了基础。1.5～2岁,幼儿游戏开始发生了质变,出现了象征性动作,如闭着眼睛假装睡觉,这标志着表征思维的出现,意味着游戏进入了新的发展阶段。

(3)社会性游戏

社会性游戏是以人际互动为特征的游戏,亲子游戏是婴幼儿社会性游戏的一种重要形式。早期的亲子游戏可以分为两种。

一种是以亲情为纽带的交互模仿,包括注视、微笑以及表情和声音的交互模仿。在出生后的最初两年中,亲子游戏是婴幼儿游戏的主要形式,尤其是母婴游戏,婴儿最初的社会反应正是在与母亲的亲密互动中产生的。当母亲给婴儿进行喂奶、洗澡、换尿布等生活照料时,对婴儿说话、微笑、注视,以及身体的接触、拥抱等,都对婴儿的身心健康发展起着重要的作用。大约3个月时,婴儿开始对母亲的细心照料有了回应,他们会注视着母亲的脸部。当母亲对他说话时,他会朝着母亲微笑。当婴儿用社会性的微笑回应时,亲子游戏就发生了。随着月龄的增长,婴儿会用愉快的声音和动作给成人反馈,成人就会有更大的热情与婴儿互动游戏。

另一种是以物为中介的嬉戏,包括玩具或物品。随着婴儿动作的发展以及手眼的协调,成人和婴儿之间的游戏除了注视、微笑、声音等,还出现了借助物品或玩具的游戏。例如成人摇动响铃,去逗引婴儿。婴儿正是在与成人的亲密互动中,逐渐获得认知和社会性的发展。例如,成人引导婴幼儿去认识外界事物,认识物体的名称、颜色、用途、质感等,体验和学习社会交往的基本规则,如等待、轮流等。

20世纪60年代,西方学者受以维果茨基为代表的社会文化历史学派的影响,认为婴儿最初的游戏是一种社会性的活动,而非独自行为,游戏孕育于早期的社会性关系之中,因此亲子游戏是早期游戏的主要形式。

赫(Hay,Ross & Goldman)等人通过对婴幼儿的社会性游戏进行观察研究发现,社会性游戏具有明显的四个特征:共同参与、轮流交替、重复和非实义性动作。共同参与是指游戏双方明显卷入相互作用的过程。例如母亲看着婴儿微笑、吐舌头,等待着婴儿的反应。这是一个游戏提议,只有当婴儿注意到母亲的动作并开始追随模仿时,游戏才算真正发生。轮流交替是指游戏的双方共同控制、相互作用的过程。例如母亲与婴幼儿面对面,让婴幼儿坐在自己的腿上,母亲注视着婴幼儿,轻轻唱着"摇啊摇,摇到外婆桥",并配合身体有节奏地动着。唱完以后等待对方的反应,期待婴幼儿理解自己的游戏意图,于是婴幼儿也跟着模仿"摇啊摇"。轮流交替具有节律性的特点。重复是指婴幼儿在游戏过程中反复进行相似的动作、操作和行为模式。非实义性动作是指游戏中的动作并不具备其实际的意义,例如母亲假装"大老虎"时故意张大嘴。

随着婴幼儿的年龄增长,社会性游戏的发展趋势表现为:由成人与婴幼儿的协同游戏转向婴幼儿的独立游戏;婴幼儿由被动地参与游戏到主动发起游戏;由亲子游戏逐渐转向同伴游戏。

2. 象征性游戏的出现(2~3岁)

象征性游戏是一种运用象征物进行的游戏。其重要特征是"以物代物",即用一物去假装当作或代替另一个不在眼前的东西,比如婴幼儿将一块积木当作饼干。象征性游戏在2岁以后大量出现。象征性游戏的出现,反映了婴幼儿的认知发展,标志着婴幼儿思维的进步。皮亚杰认为,象征性游戏是思维开端的标志,是实践性的感知运动智力转变为内部思维活动的一个过渡环节。

象征性游戏的发展是一个渐进的过程,最开始是装扮动作的出现,再到以物代物,然后逐渐发展到角色扮演。装扮动作即象征性动作,是象征性游戏的最初阶段,发生在大约1.5岁~2岁之间。如幼儿用杯子假装喝水,或用空勺子假装吃饭,此时的幼儿在装扮中并没有角色,只有假装的动作,多和日常活动有关,即幼儿在看到这一物品时引发的联想和模仿,是婴幼儿"日常生活"动作的再现。随着年龄的增长,大约在2岁左右,象征性游戏中开始出现以物代物。在这一阶段,幼儿开始使用物体来代替其他物体,如把一个花片当作是一个饼干,把一个盒子当成一辆推车。角色扮演是假装把自己当作他人,是象征性游戏发展的高级阶段,如通过动作、表情、语气等来表现某一角色行为。在初始阶段,婴幼儿会抱着娃娃,假装自己是妈妈,见图1-1-2,开始出现角色扮演的萌芽,但是此时的幼儿并不一定意识到自己扮演的角色可能表现出的行为,因此,严格来说这还不是真正意义上的角色扮演。当以"物"为支持和引导的象征性动作转变为"角色"支持的行为动作时,即当幼儿有了角色扮演意识时,这标志着象征性游戏走向成熟。

积木游戏也是这一时期幼儿的主要游戏活动,它指以积木为物质基础开展的象征性建构游戏活动。积木游戏发展的生理基础是婴幼儿小肌肉动作的发展和手眼协调能力的发展。婴幼儿从最初的对积木材料的操作探索发展到空间的探索,再到象征性的表征。积木游戏主要的特点是象征性和建构性。从象征性特点来看,由最初的主客体不分化逐渐发展到主客体分化。例如,幼儿最初拿一根积木当小船在地板上推来推去,他的想象通过动作表现出来。幼儿不管这根积木是不是像一条船,只是通过动作来进行表征。幼儿、积木、船三者构成了一个统一的整体。随着幼儿认知的发展,自我和客体之间开始分化,真正的积木建构活动开始。他要用积木搭建一条更逼真的小船,并拿着一个小人在船上走来走去,逼真的小船来代表客体,小人代表自我,这意味着"物—我"和"人—我"开始出现了分离。从建构性的特点来看,最早出现的积木游戏并非建构活动,婴幼儿只是摆弄积木,如把积木从一个地方搬到另一个地方,这时还没有具体的建构行为。2～3岁开始出现真正的建构行为,其突出的特征是堆高、平铺和重复。例如,幼儿把积木一块一块地叠高,一直到用完手中所有的积木(图1-1-3)。因为幼儿并不关注积木是否对齐,或是大小是否不同,而只是着迷于持续堆高,所以很快积木就倒塌。于是幼儿又继续叠高,又倒塌,正是在这样的重复中,幼儿体会到游戏的快乐。3岁以后幼儿建构技能逐渐增强,出现架空、围合、表征等复杂技能。

图1-1-2　抱娃娃

图1-1-3　搭积木

四、婴幼儿游戏的类型

不同的学者依据不同的特点,将婴幼儿的游戏分为不同的类型。

(一) 从认知发展的角度

皮亚杰(Piaget)根据游戏与认知发展的关系,将游戏分为三种:练习性游戏、象征性游戏和规则游戏。对于0～3岁的婴幼儿来说,主要有练习性游戏和象征性游戏两种。

练习性游戏又称为感知运动游戏或技能性游戏,它由重复的动作组成,其动因是感受与运动器官在活动过程中获得的快感,即机能性快乐(functional pleasure)。练习性游戏是在婴幼儿发展过程中最早出现的、对新习得但还不够熟练的动作进行练习的游戏活动形式。最初是以自己的身体作为游戏的中心,逐渐过渡到摆弄周围的物体,并不断重复已有的动作,从简单到复杂。2～5个月为游戏的发生期,主要形式为被动练习性游戏。婴儿因为外界的刺激而产生感官的快感。看到母亲(照护者)的脸时会微笑,或是听到铃铛声会手舞足蹈。这种游戏是因为外界的刺激出现或消失而变化,因此是被动的,可称为被动的练习性游戏。4～6个月的婴儿的游戏为主动练习性游戏。这一时期的婴儿随着身体的发展,开始能够知觉到自己的动作与客体的反应之间的关系。比如,婴儿偶然一次的动作弄响了沙锤,发现动作与沙锤之间的关系,于是反复摇动沙锤。这一时期婴儿的游戏从最初的受物体的支配和控制发展到逐渐能够控制物体。

练习性游戏随着年龄增长而逐渐减少。练习性游戏是人一生中最早出现的游戏,也伴随人的一生。比如,初学游泳、学骑自行车等技能,人们在初学之时,动作还不是很熟练,往往这个时候却是最有兴趣的时候,也就是"练习性游戏"时期。

象征性游戏的主要特征就是"假装",包括以物代物,2岁以后开始大量出现。3岁以前的象征性游戏中往往没有角色,只有动作的象征;3岁以后开始出现角色扮演活动;4岁以后是比较成熟的发展阶段,能够在一起围绕主题合作游戏,共同扮演角色。在我国,往往习惯将象征性游戏称为角色游戏,但角色游戏只是皮亚杰所说的象征性游戏发展历程中的一个阶段。

(二)以自我发展为依据

埃里克森(Erikson)以自我概念发展为依据,将游戏分为三种:自我宇宙游戏(autocosmic play)、微观宇宙游戏(microsphere play)、宏观宇宙游戏(macrosphere play)。

自我宇宙游戏,是生命第一年的典型游戏,以探索自己的身体为中心,如玩自己的手、脚等,并逐渐把自己的身体与他人、他物区分开来,形成自我发展的最初基础;微观宇宙游戏,指从第二年开始,幼儿在游戏中的探索开始超越以自身为中心,转向探索物体和玩具的游戏,使自我得到了进一步的扩展;宏观宇宙游戏,是2岁以后的典型游戏,幼儿超越对自己的身体以及物—我关系的掌握,开始掌控人—我之间的社会关系。例如,游戏中幼儿开始能够与同伴分享经验,开展合作性的角色游戏。这种游戏使幼儿的自我再次得到扩展,认识到自己能够在范围更大的社会性世界中获得成功。

(三)以社会性发展分类

帕顿(Parten)根据幼儿在游戏中的社会参与水平,将游戏分为六个水平,包括偶然的行为、旁观行为、独自游戏、平行游戏、联合游戏、合作游戏。

偶然的行为是指东张西望,或摆弄自己的身体,到处乱转。

旁观是指在一旁观看他人的游戏,可能是不愿意参与游戏,或许是正在通过观察来学习怎样游戏。严格来说,无所事事的旁观行为并不属于真正意义上的游戏。

独自游戏是指幼儿专注于个人的游戏,忽视他人的存在,不和其他人进行任何明显的互动。年龄较小的婴幼儿在游戏中常常是独自游戏,年龄较大的幼儿在进行复杂游戏时也会独自游戏。例如,2岁的新新在游戏区将一个小球扔来扔去。

平行游戏是指两个或两个以上的幼儿在同一空间进行的游戏行为,幼儿玩着相同或相近的玩具,但是彼此之间并无互动,各玩各的。例如,两个幼儿都在地毯上搭积木,他们各自专注于自己的搭建,双方没有互动,也没有交谈。

联合游戏是指幼儿在相邻的位置进行类似的活动,他们可能会共享材料,或因为材料的借入和借出会有一些互动。但是双方没有协商,也没有分工合作。一方退出,其他人还可以继续下去而不受影响。例如,两个幼儿在挖沙子,其中一名幼儿因为借用另一名幼儿的工程车而发生互动。

合作游戏是指多名幼儿在一起围绕一个共同的游戏主题,采取分工合作的方式进行游戏。这种游戏在3岁以前很难看到,大多发生在5~6岁幼儿之间,是幼儿社会性发展成熟的表现。例如,在娃娃家中,一名女孩对另一名男孩说:"我当妈妈,你来当爸爸,我们今天一起送宝宝上学去吧。"

(四)以游戏中是否有象征性元素为依据

哈特(C. Hutt)将游戏分为认知游戏(epistemic play)和嬉戏游戏(ludic play)①。认知游戏又称为探索性游戏,包括获取知识,使用发现、探索和解决问题技能,一般聚焦于"这个物体是做什么的"。探索性游戏促进婴幼儿的学习,可以带来能力和掌控水平的提高。嬉戏游戏又称为创造性游戏,具有象征性(想象)元素,被赋予假装的特点。在嬉戏游戏中,婴幼儿可以明

---

① [英]伊丽莎白·伍德. 游戏、学习与早期教育课程[M]. 李敏谊,杨智君,等译. 北京:教育科学出版社,2018:32.

白"我可以用这个物体做什么"。有助于提升创造力的自我效能感。

（五）以游戏活动功能为根据

萨顿-史密斯(Sutton-Smith)强调游戏具有社会文化的适应功能,游戏是婴幼儿获取各种不同的社会文化经验的中介。根据游戏行为的不同经验指向,将游戏分为模仿游戏(imitative play)、探索游戏(exploratory play)、检验游戏(testing play)、造型游戏(model building play)四类。

模仿游戏主要涉及人际互动与角色扮演经验的积累。在婴儿期的第一年,婴儿仅能重复其已掌握的行为;至18个月大时,延迟模仿现象开始显现;约3岁时,幼儿开始在角色游戏中扮演他人角色;而到了4岁左右,角色扮演与想象相结合,出现了想象性的社会性角色游戏。

探索游戏则主要关注物质世界经验的获取,表现为对物体或游戏材料用途的积极多样化探索,这种探索行为最早在6个月大时即可观察到。初始阶段的探索主要以自己的身体为工具;在第二、三年期间,出现了以物品为工具的工具性探索以及以语言为工具的探索,例如笑话、谜语等。

检验游戏与自我概念的发展密切相关,核心指向人类通过游戏试探生理、心理与社会边界的本能冲动。在不同的发展阶段,被检验的能力有所不同。在婴儿期,主要检验的是感知运动能力,即检验身体的能力边界;在幼儿期,不仅检验身体的能力边界,也加入了心理性的检验,例如,观看带有恐怖元素的内容时大笑,尝试掌控恐惧的体验;到了学龄期,儿童则通过规则游戏,检验遵守和突破规则带来的反应。

造型游戏则主要涉及人类社会经验的获取,此类游戏大约在4岁出现。幼儿通过富有想象力的方式构建房屋、城市以及集会场所等,并通常伴随着角色游戏和社会性角色游戏活动。

（六）以游戏活动对象为根据

凯瑟琳·加维(C. Garvey)以游戏活动对象为根据进行分类,将游戏分为以身体运动为材料的游戏、以物体为材料的游戏、以语言为材料的游戏、以社会生活为材料的游戏。

以身体运动为材料的游戏,既包括以大肌肉动作为主的身体运动游戏,也包括以小肌肉动作为主的游戏。也包括走、跑等个人游戏,还有社会性的游戏,如成人把婴儿举上举下,以及同伴之间的追逐嬉戏。以物体为材料的游戏也称为玩物游戏。以语言为材料的游戏,如儿歌、猜谜语等。以社会生活为材料的游戏,如角色游戏。

根据婴幼儿在游戏中的交往对象可分为:以亲子交往为主的亲子游戏、以实物交往为主的玩物游戏、以伙伴交往为主的同伴游戏。亲子游戏和玩物游戏最先出现,随着婴幼儿身体的发展,在此基础上,逐渐出现了同伴游戏。

（七）从发展心理学的角度

依据游戏中发展的侧重点不同,婴幼儿游戏可以分为感官探索游戏、动作发展游戏、语言与认知游戏、社交与情感游戏、音乐与律动游戏等。

总的来说,婴幼儿游戏的分类并不是绝对的,相互之间也会存在交叉和重叠。

任务思考

1. 什么是婴幼儿游戏? 试举例说明。
2. 如何理解婴幼儿的游戏与探究之间的关系?

任务二　理解婴幼儿游戏的价值

案例导入

　　张新是托幼机构的实习生,他觉得对于0～3岁的婴幼儿来说,最重要的就是生活照护,照顾好婴幼儿的吃喝拉撒睡就好了,他不理解为什么要一直强调游戏呢,游戏对婴幼儿来说有什么价值呢。(图1-2-1)

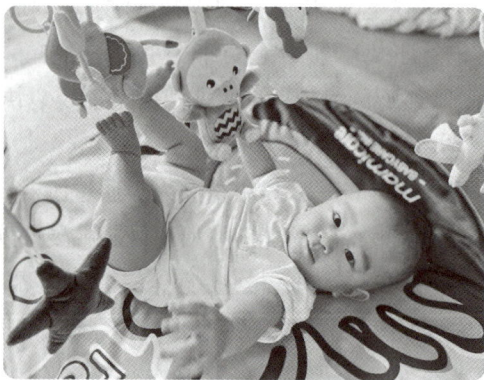

图1-2-1　被挂饰吸引的婴儿

　　陈鹤琴说:小孩子生来是好动的,是以游戏为生命的。游戏是婴幼儿独特的活动方式,婴幼儿在游戏中生活,在游戏中学习。游戏对婴幼儿的发展有着独特和重要的价值。从游戏的个体发生学角度来看,游戏并不是与生俱来的本能,而是处在发展中的,是随着婴幼儿生理和心理的发展,与后天的环境相互作用而产生,因此发展在前,游戏在后,游戏从属于发展,发展影响着游戏,为游戏创造条件。从社会文化历史学派的观点来看,游戏并不是被动地附属于发展,游戏在婴幼儿的发展中具有建构和生成的作用,游戏中孕育着新的发展的可能性,游戏创造着婴幼儿的"最近发展区"。

一、游戏促进婴幼儿运动能力发展

　　婴幼儿时期是身体发展的关键时期,游戏作为婴幼儿的主要活动形式,对身体发展的作用主要体现在动作的发展、运动能力的发展以及对外界环境的适应。

(一) 游戏促进婴幼儿动作的发展

　　首先,婴幼儿的游戏中天然地包含着动作的成分。例如,婴幼儿最初自发地重复运动。婴幼儿的游戏以自己的身体为中心逐渐过渡到摆弄周围的物体,其中就包含着大量的身体动作,包括粗大动作和精细动作,如爬行、站立、抓握等。这些游戏活动为婴幼儿动作的发展提供了大量的练习的机会。其次,婴幼儿天生好奇,喜欢探索新事物,新环境、新玩具都会激发幼儿的探索欲望,从而使他们不断尝试新的动作和技能。

(二) 游戏促进婴幼儿运动能力的发展

　　运动能力包括肌肉力量、平衡能力、协调能力以及空间感知能力等,例如爬行、翻滚、跳跃等游戏可以强化婴幼儿的四肢力量(图1-2-2),锻炼婴幼儿的大肌肉群,提高走、跑、跳、钻爬等的活动能力以及身体平衡能力、空间感知能力;搭积木、拼积塑等可以发展婴幼儿手部的小肌肉能力(图1-2-3)以及手眼的协调能力。

(三) 游戏促进婴幼儿对外界环境的适应

不同的游戏可以促进婴幼儿逐渐适应不同的环境。在户外游戏中,婴幼儿可以玩沙、玩水、玩泥巴,感受阳光、雨水、风雪以及户外新鲜的空气,增强对外界环境的适应能力,提高身体对疾病的抵抗能力。

图1-2-2 爬行　　　　　　　　　　图1-2-3 搭积木

二、游戏促进婴幼儿认知发展

皮亚杰认为,游戏是婴幼儿认知水平的重要表现,同时又对其认知发展起着重要的作用。游戏可以促进婴幼儿概念的获得以及语言、创造力的发展。

(一) 游戏促进婴幼儿概念的获得

从概念的形成来看,可以把概念分为不同的发展水平。有的学者将概念分为知觉概念、功能性概念和符号性概念。婴幼儿正是通过与玩具、物体的直接交互,逐渐认识物体的各种属性,从而获得知觉概念与功能性概念,最终获得符号性概念。例如,婴幼儿在玩球的过程中,感知到球体的特性,知道什么是"圆"。通过玩沙、玩水、玩泥巴,获得丰富的感官刺激,从而获得关于"粗糙""光滑""潮湿""粗细"等直接的感性经验,虽然他们暂时还不能直接用相应的词语来表达,但是这些具体的知觉经验将为后期概念的获得奠定坚实的基础。

(二) 游戏促进婴幼儿语言的发展

无论是亲子游戏还是同伴游戏,都伴随着语言交流。婴幼儿在互动游戏中对语言交流的需求更高,正是在这种互动中婴幼儿学习新的词汇、表达自己的情感和需求。在同伴游戏中,婴幼儿之间会相互进行模仿学习,也会提高语言使用的技能和技巧。

(三) 游戏促进婴幼儿创造力的发展

游戏活动对于婴幼儿创造力的提升具有显著的促进作用。以积木游戏为例,此类活动不仅锻炼了婴幼儿的动手操作能力,还进一步促进了其空间想象力和创新思维的发展。在搭建积木的过程中,婴幼儿不断尝试和调整,这一过程有助于其思维能力和创造力的提升。相较于成人的示范和引导,自主探索和游戏更能激发幼儿的创造性思维。2岁之后,象征性游戏逐渐成为幼儿游戏活动的主要形式。在这一过程中,幼儿通过替代物品、模拟动作和角色扮演等方式,进一步促进了想象力和创造力的发展。例如,在模拟理发店的游戏中,幼儿可能会将积木用作理发工具。

游戏促进婴幼儿发展更加复杂成熟的认知行为,而这种复杂成熟的认知行为又反过来会丰富婴幼儿的游戏行为,两者相互影响、相互作用。

三、游戏促进婴幼儿社会性发展

从广义上来说,社会性发展是个体社会化的结果,是指婴幼儿从一个自然人转化为社会人的发展过程。从狭义上来说,社会性发展是指个体在与他人关系中表现出来的行为模式、情感、态度和观念,以及这些方面随着年龄增长而发生的变化[①]。游戏是婴幼儿与他人互动的主要途径,是婴幼儿社会性交往的主要形式。婴幼儿正是在与成人和同伴的游戏互动中,发展社会性交往能力的(表1-2-1)。

表1-2-1　学前各年龄段的社会性发展任务[②]

年龄	发展任务
0~3个月	生理方面的协调
3~6个月	紧张的控制
6~12个月	建立情感上的依恋关系
12~18个月	探索与掌握
18~30个月	自主性
30~54个月	冲动的控制,性别认同,伙伴关系

(一)游戏促进早期依恋的形成

在与成人的互动游戏中,最早出现的是亲子游戏。父母或主要照护者通过喂养、注视、微笑、言语交流、拥抱等方式,促进亲子依恋的形成。"亲子依恋不仅是亲子关系性质的指示器,还对婴幼儿身心健康发展,甚至对于人的一生发展都有重要影响。"心理学家玛丽·安斯沃斯(Ainsworth)通过"陌生情境法",将亲子依恋分为安全型依恋、回避型依恋和反抗型依恋三种。安全型依恋关系的建立依赖于父母或主要照护者对婴儿需求的敏感性以及基于婴幼儿个体特点所做出反应的匹配度。一方面,父母或主要照护者能够敏锐地觉察到婴幼儿的各种需要并及时去满足,使婴幼儿感受到安全、舒适,从而建立其对周围环境的信任,促进安全依恋的形成。另一方面,父母或主要照护者能够基于婴幼儿的个体特点做出恰当的、相匹配的回应,这也有助于促进早期依恋的形成。心理学者托马斯(Thomas)将此称为拟合优度(Goodness-of-fit),即"婴儿的性格与父母和家庭系统之间的一致或匹配"。[③] 例如,父母或照护者与婴儿进行互动游戏,婴儿由于困乏将头转过去,如果成人将婴幼儿的休息行为理解为需要新的游戏刺激,并继续变换方式逗弄婴儿,则会产生不匹配的结果。

① 方建移,何伟强. 家庭教育与儿童社会性发展[M]. 杭州:浙江教育出版社,2005:23.
② 刘焱. 儿童游戏通论[M]. 2版. 北京:北京师范大学出版社,2008:218.
③ [美]杰里·比格纳. 亲子关系:家庭教育导论[M]. 8版. 郑福明,冯夏婷,译. 北京:高等教育出版社,2012:197.

婴幼儿在游戏中感受到父母或照护者的爱,与成人建立密切的情感联系,同时婴幼儿在游戏中也获得快乐,并通过微笑、语言或动作表达出来,给成人以反馈,从而强化了彼此之间的情感联结。

(二) 游戏促进婴幼儿"去自我中心"

"自我中心"是婴幼儿思维的典型特征,即不能站在他人的立场来看待问题,不理解他人的观点和想法。婴幼儿在与同伴游戏的过程中,往往会因为玩具物品等引发冲突,例如两个幼儿都想玩娃娃,他们逐渐体会到别人会有跟自己不一样的想法,要想游戏持续进行,则需要"去自我中心",站在别人的角度考虑问题,并学会调整自己的行为,管理自己的情绪,和同伴协商游戏规则。角色游戏也被认为是帮助婴幼儿"去自我中心"的一个重要途径。例如,婴幼儿在游戏中要扮演妈妈的角色,则要把自己放在妈妈的位置,从妈妈的角度去考虑自己应该做什么、说什么。这种把自己置于别人的位置,从别人的角度来考虑问题,就是"去自我中心"。

(三) 游戏促进婴幼儿同伴交往技能的提高

游戏是婴幼儿同伴交往的重要形式,游戏可以帮助婴幼儿与其他同伴建立联系,促进交往技能的发展。在游戏中,婴幼儿会遇到各种冲突或人际交往问题,正是在学习解决这些问题的过程中逐渐掌握轮流、等待、交换、分工合作等同伴交往的策略。比如几个幼儿正在玩娃娃家游戏,小明也想加入,他要怎样做才能成功加入呢? 可以提出请求,如"我能和你们一起玩吗?";或者进行评论,以期待对方让自己加入,如"你们没有爸爸,怎么办呢?";或者建议"你当妈妈,我来当爸爸,行吗?";再或者提供玩具"我有乐高,你要玩这个吗?";还可以采用平行游戏,在旁边模仿同伴的游戏动作。以上这些策略都有助于发展婴幼儿的同伴交往能力。

(四) 游戏促进婴幼儿亲社会行为发展

玩具是婴幼儿同伴交往的媒介。有研究报告认为,学步儿之间的冲突至少有 83% 是由玩具引起的。这种同伴冲突也为婴幼儿学习分享、合作、谦让等亲社会行为提供了机会。婴幼儿在游戏中学习与他人互动、合作,学习遵守相应的规则,学会关心他人、尊重他人。

四、游戏促进婴幼儿情绪情感发展

婴幼儿期是情绪情感发展的重要时期,游戏可使婴幼儿获得积极的情绪情感体验,丰富和深化情绪情感。游戏是调节消极情绪的媒介,是婴幼儿调节情绪的主要工具。

(一) 游戏使婴幼儿获得积极的情绪情感体验

游戏使婴幼儿快乐。游戏本身具有趣味性,能够直接引发婴幼儿的愉悦情绪。婴幼儿在游戏中体验到开心、快乐。在游戏中,通过克服困难,完成任务,获得自信、满足。并通过与同伴的互动、合作,学习关心他人、同情他人。

(二) 游戏有助于婴幼儿消极情绪的调节

婴幼儿也会在游戏中释放害怕、气愤和紧张等消极情绪。例如,对于刚进入托幼机构的婴幼儿,娃娃家游戏对其有着重要的意义,可以极大地缓解婴幼儿的分离焦虑。班尼特(Barnett)[①]曾通过实验证明了游戏确实可以降低幼儿的焦虑。他在入园第一天对幼儿"分离焦虑"水平进行测试,随后将幼儿分为高焦虑组与低焦虑组。然后让这些幼儿分别进行不同性质的活动,组 1 进行社会性情景中的自由游戏,有其他孩子在场,组 2 独自游戏,组 3 和同伴结

---

① 刘焱.儿童游戏通论[M].2 版.北京:北京师范大学出版社,2008:238.

成小组听故事(非游戏),组4一个人听故事(非游戏)。活动结束后再次测定幼儿的焦虑水平。结果发现高焦虑幼儿在自由游戏之后焦虑水平的下降明显多于故事组的高焦虑幼儿,而且独自游戏的效果要比有其他幼儿在场的社会性情景更明显。这说明游戏,尤其是想象性游戏可以帮助婴幼儿缓解焦虑与紧张。还有搭积木、捏面团、玩橡皮泥等游戏也具有宣泄与释放消极情绪的作用。

任务思考

1. 婴幼儿游戏有什么价值?试举例说明。
2. 李奶奶认为1岁的孙子只要吃饱穿暖就好了,不需要游戏。你如何看待?

任务三 了解婴幼儿游戏理论

案例导入

　　3岁的乐乐是一个活泼的小男孩,他每天都精力旺盛,对周围的世界充满好奇和探索欲望。每天早晨,只要一睁眼,他就从床上蹦起来,冲向房间的另一端,翻找他的玩具箱。他把每一件玩具都拿出来,仔细查看,最后满意地把小汽车握在手里。看到妈妈在做饭,他会拿出锅碗瓢盆,开始模仿妈妈的烹饪动作(图1-3-1)。一会儿,他又在客厅里把沙发垫当作砖块,一块块地叠起来(图1-3-2)。他每天都有各种各样的游戏,一直忙个不停。

图1-3-1　模仿妈妈炒菜

图1-3-2　叠沙发垫

　　为什么婴幼儿时时刻刻都在游戏呢?游戏的剩余精力说认为婴幼儿游戏就是为了消耗剩余的精力。你认同吗?你还知道哪些关于游戏的理论呢?

　　从古至今,很多学者都在研究和探讨这个问题,即人为什么要游戏?不同学者有不同的观点,并最终形成了不同的游戏理论。从时间的维度来看,这些理论大致可以分为两类,即早期的经典游戏理论和现代游戏理论。

一、早期游戏理论

　　18、19世纪是儿童游戏研究的初兴阶段,这一时期出现的游戏理论即为早期游戏理论,也称为经典游戏理论。比较有代表性的有"剩余精力说""生活预备说""复演论""松弛说"等理论。

(一) 剩余精力说

其代表人物是德国哲学家席勒(Friedrich von Schiller)和英国思想家斯宾塞(Herbert Spencer)。其主要观点为游戏是由于机体内剩余的精力需要发泄而产生的。当动物或人已经满足了基本的物质生活需要,还有剩余精力时,游戏就产生了,游戏是剩余精力加以释放的最好形式。剩余精力越多,游戏也就越多。游戏是"剩余精力无目的的消耗"。

席勒在他的美学名著《审美教育书简》中谈到游戏问题,认为人在现实生活中是不自由的,既受到自然力量和物质需要的强迫,也受理性法则的强迫。而审美活动则不同,它可以使人摆脱束缚而获得自由,这种审美的自由活动,就是游戏。他将游戏分为两类:一类是由于物质或体力方面的过剩而产生的游戏,如一些动物和人类的幼儿进行的游戏,如追皮球的小狗、玩毛线团的小猫;另一类是由于美的(或精神)方面的过剩引起的游戏,即人类特有的想象游戏,或艺术的审美活动。在想象游戏中,人能够超越现实,超越功利,不断远离动物界而走向理想的人生境界,成为自觉、自由的活动主体。因此,席勒说:"只有当人是充分意义的人的时候,他才游戏,并且只有当他游戏的时候,他才是完全的人。"[①]由此看来,他强调自由是游戏的本质,也是人的发展的最高境界。

斯宾塞从生物演化的角度对游戏理论进行了发展。他认为低等动物为了生存忙于寻找食物、躲避敌人,因此没有时间和精力来进行游戏。而包括人在内的高等动物,除生存之外,还有时间和精力来从事与生存无关的、非功利性的活动,包括游戏和审美活动。两者的区别在于,游戏活动表现低级能力,而审美活动展现高级能力。儿童不需要从事像成人一样的具有实际意义的工作活动,因此有更多的时间和精力去游戏。

"剩余精力说"是最早出现的游戏理论之一,它认为游戏的动力来自机体的"剩余精力",并试图说明游戏与工作在现实生活中的区别,有一定的合理性。运用该理论,我们可以明白为何幼儿总喜欢跑跑、跳跳,喜欢追逐打闹,理解了为何幼儿的精力总是比成人旺盛。但由于受到所处时代的影响,"剩余精力说"必然存在一定的局限性,如将游戏与工作截然对立;用"剩余精力"来说明游戏的物质前提,但对某些行为则很难解释,比如幼儿已经精疲力尽,为什么还要游戏。尽管"剩余精力说"不够完美,但也为后来游戏理论的发展奠定了坚实的基础。

(二) 生活预备说

又称为"前练习说",其代表人物是德国心理学家格鲁斯(Karl Groos),代表作有《动物的游戏》和《人的游戏》。他从本能论的观点出发,提出儿童游戏具有生物适应的机能,游戏并不是无目的的活动,而是对未来生活的一种无意识准备,是为成熟做预备性练习。新生儿或动物在遗传上承续了一些不够完善或部分的本能,这些本能与生存有关,游戏为儿童提供了一种安全的方法帮助他们练习,使本能更完善,以便日后生活使用。

格鲁斯游戏理论的依据有两点,首先是游戏期的长短与动物在种系演化的阶梯中所处的地位高低有关。低等动物没有幼年期,生来就是成熟的,所以就没有游戏。作为高等动物的人类,其后代在出生后要经历很长一段时间的幼年期,他们并不能独立生活,需要成人的照顾,因此必须经过一段时期的模仿和练习,才能使一些重要的本能成熟和完善起来。而游戏正是这一时期的重要形式,游戏和模仿一样,是一种练习本能的普遍冲动,游戏就是通过练习,为未来

---

① 刘焱.儿童游戏通论[M].2版.北京:北京师范大学出版社,2008:88.

生活做准备。例如,幼儿在娃娃家中扮演爸爸、妈妈,这种角色扮演正是为未来的成人生活做准备。其次,小动物的游戏活动是对未来严肃的生活活动的模仿。动物生来具有不成熟的本能,在实际需要它们之前要通过游戏加以练习。例如,小猫玩毛线团,正是对捕捉老鼠的模仿和练习。格鲁斯将游戏分为两类,一类是练习性游戏,这类游戏出现较早,主要是促进儿童自我控制能力的发展,包括感知运动练习和高级的心理能力的练习;一类是社会性游戏,出现在练习性游戏之后,作用在于形成人与人之间的关系,包括追逐打闹游戏和模仿性游戏。

格鲁斯的"生活预备说"是在批判"剩余精力说"的过程中发展起来的,它延续了达尔文生物进化论的观点,肯定了游戏在生物适应机能方面的作用,强调了游戏的实践意义,把游戏与发展联系起来,进一步深化了游戏的价值。该理论的局限性在于过于依赖"本能"的概念,过于简单地将人类幼儿的游戏与动物的游戏等同起来,它对于解释动物的游戏是更有力的,而对于人类的某些游戏行为则很难解释,如幼儿把自己扮成小猫、小兔子等,同时对于已经具备生活适应能力的成人来说,也难以解释他们为什么游戏。

(三) 复演论

其代表人物是美国心理学家霍尔(G. Stanley Hall)。他认为游戏是远古时代人类祖先的生活特征在儿童身上的复演。不同年龄的儿童复演祖先不同形式的本能活动,复演史前的人类祖先到现代人进化的各个发展阶段。

受当时生物学观点的影响,人们普遍认为人类胚胎发展史复演了动物进化的过程,霍尔由此将生物学观点引入心理学领域,认为个体的心理发展是人类进化过程的复演。他认为这一过程包括五个阶段:动物阶段、原始阶段、游牧阶段、农业-家族阶段、部落阶段。例如,儿童喜欢爬树,挂在树枝上荡秋千,这是处于动物阶段的人类祖先行为的反映;儿童喜欢玩打猎、捕鱼,则是原始阶段人类行为的反映;幼儿喜欢养宠物,这是游牧阶段的人类行为的反映;幼儿玩布娃娃、用铲子挖东西或挖沙,这是处于农业-家族阶段的人类行为的反映;喜欢玩打仗游戏或分队进行的规则游戏,是处于部落阶段的人类行为的反映。

如果说格鲁斯强调游戏是为未来生活做准备的话,霍尔则认为游戏是对人类祖先生活的重复和"回忆"。他认为,在现代生活中是找不到对于游戏快乐的任何解释的,只有回溯过去才能发现游戏的深远意义。儿童的游戏就是我们祖先的"工作",原始人的打猎、追逐等构成了现代儿童游戏的基本结构和内容。由于这些活动已经成为人的本能,因此儿童做起来不用花费力气。由于这些活动都与生存有关,因此能够引起快乐。游戏的这种复演的性质,对于儿童来说还具有一种宣泄的作用。儿童在游戏的过程中,本能的东西通过游戏得以释放,从而逐渐发展成为一个文明的人。通过游戏,减弱由原始冲动所引起的本能行为的倾向,为更高级、更复杂的人的文明行为方式的形成与发展提供了可能。

作为达尔文进化论的追随者,霍尔的游戏理论深受其影响,从游戏的角度对物种内部的进化过程做了大胆的解释。从某种程度上说,霍尔看到了儿童游戏内容的社会历史性,即社会环境不同,儿童游戏内容不同。这为丰富当时的游戏理论做出了积极的贡献,但是也受到了一定的批评,即它的理论依据。由于霍尔理论主要是以生物学中拉马克的获得性遗传学说为依据,而拉马克学说本身至今仍然是一种没有被证明的假设,因此霍尔的复演论也自然缺乏可靠的科学依据。另外,对于现代儿童的游戏内容或某些需要技术难度的游戏,比如幼儿玩骑车或开车的游戏,复演论也很难解释。

(四) 松弛说

又称为"松弛消遣说"或"娱乐论",其代表人物是德国哲学家拉察鲁斯(Moritz Lazarus)和美国学者帕特里克(Patrick)。其主要观点是认为人之所以游戏,并不是发泄精力,而是松弛、恢复精力的一种方式。人们进行游戏并不是因为精力有剩余,恰恰相反,而是因为缺乏。

早在17世纪,这种认为游戏可以消除工作疲劳的观点就已经出现。到了19世纪末20世纪初,拉察鲁斯对其进一步发展。他认为艰苦的脑力劳动使人身心疲劳,这种疲劳需要一定的休息和睡眠才能消除。只有当人解除紧张状态时,才可能得到充分的休息和睡眠。游戏和娱乐活动可以使机体解除紧张状态,具有一种恢复精力、增进健康的作用。由此可以看出,游戏和工作的不同,工作耗费精力,而游戏可以恢复精力。相较于成人,儿童本身并没有工作,但儿童也需要游戏。拉察鲁斯并没有论及儿童游戏,20世纪初的哲学家柏屈克进一步发展了他的思想。

柏屈克认为,随着技术革命的发展,现代社会越来越倚重诸如心理活动的随意机能、注意力的坚持性、抽象的分析推理等心理能力。相较于体力劳动者而言,脑力劳动者的负担和压力更重。游戏可以使人从这种由心理压力导致的疲劳中解放出来,尤其是运动性游戏。而儿童的游戏和成年人的运动与原始人的追捕有着显著的相似性。游戏实质上是对古老的种族活动的练习或复演。儿童游戏既不是因为"精力过剩",也不是要练习不完善的本能而为未来生活做准备,也不是要复演种族进化的历史。儿童进行游戏,是因为他们的心理能力尚未得到很好的发展,所以他们不能参与工作,只能进行游戏。

松弛说强调了游戏在恢复个体精力及调节心理状态方面的作用。在幼儿教育中,这个理论可使幼儿的生活处于一种动静交替、有张有弛的有序结构中。但是这一理论也无法解释一些现象,如脑力劳动者需要游戏,那为什么体力劳动者也需要游戏?如果工作会耗费精力,需要游戏来恢复,那儿童不需要工作,为什么也需要游戏?如果儿童缺乏心理能力,所以他们不能参与工作,那么儿童的游戏也必然缺乏认知的内容或功能,但是,大量的研究证明实际情况并非如此。

早期游戏理论虽然各自有不同的侧重点,但是也反映出所处时代的一些共同特点:首先是由于深受达尔文进化论的影响,它们都试图从人类的本性或本能中去寻找某些因素来解释游戏存在的原因,因此普遍带有浓厚的生物学色彩;其次他们关注更多的是人类的一般本性而不是个体差异和特点;最后,他们都对工作和游戏的对立二分法进行过相关的阐述。早期游戏理论用高度概括的方式从理论上论述了游戏对于儿童发展的重要性,对于游戏的看法都较为积极。

二、现代游戏理论

现代游戏理论是指20世纪20年代以后出现的游戏理论,比较有代表性的有精神分析学派游戏理论、认知发展学派游戏理论、社会文化历史学派游戏理论等。

(一) 精神分析学派游戏理论

精神分析学派游戏理论思想主要源自弗洛伊德(Sigmund Freud)、埃里克森(Erik H. Erikson)等精神分析学派代表人物的理论,这一思想强调游戏在儿童心理发展、情绪调节及人格构建中的重要作用。以下是对精神分析学派游戏思想的详细阐述。

1. 弗洛伊德的游戏思想

20世纪初,弗洛伊德作为奥地利精神分析派创始人,提出了许多关于人类心理的重要理论,包括潜意识、本我、超我和自我等概念。本我是指人与生俱来的欲望或原始的生物内驱力,如饥饿等。弗洛伊德认为,一切生物生存的基础都是某些与生俱来的原始本能的冲动和欲望。

这些冲动和欲望在现实中受到社会道德规范的限制,从而被压抑在潜意识中。例如,幼儿想吃糖,这是一种本能的欲望,是本我的体现,而大人出于健康等各种因素的考虑会限制他们吃糖果。当幼儿将外在的规则要求内化之后,就形成了超我。超我就代表着人的理性或意识,是社会规则的内化。超我和本我是相互对立和矛盾的。当这些被压抑的冲动和欲望累积到一定程度时,人们会通过做梦、幻想、口欲等方式加以发泄。自我是调节平衡本我和超我之间矛盾冲突的机制。而游戏是一种潜意识的体现方式,特别是儿童游戏,弗洛伊德认为游戏能够满足儿童在现实中无法满足的愿望,具有宣泄和补偿的功能。他强调游戏的动机是唯乐原则,即追求快乐、宣泄不满。

（1）发泄与补偿说

弗洛伊德认为,游戏能使儿童得以逃避现实生活中的紧张、约束,为儿童提供一条安全的途径来宣泄情感,减少忧虑,发展自我力量,以实现现实生活中不能实现的冲动和欲望,使心理得到补偿。游戏为儿童提供了一个"安全岛",使他们能够发泄不可接受的、放肆的、冲动的情感。

（2）唯乐原则和强迫重复现象

唯乐原则又称快乐原则,指人的一切心理活动都是以寻求愉悦、快乐为目的。婴幼儿游戏的动机是为了快乐,通过游戏实现生活中实现不了的愿望,获得愉快和满足。弗洛伊德认为,幼儿都有趋乐避苦的本能,游戏是受快乐原则支配的,它是快乐的源泉。例如,妈妈不让幼儿吃糖,幼儿在游戏中通过想象或假装尽情地"吃"糖,以满足自己的愿望。再如,幼儿的愿望是快快长大,做大人能做的事,所以幼儿在游戏中模仿大人的活动,喜欢玩娃娃家,扮演爸爸妈妈。

强迫重复现象是指婴幼儿在游戏中重复不愉快的体验。例如,现实生活中幼儿并不喜欢医生,也不喜欢打针,但是在游戏中却经常玩医生打针的游戏。弗洛伊德认为这是一种"强迫重复"的现象,即事件的发生可能是由某种不愉快的紧张状态引起的,但是事件的发展方向是要消除紧张状态,它是"唯乐原则"的另一种表现形式。游戏使幼儿由消极体验的被动承受者变为主动执行者。弗洛伊德认为,"强迫重复"出现的原因是儿童"自我"的结构还不完善,心理的防御机能还没有得到充分发展。

弗洛伊德认为,游戏的对立面不是"严肃的工作",而是"现实生活"。当然,儿童通过游戏自由地表现他们愿望的时期是短暂的,随着与自我发展相联系的理性思维过程的开始而结束。批判性能力或理性因素的加强会束缚游戏的发展,游戏逐渐被更为现实和社会可接受的活动所取代,例如滑稽、幽默或创造性的艺术活动。

2. 埃里克森的游戏思想

埃里克森等精神分析学家在弗洛伊德的基础上进一步发展了游戏理论。埃里克森肯定了游戏能够降低焦虑,使愿望得到补偿性满足。同时进一步强调游戏不仅是自我机能的体现,也是一种生物因素和社会性因素相互作用的结果。

（1）游戏的三种类型

埃里克森以自我发展理论为依据将游戏分为了三种类型。生命第一年的典型游戏就是自我宇宙游戏(autocosmic play),主要以游戏中对身体的探索为主,婴儿玩自己的手和脚,体验各种感知运动技能,并逐渐把自己的身体与他人、他物区分开来;从第二年开始主要是微观宇宙游戏(microsphere play),婴幼儿逐渐能够超越以自身为中心,学会和玩具或物品游戏;2岁以后主要是宏观宇宙游戏(macrosphere play),幼儿开始超越物—我关系,进入人—我的社会性关系。随着社会交往范围的扩大,幼儿开始与同伴进行交往和游戏。

(2)游戏与人格发展的联系

埃里克森认为,人格的发展是生物因素和社会因素相互作用的结果,游戏可以帮助自我对生物因素和社会因素进行协调和整合。他强调游戏在人格发展中具有催化剂的作用。例如小男孩扮演爸爸、小女孩扮演妈妈,通过对同性父母的角色扮演,从而帮助自我对生物因素和社会因素进行协调,逐步建立起新的自我约束形式。

埃里克森将人格的发展划分为八个阶段,每个阶段都有自己特定的发展任务。3岁以前主要分为两个阶段,第一阶段为0～1.5岁,冲突为基本信任和不信任。其主要发展任务是让婴幼儿建立对周围世界的基本信任感。如果父母或主要照护者能够敏感、及时地满足婴儿的需求,婴儿将形成基本的信任感,他会感受到周围的人都是爱他的,是可以信任的。反之,则会导致婴儿缺乏安全感。埃里克森认为,良好的亲子关系是产生信任感的基础。游戏对于亲子关系的形成和信任感的产生具有重要的意义。这一阶段,父母或主要照护者充满爱意地注视着婴儿,婴儿注视着父母或主要照护者,在相互作用的过程中,婴儿开始整合自己的经验。这种注视的眼神不仅传递着爱的信息,也带有游戏性的鼓励。

第二阶段为1.5～3岁的学步期,冲突为自主与羞怯怀疑。其发展任务为获得自主感。幼儿开始会爬、走路、说话,开始说"不"。如果父母或主要照护者能够给予幼儿适当的自主空间,多鼓励和肯定幼儿,则会使其获得自主感。反之,如果过于控制幼儿,则可能会使其产生羞怯和怀疑,进而影响自我控制能力的发展。

埃里克森认为,游戏在婴幼儿的生活中占据主要地位,在生命早期扮演着至关重要的作用,是其解决心理冲突、发展自我意识和人格的重要途径。它可以使婴幼儿获得自信,克服羞怯和怀疑,使婴幼儿人格从一个阶段转向另一个阶段发展。

(3)游戏的性别差异

埃里克森在研究中发现,游戏具有明显的性别差异。在游戏的内容上,女孩子的游戏内容主要反映的是有关家庭生活内部的情况,如做饭、照顾宝宝等;男孩子的游戏主要表现为户外活动、建造、旅行等。在游戏材料的使用上,男孩子喜欢用积木建构楼房、塔等;女孩子则往往不用或很少用积木,仅用家具等来布置室内情景。

精神分析学派的游戏理论带给我们的启示有以下几点。首先,重视游戏在婴幼儿发展中的作用。游戏是婴幼儿情感表达和发泄的重要途径。在托幼机构中,应提供丰富的游戏材料和安全的游戏环境,鼓励婴幼儿通过游戏来表达自己的情感和需求。游戏是婴幼儿人格发展的重要途径,是整合和建构他自己的生活经历与人格的重要方式,"自我"是在游戏中形成的。成人应关注婴幼儿在游戏中的表现和体验,通过游戏来促进婴幼儿的人格发展和社会性发展。其次,尊重婴幼儿的个体差异与性别差异。在托幼机构中,成人应提供适合不同性别和年龄阶段婴幼儿的游戏材料和活动,以促进每个婴幼儿的全面发展。

(二)认知发展学派游戏理论

瑞士心理学家皮亚杰从认知发展的角度来论述游戏,提出关于游戏与认知发展之间关系的理论。这一理论强调了游戏在婴幼儿认知发展中的重要作用,并详细阐述了游戏与儿童认知发展阶段之间的关系。

1. 游戏的本质

皮亚杰认为,游戏是一种"同化"超过"顺应"的活动。"同化"和"顺应"是机体与环境相互作用的两种方式。他借用这两个生物学概念来说明有机体的生命活动及其行为。"同化"是指主体用自己已有的动作图式去合并或整合外部事物,从而丰富自己的动作。"顺应"是主体改变自己的原有动作图式,以适应环境的变化。游戏的本质是"同化"超过了"顺应",即儿童在游戏中试图将新的经验纳入已有的认知结构中,以满足自我在情感方面的需要。当"顺应"大于"同化"时,所产生的活动具有模仿活动的特征。

2. 游戏的功能

皮亚杰认为,首先,游戏并不促进认知水平的提高,而是认知水平的表现形式,是对原有知识技能的练习和巩固。例如,练习性游戏就是一种机能练习,是对刚刚学会的但还不熟练的动作技能的练习。其次,游戏是婴幼儿解决情感冲突的一种手段。婴幼儿正是通过游戏,以实现现实生活中不能实现的愿望。例如象征性游戏,婴幼儿通过假装、想象使自我得到满足。

3. 游戏的发展阶段

皮亚杰认为婴幼儿认知发展水平决定了游戏的类型,根据认知发展的不同水平,将游戏分为相应的阶段。

(1)感知运动阶段(0~2岁)

此阶段的游戏主要是练习性游戏(或机能游戏)。练习性游戏是由重复的动作所组成,其动因是感觉与运动器官在活动过程中获得的快感。如婴幼儿通过身体动作和摆弄、操作具体物体来进行游戏,以获得"机能性快乐",动即快乐。

皮亚杰认为,游戏不是婴幼儿与生俱来的,不习而能的"本能",而是随着婴幼儿的认知发展而发展。他又将感知运动阶段细分为六个阶段,如表1-3-1。

表1-3-1 游戏在感知运动时期的发生发展[1]

年龄	智力	游戏	例子
0~1个月	反射练习期	无游戏	
2~5个月	初级循环反应 重复偶然发现的愉悦动作	游戏的发生	头往后仰,从新的位置看熟悉的东西。两天后重复这种动作,但增加了愉快的表情。
4~9个月	二级循环反应 "有目的动作形成期"	保持"有趣的情景"	反复碰玩具,让它发出声响。
9~12个月	二级图式的协调 "把已有的图式运动到新的情境中"	"仪式化"现象	握着枕头一角,吮花边。侧着身子躺下,闭上眼睛吸吮手指。
1~1.5岁	三级循环反应 "为了看到结果而行动"	"嬉戏性行为的偶然结合"	洗澡时,手从头发上滑落下来,击到水面上,马上重复这个动作,并变化位置与高度。
1.5~2岁	思维的发生	象征性图式	抓住大衣领子侧着身体躺下,闭眼,吮手指。

第一阶段(0~1个月)为新生儿期,既没有游戏,也没有模仿;第二阶段(2~5个月),游戏在"初级循环反应"中发生,循环反应本身是一种适应环境的探究而不是游戏,但是循环反应延续下去就可能变成游戏,判断的标志就是婴幼儿的表情;第三阶段(4~9个月)为"二级循环反应",在认知发展上的特点是"有目的动作形成期",婴儿无意识的动作导致客体的反应,由此引发动作的重复;第四阶段(9~12个月)为"二级图式的协调"阶段,婴儿能够把已有的图式运用到新的情景中,动作更加灵活和协调,这一时期婴儿会有一些"仪式化"(ritualisation)现象,例

① 刘焱.儿童游戏通论[M].2版.北京:北京师范大学出版社,2008:116.

如看到安抚娃娃,可能想到每次睡前的一整套动作,于是就原样重复出来,躺下、看故事书、轻拍自己、抱着安抚娃娃;第五阶段(1~1.5岁)为"三级循环反应",婴幼儿开始能够使用不同的工具和手段来达到自己的目的,不再仅仅重复过去已做过的事情,开始能够把一些原先互不相关的动作组合起来构成新的活动以"娱乐"自己。例如尝试用不同的方式来摆弄一个玩具;第六阶段(1.5~2岁)出现了象征性图式,即假装动作。象征性游戏的出现,标志着思维的出现,也宣告了游戏在感知运动领域发展的终结。

(2)前运算阶段(2~7岁)

此阶段的主要游戏是象征性游戏。象征性游戏也称为假装游戏,是指幼儿借助于替代物再现不在眼前的事物或情景。象征性游戏与练习性游戏的不同之处在于,它带有一个以"自我为中心"的独特的嬉戏性象征结构。幼儿在这一阶段发展了象征性功能,包括表象和语言,能够运用表象把当前事物当作另一个不在眼前的事物使用。这一时期可以分为两个阶段。第一阶段(2~4岁)象征性游戏大量出现,并达到发展的高峰期。这一时期幼儿在运用表象或语言替代时,是以游戏需要和兴趣为中心,完全不去考虑客体之间的关系,因此也称为"以自我为中心"的表征活动时期。在第二阶段(4~7岁),随着幼儿认知的发展,幼儿表征活动的"自我中心"倾向逐渐减弱,象征性游戏减少,进入下降期。

(3)具体运算阶段(7~12岁)

此阶段的游戏主要是规则游戏。随着儿童逻辑思维和规则意识的发展,他们开始能够基于规则来组织游戏,如棋类游戏、球类比赛等。

皮亚杰的游戏理论为理解婴幼儿游戏行为提供了有力的理论框架,有助于理解婴幼儿游戏的特点和规律,例如练习性游戏、象征性游戏和规则游戏三个阶段。有助于早期教育工作者理解婴幼儿的重复性行为模式,从而以积极的态度来解读婴幼儿的游戏行为。然而,皮亚杰的游戏理论也存在一些局限性,如将游戏与认知发展视为一种单向关系,即游戏仅仅是认知水平的表现形式,而忽视了游戏对认知发展的促进作用。

(三)社会文化历史学派游戏理论

社会文化历史学派重视文化、历史和社会环境在人类发展过程中的重要作用,不同于西方的游戏理论。它强调游戏具有社会历史的起源,而不是生物学的起源,强调成人在游戏中的教育作用。其代表人物有维果茨基(Lev Vygotsky)、艾里康宁(Daniel Borisovich Elkonin)等。

1. 社会文化历史学派的主要观点

(1)游戏是学前期儿童的主导活动

社会文化历史学派认为游戏是儿童心理发展的重要组成部分,是学前期儿童的主导活动。尤其是有主题的角色游戏。

(2)强调游戏的社会性本质

儿童的游戏,无论就其内容还是结构来说,都不同于小动物的游戏,具有社会文化历史的起源。游戏的发生和发展都会受到文化和社会环境的影响,是对现实社会关系的反映。

(3)强调成人的教育影响

3岁以后儿童发展过程中的基本矛盾是能力与愿望之间的冲突:一方面儿童独立性和能力在增强;另一方面,儿童出现了想要参与其能力不能胜任的成人活动的愿望。没有成人教育的作用,游戏就不会发生。游戏的教育价值和游戏本身的发展,都取决于成人对游戏的指导。

2. 维果茨基的游戏理论

作为社会文化历史学派的代表人物,维果茨基着重强调两个基本问题,第一个问题为游戏是怎样在儿童的发展中出现的,即游戏的个体起源问题;第二个问题为游戏对儿童的发展具有什么样的作用。

（1）游戏的发生

维果茨基认为,在儿童发展过程中,当出现了大量的、超出儿童实际能力的、不能立即实现的愿望时游戏就会发生。例如,儿童想要一辆小汽车,但是这个愿望不能立即实现,于是他可能会用一块积木当作一辆汽车,并假装在开汽车。儿童在游戏中通过想象和角色扮演来满足他们在现实生活中不能立即实现的愿望。维果茨基认为,游戏的实质就是愿望的满足。3岁之前,幼儿典型的行为方式是"立即满足",否则就会发脾气、耍赖等。而3岁以后,如果幼儿不能立即实现愿望,就会产生游戏,游戏是一种在真实情境之外,通过行动再造某种生活现象（即想象性情境）的活动。

（2）游戏活动的特点

维果茨基指出,想象性情境和游戏规则是游戏活动的重要特点。想象性情境表现为儿童通过想象来再造某种生活现象,用一个物体来代替另一个物体,如把积木当作小汽车。同时,维果茨基认为任何游戏都是有规则的,即使是想象游戏,也是有规则的,只不过这种规则更为隐蔽,是内含于游戏自身的。例如,在角色游戏中,幼儿扮演医生,那么他就要服从"医生"这一角色的行为规则,并表现出相应的行为动作或语言等。

游戏的发展规律表现为由"明显的想象情境"与"隐蔽的规则"所构成的游戏发展到由"明显的规则"和"隐蔽的想象情境"所构成的游戏。在早期阶段,儿童更倾向于角色扮演等创造性游戏,其中想象元素占据主导地位,而规则往往隐含在角色行为之中。随着年龄增长,规则明确的竞技类游戏逐渐增多,这时游戏规则变得外显且重要,而想象成分则转化为内在的心理活动。这种发展轨迹反映了儿童从具体形象思维向抽象逻辑思维过渡的过程。

3. 游戏的发展价值

（1）表征思维的发展

维果茨基认为,游戏通过象征性活动促进幼儿的表征思维发展。在游戏中,幼儿可以摆脱具体事物或"知觉情境"的束缚,使用符号（词语）或象征来代表真实世界中的物体和事件,促进了其抽象思维和问题解决能力的发展。

（2）意志行为的发展

维果茨基指出,幼儿在游戏中需要遵守游戏规则,要把自己所扮演的角色与该角色在现实生活中的行为规则联系起来,控制自己的行为以适应游戏情境。例如,幼儿要扮演医生角色,就要按照医生角色的行为要求,而不是按照自己的喜好随意去玩。这种角色扮演和规则遵守要求幼儿学会自我调节和自我管理,从而促进意志力和自制力的发展。

维果茨基认为,游戏在幼儿的发展中创造了"最近发展区"。儿童有两种发展水平,一种是现有的发展水平,一种是经过成人帮助和自己努力可以达到的发展水平,这两者之间的差距就是最近发展区。幼儿在游戏中往往不满足于已经达到的水平,他们喜欢挑战。例如,当一名幼儿已经可以轻松地从一个高处跳下后,便开始尝试从更高的地方跳下去。他们在跃跃欲试和反复确认中,能够根据自己已有水平,选择适合自己的难度进行挑战。游戏能够促进幼儿的发展,而不仅仅是巩固幼儿已有的发展水平。

社会文化历史学派的游戏理论提醒我们关注幼儿所处的社会文化环境对游戏的影响,为我们理解幼儿游戏行为提供了不一样的视角。游戏不仅是幼儿娱乐的方式,而且是他们学习和发展的重要途径。游戏不仅仅是幼儿认知发展水平的表现,同时也会促进认知水平的发展,促进表征思维、意志行为的发展。成人在游戏中起着重要的作用,他们不仅是幼儿游戏环境的创设者、游戏材料的提供者,更是幼儿游戏的合作者、指导者。

任务思考

1. 试阐述皮亚杰的游戏理论,并简要评价。
2. 扫二维码观看视频,尝试分析该幼儿的游戏类型及价值。

视频

幼儿游戏

育儿宝典

为什么婴幼儿喜欢重复的游戏

在托班,8个月的朵朵很喜欢老师和她玩躲猫猫的游戏;1岁3个月的开开把杯子一次又一次地扔到地上,老师捡起来,他又扔下去,如此重复了好多次;2岁的明明每天都要老师给他读同一本绘本。那么为什么婴幼儿喜欢重复的游戏?

首先,重复的游戏提供了一个稳定、可预测的环境,为婴幼儿的认知搭建了一座桥梁,帮助他们理解和掌握事物之间的因果关系。比如"躲猫猫"游戏,成人用手掌遮住脸,月龄小的婴儿会因成人的"消失"而感到困惑,眼神中满是疑惑。但当成人突然拿开手掌,露出笑脸,婴儿会被这突如其来的变化吸引,发出欢快的笑声。随着游戏一次次重复,婴儿逐渐明白"东西消失后还会再出现"这一概念。他们开始期待成人再次遮住脸,又兴奋地等待手掌拿开的瞬间。这种对因果关系的把握,是婴儿认知发展的重要里程碑,而重复游戏为他们提供了反复验证和巩固这种认知的机会,让他们在不断重复中,将这一规律深深印刻在脑海中。

其次,重复的游戏和游戏场景能给婴幼儿带来满满的安全感。在重复的游戏中,婴幼儿逐渐懂得接下来会发生什么,这种可预测性让他们感到安心和舒适。重复的游戏场景也会让婴幼儿建立起对周围环境的信任感,婴幼儿就能在熟悉的感觉中找到内心的平静。

另外,重复游戏是婴幼儿动作发展不可或缺的"训练场"。通过一次次的重复游戏,婴幼儿不断调整和优化自己的动作,提高身体协调性和控制能力,婴幼儿正是在不断的重复游戏中螺旋式地向上发展,最终掌握技能。

实训实践

1. 以小组为单位,结合自己的童年经历,回忆曾经玩过的游戏,进行小组分享展示。并结合游戏,谈谈对游戏本质特征的理解。
2. 结合见实习活动,分析婴幼儿游戏的类型和价值,完成下列实践任务书。

实训实践任务书

任务名称:分析婴幼儿游戏的类型和价值

任务内容:对婴幼儿的游戏类型和价值进行分析。

任务要求:在见习活动中,选取一个婴幼儿的游戏进行观摩,并分析婴幼儿游戏的类型和价值。

任务目标:能够判断婴幼儿游戏的类型,理解游戏对婴幼儿发展的价值,并填写在表格1-3-2中。

表 1-3-2　实践任务表

游戏观摩记录	分析
姓名： 性别： 年(月)龄：	游戏名称： 游戏类型：
游戏过程：	游戏价值：

赛证 链接

一、单选题

1. 亲子游戏可以使婴幼儿获得(　　)。①

A. 安抚　　　　　　B. 亲切感　　　　C. 开阔他的视野　　D. 以上都是

2. 皮亚杰认为0~2岁处于感觉运动阶段,这一时期的游戏类型主要是(　　)。

A. 象征游戏　　　　　　　　　　　B. 练习游戏

C. 结构游戏　　　　　　　　　　　D. 规则游戏

二、判断题

1. 与宝宝的"对话"应当是宝宝当下所在情境中的内容:把说话融入日常生活,边做边说,把自己正为婴幼儿做的事情说出来。还可以将婴幼儿生活中经常接触的事物作为说话的内容。　　　　　　　　　　　　　　　　　　　　　　　　　(　　)

2. 当婴幼儿愿意表演儿歌、唱歌、搭积木、拼图等,成人每次要给予称赞,鼓舞信心。

(　　)

---

① 选自江苏省育婴员职业技能竞赛题库。

项目二

设计与组织 0～6 个月婴儿游戏活动

项目导读

0～6 个月是婴儿生命初期关键的成长阶段,这一时期的婴儿在情感与社会性、动作、语言、认知等方面飞速发展。这一时期的游戏是婴儿认识世界、建立安全感等的重要途径。

本项目主要阐述这一阶段婴儿游戏的特点、游戏环境创设与材料选择、活动设计与组织,以及家庭亲子游戏指导。期望通过本项目的学习,学习者能够设计与组织 0～6 个月婴儿的游戏活动。

学习目标

认知目标

1. 理解 0～6 个月婴儿身心发展特点及其游戏的特点;
2. 掌握 0～6 个月婴儿游戏环境创设要点。

能力目标

1. 能够为 0～6 个月婴儿创设适宜的游戏环境;
2. 能够设计与组织 0～6 个月婴儿游戏活动;
3. 尝试观察、记录、分析 0～6 个月婴儿的游戏活动;
4. 能够为 0～6 个月婴儿的家庭提供亲子游戏指导。

素质目标

1. 树立以婴儿为本的游戏观;
2. 尊重家长,形成家托共育的教育观。

知识导图

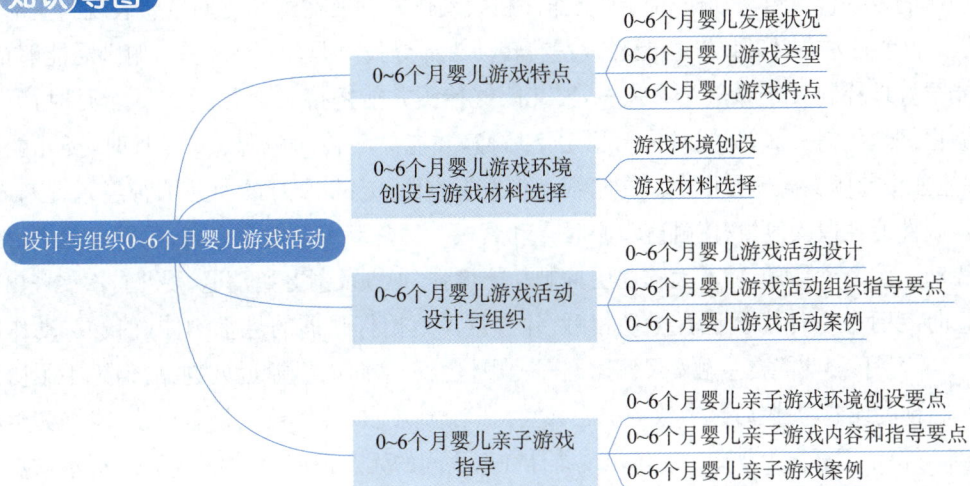

任务一　0～6个月婴儿游戏特点

经过三个月的成长,多多已经能够独立地抬起头(图2-1-1),并且头部转动变得灵活自如。当他平躺时,能够轻松地抬起头部并保持数秒。

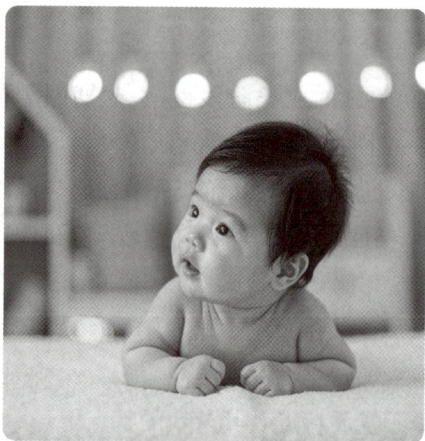

图2-1-1　抬头

在这个阶段,婴儿是否已经能够参与游戏? 这些游戏又具有哪些特点呢?

在明确0～6个月婴儿游戏特点之前,我们需要了解这一时期的婴儿其身体发展状况,明确当前的婴儿可以做什么,从而更好地理解其游戏特点,并为后续提供适宜的支持策略奠定基础。

一、0～6个月婴儿发展状况

婴儿在出生后前三个月发展迅速,主要表现在动作、语言、认知、情绪情感与社会性等几个方面。

(一)动作发展

动作的发展包括粗大动作和精细动作。粗大动作的发展在这一时期主要表现为头部动作的发展。1个月左右,仰卧位时,能轻微左右转动头部寻找声源;2个月左右,俯卧时能够抬头,但不能很好地控制头颈部;3个月左右,婴儿能够抬头并能坚持一会儿。4～5个月时,婴儿已经能够很好地控制头部,竖抱时头部稳定不后仰,并能灵活转向声源。6个月时,婴儿能够翻身,并能独坐前倾支撑5秒以上。在精细动作发展方面,0～2个月的婴儿因神经系统未成熟,存在强制性的抓握反射(物体触碰掌心时自动紧握),日常双手呈握拳姿态,手臂仅能进行无目的的挥动。约3个月时,随着大脑皮层抑制功能增强,抓握反射开始消退,婴儿首次展现出自主运动意向:双手在身体中线位置主动相触,并有意识地拍打眼前的悬垂物体(前够取动作的萌芽)。至4个月,婴儿能自主触发尺侧抓握——用整个手掌向内扒抓近处物品,但因手眼协调不足及小脑预测误差,抓握后超半数情况会掉落。5个月左右,动作控制显著进步:发展为掌心抓握(物体可稳定抵靠在手掌中),偶尔出现物体在双手间的无意识传递(如左手松开时恰被右手抓住),且足部抓握反射完全消失,标志脊髓低级反射被高级神经中枢有效抑制。进入 6 个月,精细动作迎来质变:掌握原始钳形抓握(拇指与其他手指侧面配合捏取小物),能双手同时操作不同物体,并能通过触觉辨别物品表面纹理(如区分毛绒与光滑材质),为后续工具使用奠定神经基础。

(二)语言发展

在语言发展方面,这一时期的婴儿处于前语言期,属于无意识交流的阶段,还不具备语言表达能力。婴儿一出生就会用哭声表达自己的需求;1 个月左右的婴儿会发出一些无意识的声音,随着婴儿的成长,他们开始能够发出更复杂的声音;3 个月时,能回应照护者的话语,会发出咿咿呀呀的声音;4～6 个月时,婴儿会尝试模仿成人的发音,成人和婴儿说话、微笑时,婴儿也会通过表情或声音作出回应。

(三)认知发展

这一时期婴儿认知的发展是一个迅速且关键的过程。新生儿的视觉范围有限,大约在 15～20 厘米之间。随着月龄的增长,注视能力逐渐增强。2 个月时,婴儿能够追视移动的物体。3 个月时能够更灵活地转动头部和眼睛来追踪移动的物体。新生儿对色彩的感知能力有限,起初对黑白图案较为敏感,随着月龄的增长,逐渐能够区分不同的颜色,喜欢注视颜色鲜艳的东西。比起图案,婴儿更喜欢注视人脸,尤其是妈妈的脸。5～6 个月的婴儿能够比较稳定地注视某一物体,但持续的时间很短。婴儿对声音非常敏感,胎儿时期已有听觉。出生约一周后,听力发育较为成熟。随着月龄的增长,婴儿能够较为准确地定位声音的来源,并转头寻找声源。婴儿用各种感官来探索世界,喜欢抓握、啃咬、摆弄周围的各种物体。

(四)情绪情感与社会性发展

在情绪情感与社会性发展方面,0～3 个月的婴儿就会用哭泣表达需求,如饿了、困了,或是要换尿布了等。这一时期的婴儿喜欢被照护者抱在怀里,喜欢注视并追踪移动的人和物体,对人脸或是人的声音感兴趣,尤其是主要照护者,如母亲。3～6 个月的婴儿能区分高兴、生气等情绪,开心时会发出咯咯笑声。这一时期的婴儿开始与主要照护者互动,能区分熟悉和陌生的面孔,出现"认生"现象。看到熟悉的脸微笑,看到陌生的脸表情严肃。

二、0～6 个月婴儿游戏类型

基于不同的角度和分类依据,婴儿的游戏可有不同类型。0～6 个月婴儿的游戏以有规律的重复动作游戏和亲子游戏为主。

(一)有规律的重复动作游戏

从认知发展的角度来看,0～2 岁的婴幼儿主要游戏为练习性游戏,或称为感知运动游戏。0～6 个月的游戏以有规律的重复动作游戏为主。新生儿处于反射练习期,这一时期并无游戏的发生。2～5 个月为初级循环反应阶段,婴儿出现自发运动,主要为婴儿自己身体的运动。这种运动在相对有规律的时间间隔中重复发生,因此这一时期的游戏主要是有规律的重复动作游戏。例如踢脚、摇动身体、吸吮大拇指、头往后仰等重复性动作。

(二)亲子游戏

从社会性发展的角度,以婴儿在游戏中的交往对象来看,0～6 个月的游戏以亲子游戏为主。父母或主要照护者是婴儿最重要的游戏伙伴。游戏就发生在父母或主要照护者对婴儿一日生活的照料中。3 个月以内的婴儿喜欢照护者的微笑、注视,与照护者建立联系就是一种基本的游戏形式。父母或主要照护者可以和婴儿进行交互的模仿性游戏,例如注视着婴儿说话、微笑,婴儿也同样会注视着成人。随着月龄的增加,婴儿希望与父母或照护者有更多的互动。4～6个月时,当照护者与婴儿进行游戏互动,如对着婴儿扮鬼脸、用夸张的语调说话或是逗弄婴儿时,婴儿会以社会性微笑或模仿成人的表情给予回应。

三、0～6个月婴儿游戏特点

0～6个月是婴儿最为稚嫩的时期,由于自身能力较弱,这一时期的游戏主要是有规律的重复动作游戏和亲子游戏。

从游戏的发起者来看,主要是其父母或主要照护者;从游戏的内容来说,主要以感知觉发展、动作发展和亲子情感交流为主。比较常见的是父母或主要照护者在照顾婴儿一日生活起居时,随时融入游戏的内容。这不仅可以促进婴儿的感知觉的发展,更重要的是照护者在游戏中给予婴儿足够的关注和爱抚,有助于其安全感和信任感的建立。

任务思考

1. 0～6个月婴儿的身心发展有什么特点?试举例说明。
2. 0～6个月婴儿的游戏有哪些类型和特点?试举例说明。

任务二　0～6个月婴儿游戏环境创设与游戏材料选择

案例导入

刚出生的多多大部分时间在睡眠中度过。随着月龄的增加,多多白天清醒的时间越来越长。他对外界的好奇心也愈发旺盛,他圆溜溜的大眼睛像两颗黑宝石,总是好奇地打量着周围的一切。现在多多5个月了,每天都期待坐上小推车,出门玩儿(图2-2-1)。

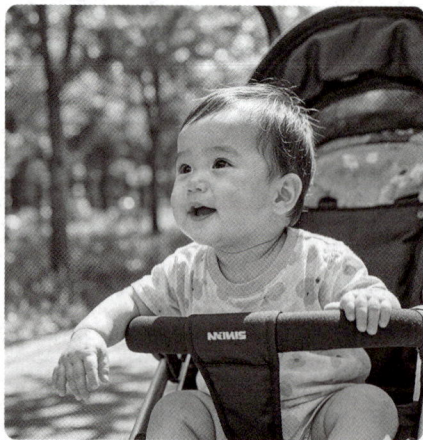

图2-2-1　坐婴儿车出门玩

多多的家人都很好奇:这一阶段的婴儿能玩什么呢?哪些玩具是安全且有助于婴儿发展的?该如何为0～6个月的婴儿创设游戏环境,并选择合适的游戏材料呢?

一、游戏环境创设

环境是婴幼儿的第三位老师。陈鹤琴先生曾说："怎样的环境,就得到怎样的刺激,得到怎样的印象。"良好的游戏环境是婴幼儿游戏活动得以顺利开展的基本条件。婴幼儿正是在与环境材料、同伴及教师的互动中,通过直接感知、实际操作、亲身体验来认识周围的世界,构建自己的经验和认识。《3 岁以下婴幼儿健康养育照护指南(试行)》提出"养育人应利用室内和户外各种条件和场所,与婴幼儿一起进行不拘形式的自由玩耍。主动营造快乐的氛围,关注婴幼儿的好奇心,并通过陪伴、互动、示范等方式引导婴幼儿尝试不同的活动,激发探索的兴趣"。

(一) 游戏环境的含义

游戏环境是指为婴幼儿游戏活动所提供的条件,包括物质环境和心理环境两个方面。对 0～6 个月的婴儿来说,物质环境主要是指游戏空间和场地、游戏材料等;心理环境主要指照护者所营造的温馨有爱的情感氛围。按照空间维度上的不同,游戏环境还可分为室内游戏环境和户外游戏环境。

由于 0～6 个月的婴儿自身能力有限,需要的睡眠和休息时间相对较多。在条件允许的情况下,比如天气晴好、温度适宜,照护者可以适当带婴儿到户外呼吸新鲜空气。

(二) 游戏环境创设的原则

1. 安全性原则

安全性原则是创设婴幼儿游戏环境的首要原则,它包括物质环境的安全,以及心理环境的安全。物质环境的安全指为婴儿提供安全的游戏空间和材料。例如,室内游戏空间安全,要在照护者的视线之内,温度适宜、采光充足、空气新鲜,并具备良好的通风条件;给婴儿提供的玩具材料要确保无毒、无棱角、不易破碎,避免婴儿受伤,并定期进行检查和消毒。并定期进行检查和消毒。婴儿喜欢把抓到的东西放进嘴里啃咬或是敲打玩具,婴幼儿照护者要提供安全、卫生、轻巧、大小适中、不易破碎的玩具,方便婴儿抓握和拍打,不要给婴儿提供过细的玩具避免婴儿放进嘴里。心理安全是指温馨有爱的情感氛围。心理安全指温馨有爱的情感氛围。照护者要敏锐地觉察婴儿的各种需求,以开放、接纳的态度对待婴儿的各种行为。

2. 适宜性原则

适宜性原则是指在环境创设和材料投放上要根据婴儿的月龄和发育水平,选择适合他们的游戏材料,即月龄适宜。同时也要兼顾个体差异,由于婴儿的气质类型和发展水平各有不同,因此要创设适宜的游戏环境。针对 0～6 个月的婴儿,照护者要多与其进行眼神、语言、情感等的交流,还可用一些色彩鲜明或带有声响的玩具物品逗引婴儿,如气球、响铃等。

3. 互动性原则

互动性原则是指游戏环境和玩具材料要能够促进婴儿和照护者的互动,加强与婴儿的情感联系。对于 0～6 个月的婴儿,照护者是最好的玩具。这一阶段的婴儿最喜欢看人脸,听人声,尤其是对熟悉的人。照护者应多与婴儿互动,通过眼神交流、身体接触等方式,促进婴儿安全感和信任感的建立。

4. 开放性原则

开放性原则是指游戏环境设置和玩具材料使用的开放性。游戏环境的创设并不是固定不变的,而是随着婴儿游戏的发展和需要,灵活动态地调整。玩具材料的使用应根据婴儿的兴趣爱好、个性特点自由选择。当婴儿的游戏行为与照护者的期待不相符合时,在没有安全问题以及不干扰到其他婴儿的情况下,尽量以开放和接纳的态度来对待。

(三)游戏环境创设

1. 家一般的温馨舒适

0～6个月婴儿游戏环境创设时总体要求是家一般的温馨舒适。由于这一时期的婴儿活动能力有限,还不会自主移动,大部分时间是躺着的。照护者可以将活动室环境布置得像家一样。虽然各个托幼机构的环境布局各不相同,但共同特点就是简单温馨。由于这一时期婴儿的各种感官还处于发展之中,感知能力有限,注意力时间较短,需要较多的休息与睡眠时间,因此周围的环境(包括墙壁)尽量简单,不要张贴过多有繁杂图案的图片,不要有过于嘈杂的背景音乐,要让婴儿感到宁静舒适。

2. 游戏区和睡眠区、照料区要相互分离

回应性照护对于这一时期的婴儿至关重要,正是由于成人及时、敏感地回应婴儿,满足婴儿的生理需要和情感需要,婴儿才会慢慢感知和体验到这个世界是美好的,周围的成人是可以信任的,婴儿才逐渐建立起信任感和安全感。由于婴儿自身的气质特点和个体差异,照护者不能要求这一时期的婴儿遵循同样的作息时间表,他们有自己的个人作息表。当一名婴儿在睡眠时,另一名婴儿可能处于清醒状态。因此游戏区要和其他的睡眠区、照料区相互分离,这样才不会导致婴儿之间的相互影响。

3. 游戏区相对灵活

这一时期婴儿的游戏环境创设可以相对灵活,比如一张可移动的低矮的地垫,将婴儿放在地垫上,周围悬挂一些可移动的气球、铃铛等(图2-2-2)。需要注意的是,这些游戏材料尽量不要放在婴儿床上或睡眠区,因为婴儿床或睡眠区的作用在于促进婴儿睡眠。为了保证安全,可以用矮栅栏将不同月龄段的婴儿分开,防止正在爬行或学步的婴儿撞到6个月以内的小婴儿。游戏区放一把摇椅或一张沙发,以方便照护者坐下来抱着婴儿喂奶或是和婴儿游戏、交流(图2-2-3)。在天气晴朗、温度适宜的情况下,还可以推着婴儿车到户外,让婴儿感受户外的新鲜空气。

图2-2-2 游戏区

图2-2-3 游戏区

二、游戏材料选择

(一)运动发展类玩具

这一时期较适合的玩具有各种悬挂风铃的健身架(图2-2-4、图2-2-5),照护者可

以引导婴儿在躺着时踢腿、伸手抓取挂件,或是听到风铃声抬头、转身等,促进婴儿大动作的发展。

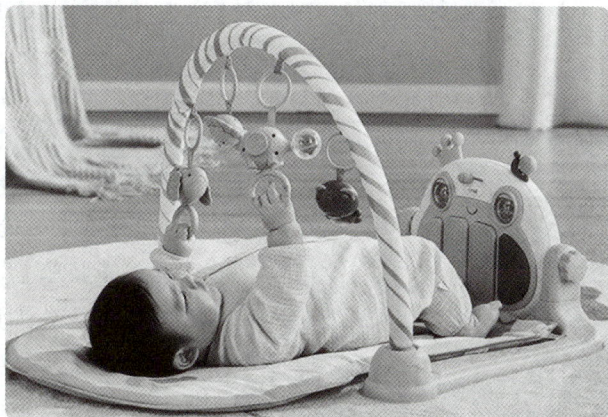

图 2-2-4　健身架 1　　　　　　　　　　图 2-2-5　健身架 2

(二) 感官刺激类玩具

这一时期可提供能够刺激婴儿视觉、听觉、触觉类发育的玩具材料。视觉类玩具如黑白卡片,可用于视觉刺激和追踪练习,适合新生儿阶段。悬挂在婴儿床上的色彩鲜明的小球,可让婴儿注视并追踪移动的小球,有助于视觉发展。触觉类玩具如不同材质的丝巾、手帕、软积木、软布书、软地毯、抓握球(图 2-2-6)等,可满足婴儿触摸探索的需要。听觉刺激类玩具材料可以促进婴儿听觉和手眼协调能力的发展,如摇铃、音乐盒、拨浪鼓等(图 2-2-7)。声音柔和、清脆的摇铃可以让婴儿抓握并摇晃,但注意玩具重量要轻一些,防止因婴儿手部力量不够导致玩具砸到脸上。还可以播放柔和的音乐,让婴儿在安静的环境中感受音乐的魅力。还有一类声音也不可忽视,即环境中的自然声音,如成人的交谈声、风吹鸟叫声、下雨嘀嗒声等,照护者可以引导婴儿关注这些声音。

图 2-2-6　抓握球　　　　　　　　　　图 2-2-7　拨浪鼓

任务思考

1. 阐述 0~6 个月婴儿游戏环境创设的原则。
2. 阐述 0~6 个月婴儿的游戏环境创设要点。
3. 如何为 0~6 个月婴儿选择游戏材料?试举例说明。

任务三 0～6个月婴儿游戏活动设计与组织

案例导入

图2-3-1 教师和孩子互动

转眼间,多多已经快5个月了。妈妈因为要上班,便将多多送进了托育园。这天,托育园的李老师要给多多换尿布,她微笑着对多多说:"现在要给你换尿布了。"多多认真地看着李老师的脸。换好尿布后,李老师顺手拿起旁边的摇铃(图2-3-1):"多多,看看这是什么?"李老师慢慢地把摇铃移向左边,多多的眼睛紧紧跟着李老师,也慢慢扭头向左边看去。李老师又把摇铃移向右边,多多也扭头看向右边。李老师边摇边笑着说:"多多真棒!"

针对这一月龄段的婴儿,还可以和多多进行哪些游戏呢?

一、0～6个月婴儿游戏活动设计

游戏活动的设计包括游戏名称、适合月龄、游戏目标、游戏准备、游戏过程、指导要点等几个方面展开。

(一) 0～6个月婴儿游戏活动目标

针对0～6个月婴儿,游戏活动目标可以从动作发展、语言发展、认知发展、情绪情感与社会性发展等方面展开,具体如下所示:

动作发展目标:通过粗大动作和精细动作的活动,增强颈部、手臂、腿部肌肉力量,5个月后促进婴儿腰部力量和靠坐能力的发展。

语言发展目标:通过柔和的音乐、儿歌以及日常的语言互动等,丰富听觉刺激,在丰富的语言环境中感知语音、语调,积累语言经验,促进语言发展。

认知发展目标:通过视觉、听觉、触觉等感官刺激,促进感官系统发育。通过颜色、形状、声音等刺激,提高认知能力和注意力。

情绪情感与社会性发展目标:在回应性照护和互动游戏中,产生舒服愉快的情绪体验,与主要照护者之间建立安全感和信任感,建立安全型依恋。

(二) 游戏活动设计的注意事项

① 以动作发展、认知发展、情绪情感和社会性发展为主,重点在于促进婴儿安全感和信任感的建立,促进抬头等动作发展以及视、听觉等的发展。

② 这一时期的游戏尽量和生活密切结合在一起,可以在照料婴儿一日生活的过程中自然融入游戏的内容。例如在给婴儿喂奶或换尿布的时候,照护者要多和婴儿进行眼神交流,多对婴儿微笑,多和婴儿说话。

③ 游戏宜简单短小。这一时期的婴儿由于大脑皮质功能发育不成熟,容易疲劳,需要的睡眠和休息时间较多,因此,游戏不宜过于复杂烦琐,应简单短小。

二、0～6 个月婴儿游戏活动组织指导要点

(一) 亲密互动,情感交流

这一时期的婴儿游戏中特别需要父母或主要照护者的参与。在托幼机构中,强调教师或其他照护者通过语言、表情和动作等方式,与婴儿进行一对一的情感交流,建立亲密的情感联结。

(二) 尊重婴儿,避免过度

由于这一时期的婴儿自身能力有限,游戏的时间和强度要适宜,避免过度刺激。在游戏过程中,教师或其他照护者要密切观察婴儿的反应和兴趣,及时调整游戏内容和节奏。当发现游戏过程中婴儿转移视线或开始哭闹时,要及时中断游戏并分析其原因,如婴儿可能是饥饿、困乏或是不舒服,教师或其他照护者要及时调整自己的行为以满足婴儿的基本需求。

三、0～6 个月婴儿游戏活动案例

(一) 情绪情感与社会性发展类游戏

说 说 话

【适宜月龄】0～3 个月。

【游戏目标】感受爱与尊重,获得安全感和信任感。

【游戏准备】儿歌《世上只有妈妈好》。

【游戏玩法】

(1) 与婴儿面对面,做鬼脸逗引婴儿。

(2) 对婴儿微笑,用夸张的口型与婴儿说话,叫婴儿的名字。

(3) 一边和婴儿进行眼神交流,一边唱歌谣或儿歌,如《世上只有妈妈好》。

【指导要点】这一时期的婴儿喜欢看人脸,听人声,尤其是妈妈或主要照护者等熟悉的人。在和婴儿说话或唱歌谣的过程中,可以暂停一下看看婴儿是否有回应。照护者在给婴儿喂奶或换尿布时,可以多和婴儿进行眼神、语言交流,有助于婴儿安全感和信任感的建立。

摇 一 摇

【适宜月龄】2～6 个月。

【游戏目标】感受爱,获得安全感和信任感。

【游戏准备】儿歌:摇啊摇,摇到外婆桥。

【游戏玩法】

(1) 双手抱着婴儿,轻轻摇晃,模仿摇摇篮的动作,同时看着婴儿轻轻地说:"摇一摇,摇一摇",以增加亲密感。

（2）婴儿仰面躺在床上，双手抓住婴儿的同侧手脚，以婴儿背部为支撑，左右轻轻地摇晃，让婴儿感受到位置的变化。

（3）照护者坐下，与婴儿面对面，让婴儿躺在大腿上，头上脚下，轻轻左右晃动。一边和婴儿进行眼神交流，一边唱歌谣或儿歌，如《摇啊摇，摇到外婆桥》。

【指导要点】游戏过程中动作要轻柔，注意安全，避免发生危险。照护者可用夸张的语言、表情等与婴儿互动，让婴儿感到照护者的爱意。

藏 猫 猫

【适宜月龄】3～6 个月。

【游戏目标】感受游戏的快乐，增强安全感和信任感。

【游戏准备】一块干净的布或小手帕。

【游戏玩法】

（1）抱着婴儿，或者让婴儿躺着，和婴儿面对面。照护者将手遮挡在自己眼前，几秒钟后，将遮挡着眼睛的手拿开，并发出"喵"的声音。照护者微笑地看着婴儿，观察婴儿的反应，给婴儿以回应的时间，然后重复操作。

（2）也可用一块干净的布或小手帕轻轻盖住自己的脸，然后突然揭开，同时发出"喵"的声音。

（3）随着婴儿对游戏的熟悉，照护者也可以将布或手帕移动到婴儿的脸上，再轻轻揭开，引导婴儿模仿大人的动作。

【指导要点】游戏过程中要密切观察婴儿的反应，如果婴儿表现出好奇或开心，可以重复几次。

（二）动作发展类游戏

抬 抬 头

【适宜月龄】1～3 个月。

【游戏目标】增强颈部肌肉力量和颈部的灵活度，能适度抬头和转头。

【游戏准备】铃铛或气球 1 个。

【游戏玩法】

（1）婴儿仰卧在床上，拿铃铛或气球在婴儿头上方 20～30 cm 的地方轻轻晃动，引导婴儿抬头。

（2）将铃铛或气球在婴儿头上方往左右两边来回慢慢晃动，引导婴儿向左或向右转头。

（3）婴儿俯卧在床上，将其双手放在胸前，拿铃铛或拨浪鼓轻轻晃动，引导婴儿抬头。

【指导要点】也可以选用有声音的沙锤、拨浪鼓等替代铃铛。俯卧的时间每次不宜超过 2 分钟，避免婴儿过于疲劳。为了预防偏头或斜视，要及时变换玩具物品摆放的位置，不宜长时间固定不变。

抓 一 抓

【适宜月龄】0～3 个月。

【游戏目标】练习抓握能力,提高手眼协调的能力;丰富认知体验。

【游戏准备】摇铃或铃铛一个,重量较轻。

【游戏玩法】

(1) 将摇铃或铃铛在婴儿面前轻轻晃动,引起婴儿的注意。

(2) 引导婴儿抓握摇铃或铃铛,当婴儿握紧几秒钟后,再轻轻抽走,可反复几次。

(3) 将婴儿的双手放在照护者的脸上,或让婴儿抓握不同材质的玩具物品,如木制玩具或毛绒玩具,体验不同的感觉。

【指导要点】让婴儿抓握不同的物品时,照护者可以和婴儿进行语言互动,如:摸摸谁的脸呀,抓抓小娃娃呀。当婴儿抓住物品时,及时给予表扬和肯定,让婴儿获得积极的情感体验。

翻 一 翻

【适宜月龄】4～6 个月。

【游戏目标】尝试翻滚动作,提高身体协调性。

【游戏准备】一块干净的垫子或爬行垫,会发声的玩具。

【游戏玩法】

(1) 将婴儿放在一块干净的垫子或爬行垫上,使其侧卧。

(2) 用玩具或声音吸引婴儿的注意力,鼓励其尝试翻滚到另一侧。

(3) 如果婴儿无法自行翻滚,照护者可以轻轻推动婴儿臀部或肩膀,协助其完成动作。

【指导要点】当婴儿翻滚时注意安全。若婴儿翻身尝试抓握物品时,照护者可适当帮助婴儿,让其体验成就感。让婴儿抓握不同的物品时,照护者可以和婴儿进行语言互动,如:宝宝要拿住了! 这是什么呀?

(三) 认知发展类游戏

黑 白 卡

【适宜月龄】0～3 个月。

【游戏目标】发展视觉追踪能力,促进视觉发育;丰富认知体验。

【游戏准备】黑白卡若干张。

【游戏玩法】

(1) 将黑白卡放在婴儿眼前 20～30 cm 处,吸引婴儿的注意力。

(2) 慢慢向左、向右移动卡片,让婴儿双眼随着卡片的移动而移动。

(3) 停留约 10 秒钟,然后换下一张卡片。

【指导要点】在出示卡片时,照护者可以用亲切的语言向婴儿介绍卡片,和婴儿进行语言互动,如:宝宝看,这是什么呀? 这张卡片上是一个棋盘,这是一个苹果。该游戏宜在光线充足的环境下进行。1~2个月的婴儿喜欢注视有明暗对比的黑白卡,3个月的婴儿开始喜欢有颜色的物体,如红色、黄色等。因此可以由黑白卡逐渐过渡到彩色卡或是红色小球等。注意这一时期的婴儿每次追视的时间不要超过半分钟。

听 一 听

【适宜月龄】3~6个月。

【游戏目标】听声音增强听觉辨识能力和反应能力;多感官感知物体的特性。

【游戏准备】不同声音和节奏的玩具或乐器,如小鼓、铃铛等。

【游戏玩法】

(1) 准备一些不同声音和节奏的玩具或乐器,如小鼓、铃铛等。

(2) 在婴儿附近发出这些声音,观察其反应和表情。

(3) 可以尝试用声音引导婴儿转头或寻找声源,以促进其听觉定位能力的发展。

【指导要点】注意摇晃玩具时,声音不要过大。选择的乐器或带声响的玩具不要过于刺耳。当婴儿看到玩具尝试抓握时,照护者可适当协助,让婴儿体验抓握玩具的感觉。

摸 一 摸

【适宜月龄】3~6个月。

【游戏目标】丰富触觉体验,促进感知觉发展。

【游戏准备】各种不同材质的物品玩具,如各种材质的娃娃、软绒布、丝绸、塑料、木头等。

【游戏玩法】

(1) 轻轻地将婴儿的手拿起,先用自己的手轻触婴儿的手背,以示引导和安慰。

(2) 逐一将准备好的物品放在婴儿手中或让其手指轻轻触碰,同时温柔地告诉婴儿这是什么材质,比如"这是软软的绒布""这是滑滑的丝绸"。观察婴儿对不同触感的反应,注意他们的表情、动作和声音,了解他们是否喜欢或排斥某种材质。

(3) 鼓励婴儿主动抓握和探索这些物品,可以轻轻摇晃或移动物品,以激发宝宝的好奇心和探索欲。

【指导要点】在游戏过程中,与婴儿保持眼神交流和语言沟通,用温柔的话语和表情回应婴儿的反应。鼓励婴儿主动抓握和探索,但不要过度干预。如果婴儿对某个物品特别感兴趣,可以多停留一会儿,让其充分体验和探索。游戏时间不宜过长,一般控制在2~3分钟,以免婴儿疲劳。游戏过程中要时刻关注婴儿的安全,避免婴儿将物品放入口中,规避窒息风险。

任务思考

1. 阐述 0～6 个月婴儿游戏活动设计的注意事项和组织指导要点。
2. 任选月龄阶段,尝试为 0～6 个月婴儿设计一个游戏活动。

任务四　0～6 个月婴儿亲子游戏指导

案例导入

乐乐已经 5 个多月了,李爷爷觉得乐乐还小,不需要太多外界刺激,所以在乐乐清醒的时候,李爷爷也大多只是简单抱着,很少跟乐乐说话或是做游戏。而隔壁的王奶奶则截然相反,她觉得乐乐笑起来很可爱,所以经常会通过各种方式逗乐乐笑,有时候乐乐明显感觉困了,没有精神了,王奶奶还是兴致勃勃地和乐乐做鬼脸(图 2-4-1)。

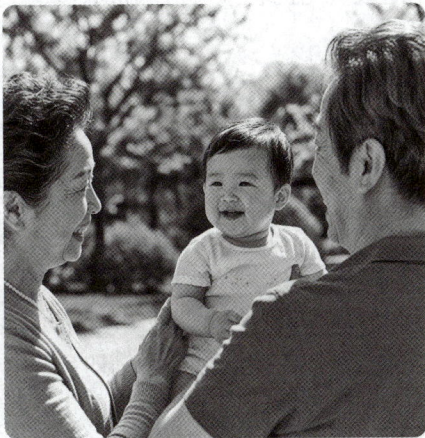

图 2-4-1　逗笑宝宝

如果你是托育机构的教师,你会如何指导这个家庭进行亲子游戏呢?

一、0～6 个月婴儿亲子游戏环境创设要点

(一) 安全有爱

安全有爱是指家庭游戏环境安全,游戏材料无毒无害,家庭成员之间温馨和谐,这有助于婴儿安全感的建立。照护者要经常和婴儿进行眼神交流、拥抱、说话,建立亲密的亲子关系。保持家庭环境的安静,可通过柔和的灯光、舒适的色彩搭配来营造温馨宁静的家庭氛围。

(二) 富有童趣

在婴儿的游戏活动区可铺设地垫,可以提供一些适宜的玩具材料,让环境富有童趣,如黑白卡、色彩鲜艳的气球、拨浪鼓等。

二、0～6 个月婴儿亲子游戏内容和指导要点

0～6 个月婴儿游戏主要为亲子互动游戏,游戏的内容侧重情感交流和感知觉发展。

（一）融入生活

游戏一般融入生活，多为回应性游戏。家长可以和婴儿多进行眼神交流、说话、拥抱、模仿并回应婴儿的各种面部表情，如微笑。在喂奶、换尿布或洗澡等日常照护时，都可以进行这种互动。在婴儿清醒时，轻轻地抱着婴儿，和婴儿说话、唱歌。当婴儿仰卧时，让婴儿看黑白的卡片或彩球。

（二）及时调整

根据婴儿的表情、声音动作等给予及时、恰当的反应，以促进游戏的持续进行。当婴儿表现出困意或对游戏没有兴趣时，家长要及时中断游戏并分析可能的原因，如饥饿、困乏或不舒服，家长要及时调整自己的行为以满足婴儿的基本需求。

（三）与家长沟通要点

1. 让家长意识到游戏对婴儿的重要性

0～6个月的婴儿虽然还不能进行复杂的游戏，但是早期的互动和刺激对他们的成长至关重要。这些游戏可以是简单的眼神交流、声音模仿、轻柔触摸等。因此，教师或其他照护者可以通过分享婴儿在游戏互动中所表现出的积极反应和成长变化，让家长意识到游戏对于婴儿的重要性。

2. 主动积极反馈

建立固定的沟通时间，每日或每周与家长交流，分享婴儿在游戏中的进步和成就。教师可以提供婴儿成长记录册或游戏档案，让家长随时查看婴儿游戏情况。保持积极乐观的态度，注重分享婴儿在游戏中的点滴进步，用鼓励性的语言与家长交流。

3. 共同决策

在做出任何决定之前，与家长进行充分的沟通，了解他们的想法和期望。尊重家长的意见和选择，当双方意见不一致时，尝试寻找折中的方案。例如，多多妈妈产假结束后继续上班，她希望托育机构将3个月大的多多的作息时间调至和自己同步。教师或其他照护者一方面要理解多多妈妈想要兼顾孩子和工作的需求，同时也要让她认识到在生命早期敏感回应婴儿需求的重要性，从而共同找出折中方案，如推迟几个月再调整作息时间，以便让多多更加自然地形成自己的作息时间表。

三、0～6个月婴儿亲子游戏案例

抓 彩 虹

【适宜月龄】2～6个月

【游戏目标】锻炼颈部力量，促进视觉、触觉的发展，增进亲子互动。

【游戏准备】

（1）一条色彩鲜艳的布条或丝巾（最好是多色拼接，模拟彩虹效果）。

（2）一块安全、干净的垫子或婴儿床。

（3）柔和的背景音乐。

（4）选择一个光线适中、无直射阳光的房间，将垫子或婴儿床放在房间中央，便于家长围绕宝宝移动。

【游戏玩法】

选择一个宝宝精神状态良好、不饿不困的时间段,妈妈将宝宝轻轻放置在事先准备好的垫子或婴儿床上。妈妈以温柔的声音和宝宝进行简单的交流:"宝宝,今天我们来玩个有趣的游戏吧。"同时,轻轻摇晃手中的彩虹布条,用其鲜艳的色彩和动态的变化吸引宝宝的注意力。宝宝开始注意到这个色彩丰富的布条,眼神变得好奇而专注,可能会发出"咿呀"的声音或尝试伸手去触摸。

妈妈开始缓慢地左右移动彩虹布条,确保移动速度适中,既不过快导致宝宝难以追踪,也不过慢使宝宝失去兴趣。每次移动时,都伴随着轻柔的声音或哼唱,以维持宝宝的注意力。同时,妈妈适时地停顿,给宝宝一个短暂的时间去"捕捉"布条的移动轨迹,然后再次开始移动。宝宝的眼睛紧紧跟随布条的移动,颈部开始转动以调整视线。

为了增加游戏的趣味性和挑战性,妈妈时而稍微提高布条的高度,时而又降低布条的高度,但始终保持在宝宝能够轻易看到的范围内。这样的变化不仅锻炼了宝宝的颈部肌肉,还帮助他开始体验和理解空间的概念。妈妈边改变高度边说:"看,布条飞上去了,现在它下来了哦!"

宝宝对高度的变化表现出极大的兴趣,他正尝试调整自己的姿势来适应新的视觉刺激。有时,宝宝会微微抬头或低头,甚至尝试用双手去够那个似乎触手可及却又稍纵即逝的布条。妈妈将布条轻轻放在宝宝的手边,让他有机会触摸和感受。宝宝的小手轻轻触碰布条,脸上洋溢着好奇和喜悦的表情。他尝试用双手抓住布条,尽管抓握还不太稳定。然后,妈妈握住宝宝的手,一起挥动布条,增加亲子间的互动和默契。

妈妈发现宝宝开始显得疲倦或转过头闭上眼睛,于是拥抱安抚宝宝说:"游戏时间结束啦,宝宝累了,我们休息一下吧。"

【家长分析与支持】

这样的游戏过程,不仅能够帮助 2～6 个月的宝宝在视觉、触觉和颈部力量等方面得到发展,还能加深亲子间的情感联系,为宝宝的健康成长奠定坚实的基础。家长在游戏过程中应始终保持耐心和细心,通过柔和的声音、丰富的表情和适当的肢体动作,有效地吸引宝宝的注意力,促进宝宝的视觉和颈部发展。特别是通过变化布条的移动速度和高度,以及增加触摸环节,使得游戏不仅锻炼了宝宝的身体能力,还加深了亲子间的情感联系。家长还能够根据宝宝的反应和兴趣来调整游戏内容和节奏,使宝宝始终处于舒适和愉快的状态。除了视觉追踪,还可以引入其他感官刺激,如听觉(使用摇铃)、触觉(使用不同材质的布料)等,促进宝宝全面发展。宝宝的学习和成长是一个渐进的过程,家长应保持足够的耐心,不强迫宝宝进行超出其能力范围的活动。

任务思考

1. 阐述 0～6 个月婴儿亲子游戏的内容和指导要点。
2. 利用合适的机会,观察家长如何与 0～6 个月的婴儿进行游戏。

育儿宝典

父母是婴幼儿最好的玩具

在婴幼儿的世界里,不需要昂贵的电子设备,不需要花哨的智能玩具,父母本身就是他们最好的"玩具"。婴儿从呱呱坠地起,就渴望与外界建立联系,而成人的陪伴与互动,是他们探索世界的重要途径。当父母微笑着注视婴儿,用温柔的声音和他们说话时,婴儿能感受到爱与关注,这种情感交流能给予他们满满的安全感,为他们的心理发展奠定坚实的基础。

当父母对婴幼儿说话、唱歌或对他报以微笑时,父母正在向他展示人际交往的作用,而这是他从玩具或屏幕上无法学到的。父母在互动中展示的分享、轮流等行为,会潜移默化地影响婴儿,让他们逐渐明白如何与他人相处。这些简单的互动游戏,还能刺激婴幼儿的视觉、听觉和触觉,促进他们感官系统的发展。婴幼儿会专注地看着父母的表情变化,努力模仿发出的声音,在这个过程中,其认知能力和语言表达能力也在逐步提升。

带有闪光灯、会发出音乐或声音的玩具虽然可以吸引婴幼儿的注意力,但是也要留意,避免过度刺激婴幼儿,并使环境变得喧闹不堪。因商业利益驱动,有时候视频和手机应用软件会被厂家营销成让宝宝变得更聪明的工具。父母要保持警惕,合理使用。

实训实践

实训实践任务书

任务名称:设计0~6个月婴儿的游戏活动

任务要求:以小组为单位,为0~6个月婴儿设计游戏活动方案,包括游戏名称、游戏目的、游戏准备、游戏玩法和游戏指导,并在小组内模拟活动组织与实施。

任务目标:能根据0~6个月婴儿的发展特点设计游戏活动方案(表2-4-1);能根据设计的游戏活动方案模拟组织实施。

表2-4-1 实训任务表

游戏名称: 游戏背景:(设计游戏活动的缘由) 游戏目的: 游戏准备:
游戏玩法: 游戏指导:
实施过程:(可粘贴模拟组织过程图)

续表

总结反思：

📖 赛证 链接

一、单选题

1. 婴幼儿半岁左右能够坐起来的时候，可以较好地完成（　　）。[①]

　A. 手眼协调的活动　　　　　　　　B. 各种动作

　C. 各种活动　　　　　　　　　　　D. 各种游戏

2. 要定期对婴幼儿玩具进行（　　）。[②]

　A. 清洗　　　　B. 消毒　　　　C. 暴晒　　　　D. 以上都是

3. 婴儿（　　）时能够比较稳定地注视某一物体，但持续的时间很短。

　A. 1～2 个月　　　　　　　　　　B. 2～3 个月

　C. 3～4 个月　　　　　　　　　　D. 5～6 个月

二、判断题

1. 与婴幼儿进行节律游戏时重在培养婴幼儿的兴趣和节奏感，不要过分追求技能。

（　　）

2. 成人过多的阻止会限制婴幼儿合理的探索和创造性的发展，使其形成胆小内向的性格；过多的鼓励会引起婴幼儿危险的举动和任性。

（　　）

---

①② 选自江苏省育婴员职业技能竞赛题库。

项目三 设计与组织 7~12 个月婴儿游戏活动

项目 导读

7~12 个月的婴儿处于身体、认知和社交能力快速发展的关键阶段，适合进行各种游戏来促进这些能力的发展。

本项目主要阐述这一阶段婴幼儿游戏的特点、游戏环境创设与材料选择、活动设计与组织，以及家庭亲子游戏指导。通过本项目的学习，学习者能够设计与组织 7~12 个月婴儿的游戏活动。

学习 目标

认知目标

1. 理解 7~12 个月婴儿的身心发展特点和游戏特点；
2. 掌握 7~12 个月婴儿游戏活动的设计思路和组织指导要点。

能力目标

1. 能够为 7~12 个月婴儿创设适宜的游戏环境；
2. 能够设计与组织 7~12 个月婴儿的游戏活动；
3. 能够为 7~12 个月婴儿的家庭提供亲子游戏指导。

素质目标

1. 在游戏活动设计与指导的过程中，树立正确的游戏观；
2. 尊重家长，形成家托共育的教育观。

知识 导图

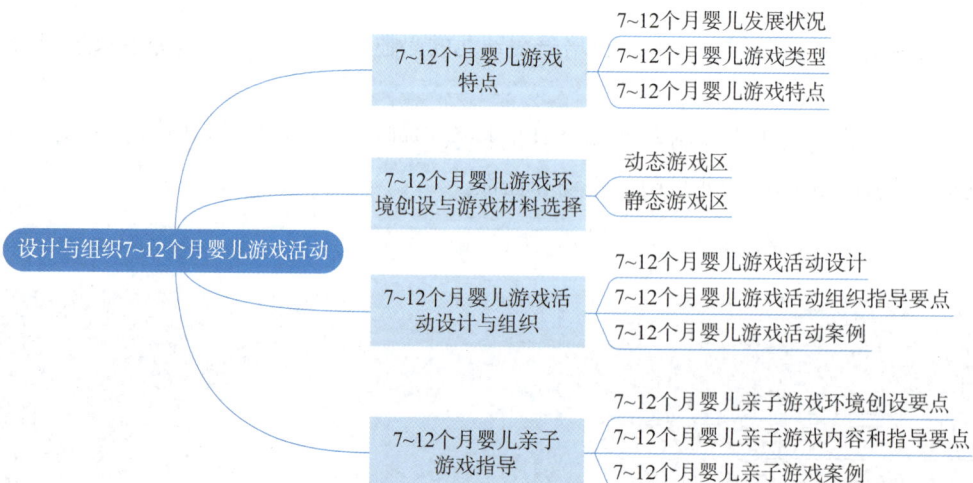

任务一　　7～12 个月婴儿游戏特点

案例导入

李老师与 7 个月大的优优正在进行一场"躲猫猫"的游戏(图 3-1-1)。李老师首先用双手遮住自己的脸庞,随后缓缓移开,展露笑容,并轻声地说出"喵",优优的脸上随即绽放出灿烂的笑容。接着,李老师再次用双手遮住脸庞,优优的表情变得认真起来。当李老师移开双手,展现出一个夸张的表情——眼睛睁得大大的,嘴巴张得大大的——并夸张地说出"喵",优优忍不住发出了一串清脆的笑声。

那么,7～12 个月大婴儿可以玩哪些类型的游戏?这些游戏的特点是什么呢?

图 3-1-1 "躲猫猫"游戏

一、7～12 个月婴儿发展状况

经过半年的发展,婴儿变得活泼、好动。和前一个阶段相比,7～12 个月婴儿在情绪情感与社会性、动作、语言、认知等方面都有突飞猛进的发展,呈现出明显的进步和变化。

(一) 动作发展

7～12 个月是婴儿粗大动作发展的关键时期,能完成更为复杂的动作。他们学会爬行、独坐、扶站,翻身的能力逐步增强。主要表现如下:在爬行能力方面,7 个月左右,婴儿仰卧位时能向左或向右去够他想要的物体;8 个月左右,婴儿可以自由翻转 360 度;9 个月左右,婴儿会手膝着地向前爬行。在独坐能力方面,7 个月婴儿能独坐 5～10 分钟,8 个月婴儿能独立坐稳且能自发地从坐位翻转到俯卧位,9 个月婴儿坐着时能自如转动上半身够取物品,并借助手脚力量移动身体。在扶站能力方面,8 个月左右,婴儿能自己扶站,9 个月左右,婴儿开始尝试扶站时移动身体。

从精细动作发展来看,7～9 个月婴儿的精细动作呈现出明显的进步。婴儿手的动作有了进一步发展,能摆弄抓到的物体并玩多个物体,双手动作开始协调,抓握动作逐渐趋于精细化。主要表现如下:婴儿手指更加灵活,7～8 个月婴儿可以用手稳稳抓握物体,两手可以配合撕纸。8 个月左右,婴儿的双手协作能力提高,婴儿会将两手拿的物品对敲。8～9 个月婴儿能够使用拇指和食指捏起物品,能有意识地摇拨浪鼓、小铃等;表现出更强的手眼协调能力。

(二) 语言发展

在语言发展方面,7～12 个月婴儿在语言理解方面取得了显著的进步,虽然他们仍然不会说话,但是他们能够理解简单的指令,还能将听到的词语与具体的物体或动作联系起来。9 个月左右的婴儿可以发出更多的语音,且声调有变化,如 má 等。他们对语言情感的感知能力也在增强，如听到妈妈愤怒的声音时会哭。该阶段婴儿的语言表达能力也开始发展，9个月左右，婴儿能够对着妈妈发出"ma-ma"的声音，到了1岁，有些婴儿甚至能开始说一些词语或短语。

（三）认知发展

视觉发展方面，这一时期的婴儿已经可以用眼睛观察周围人的活动，8个月时，婴儿的视觉集中和视觉追踪能力可以达到成人水平。听觉发展方面，他们对声音的敏感度高，7个月的婴儿能比较迅速地追踪声音，如听到电视的声音会立刻转头寻找声源；9个月会模仿动物的叫声；11个月能模仿成人发音。触觉发展方面，他们能够"手口并用"，经常抓到东西就往嘴里塞。7～12个月婴儿的记忆能力增强，他们能够认出并记住常见到的人和物。这个阶段的婴儿开始理解简单的因果关系，如按下一个按钮会让玩具发出声音，按动开关电灯会亮等，具备初步的推理能力。在这个时期，婴儿能理解"客体永久性"，如把玩具藏在被子下面，他们会掀开被子找玩具。他们会用肢体动作表达，如用手推开不要的东西、摇头表示不要等。

（四）情绪情感与社会性发展

在情绪情感方面，7～12个月的婴儿能表现出更为复杂的情绪，他们喜欢与成人进行情感交流活动，能较为准确地表现出高兴、生气、难过等情绪。他们面对不同的情绪会有不同的反应，如照护者对他微笑，他会相应地报以微笑。他们懂得分辨照护者友善及不友善的语气，如知道你是不是骂他。在社会性发展方面，7～12个月的婴儿处于分化的依恋阶段，对主要照护者（一般是母亲）的离开开始表现出抗拒行为。这个阶段的婴儿开始理解照护者的面部表情，会表现出对家庭成员的喜爱，对熟悉的照护者伸出手臂要求抱。面对陌生人时，会表现出焦虑、戒备和好奇。他们还喜欢与人交流，例如喜欢别人跟自己玩，特别喜欢玩"躲猫猫"一类的游戏，而且很投入、会笑得很开心。10～12个月的婴儿开始关注同伴，他们会关注同龄或年龄稍大的宝宝，互相凝视、碰触甚至会咿咿呀呀交流。

二、7～12个月婴儿游戏类型

基于不同的角度和分类依据，7～12个月婴儿游戏主要有以下几种类型。

（一）从认知发展的角度

从认知发展的角度来看，0～2岁婴幼儿的游戏主要为练习性游戏。7～12个月婴儿的游戏以主动的练习性游戏为主，并常常和亲子游戏、玩物游戏结合在一起。例如，婴儿经常会与照护者玩"扔与捡"的游戏，他把手边能拿到的东西都扔出去，照护者给他捡起来，他还是照扔不误。[1]

（二）从社会性发展的角度

从社会性发展的角度，7～12个月婴儿的游戏仍是以亲子游戏和独自游戏为主，喜欢触摸和摆弄物体。从游戏发起的主体来看，婴儿逐渐由被动变为主动。8个月时，婴儿开始主动发起游戏；12个月时，婴儿可以带着大人玩，主动发起游戏。[2]

---

① 刘焱.儿童游戏通论[M].2版.北京:北京师范大学出版社,2008:270.
② 刘焱.儿童游戏通论[M].2版.北京:北京师范大学出版社,2008:262.

三、7~12 个月婴儿游戏特点

7~12 个月是婴儿快速发展的时期,这一时期的游戏呈现出以下两个特点。

从游戏的发起者来看,7~12 个月婴儿游戏的主动性、积极性逐渐增长,自主意识逐渐萌芽,婴儿从被动的游戏者转变为游戏的主动发起者①。比如,婴儿看到感兴趣的玩具,会爬行或挪动身体去抓取,以此开启与玩具的互动游戏;也会通过发出声音、挥动小手吸引照护者注意,示意照护者陪自己玩耍。

从游戏的内容来看,围绕探索与互动展开。主要是用双手和嘴巴去探索和摆弄物体。婴儿会触摸、敲打不同物品,感受质地、声音差异;观察物体运动轨迹,如滚动的球;通过啃咬、吮吸、舔舐等方式去感知物体的质地、味道、形状等特征。这是他们积极运用自己的感官和动作认识、理解周围的世界。这一时期的婴儿喜欢和照护者玩躲猫猫,享受物体"消失——出现"的趣味;模仿照护者简单动作,如拍手、挥手。

任务思考

1. 7~12 个月婴儿的游戏类型有哪些?请举例说明。

2. 7~12 个月婴儿的游戏特点有哪些?请举例说明。

任务二 7~12 个月婴儿游戏环境创设与游戏材料选择

案例导入

陈老师和 9 个月大的左左在玩"爬爬爬"的游戏(图 3-2-1)。陈老师用沙发垫在爬行区设置障碍,游戏过程中,陈老师用摇铃逗引左左穿过用软垫搭建的"山洞"。

图 3-2-1 "爬爬爬"游戏

如何为这一月龄段的婴儿创设游戏环境,并选择游戏材料呢?

---

① 刘焱.儿童游戏通论[M].2 版.北京:北京师范大学出版社,2008:263.

婴儿游戏环境的创设对婴儿的发展至关重要,婴幼儿照护者要从婴儿的视角出发,为7～12个月婴儿创设一个安全、健康、有趣且能促进婴儿探索的游戏环境。

7～12个月的婴儿活动能力开始增强,独立移动的能力提高。从婴儿视角出发,婴幼儿照护者要为婴儿创设安全舒适的游戏环境,确保游戏区域稳固,没有容易倾倒的家具,移除任何可能会对婴儿造成伤害的小物件、尖锐物品或易碎品等,保证婴儿的安全;还要为婴儿提供丰富的环境,刺激他们去游戏、探索。在托育机构中,游戏环境主要包括动态游戏区和静态游戏区,两个区域要分开设置,避免相互干扰。

一、动态游戏区

动态游戏区以肢体运动为主,强调大动作发展,如爬行区、墙面游戏区。

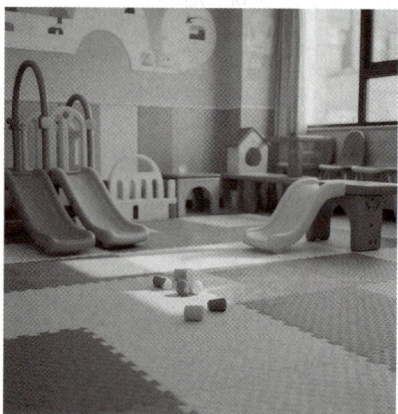

图 3-2-2　爬行空间

(一)爬行区

爬行区空间应足够大,地面应使用较柔软、适合婴儿爬行的材料,以便婴儿能够自由移动,进行爬行练习。照护者应根据婴儿的爬行发展水平,设置多样化的爬行空间(图 3-2-2),如提供各类球,设置低矮的斜坡或楼梯、可爬行通过的隧道、组合滑梯等,以鼓励婴儿尝试不同的动作,支持该阶段不同月龄婴儿爬行、扶站、尝试行走等动作练习,锻炼婴儿全身大肌肉活动的力量和四肢活动的协调性、灵活性,提高婴儿自身的活动能力。

(二)墙面游戏区

墙面游戏区可设置墙面扶手、扶站架(高度 30～40 cm)、固定在墙上的把手等,并在墙面设置不同的墙面游戏,如抽拉丝巾,吸引并支持婴儿站立和尝试行走等活动,锻炼其下肢力量。

二、静态游戏区

静态游戏区的空间大小要合理、避免拥挤。静态游戏区以低强度、安静操作为主,强调精细动作、认知探索或情感发展,如感官探索区、语言启蒙角、软质玩具区等。

(一)感官探索区

感官探索区可铺设 4 cm 厚防滑爬爬垫,搭配塑料或木质围栏(无木刺设计)形成半封闭安全空间。7～12月龄婴儿感官发展以触觉抓握、声音追踪为主,这一时期比较适合的玩具有触觉球、软胶积木、叠叠乐、拍拍鼓、能缓慢移动的玩具、简单的小乐器等(图 3-2-3)。婴儿可以通过触摸和捏压小球、软胶积木感受不同的触觉刺激,提升触觉感知能力;叠叠乐从简单的抓握到按顺序叠高,能锻炼婴儿的手眼协调能力和对形状大小的认知;移动的玩具可发展婴儿视觉追踪的能力;简单的小乐器(如玩具钢琴、碰铃、沙锤、手摇鼓等)可锻炼婴儿的听觉感知能力。

(二)语言启蒙角

语言启蒙角可设置符合7～12个月婴儿身体尺寸的低矮绘本架,提供内容简单有趣、颜色鲜艳、不易撕毁的阅读材料,以"可互动型"的绘本为主(图 3-2-4),让婴儿在"玩耍"中体验阅读的兴趣。一是发声书、有声挂图,婴儿只需轻轻一摁就能发出有趣的声音,这类书能刺激婴

触觉球　　　　　　　　拍拍鼓　　　　　　　　爬行鸭

叠叠乐　　　　　　　　　　　　小乐器

图 3-2-3　感观探索玩具

儿视觉和听觉的发展,建立声音和具体事物的联系,从而认识事物。二是触摸书、机关书、洞洞书,婴儿可以通过拍一拍、拉一拉、按一按、抠一抠等方式进行互动,这类书不仅能激发婴儿的阅读兴趣,还能满足婴儿手部探索的欲望。三是立体书,这类书精美立体,能够给予婴儿独特的视觉感受,全方位锻炼婴儿的手指精细动作。四是布书、洗澡书,这类书不易撕毁、能喷水、会发声、能变色,安全有趣。语言启蒙角的墙面可悬挂图文对照卡(如动物、水果图案等),以辅助认知发展。

洞洞书　　　　　　　　有声挂图　　　　　　　　触摸书

机关书　　　　　　　　洗澡书　　　　　　　　布书

图 3-2-4　"可互动型"绘本

(三) 软质玩具区

软质玩具区可提供各种毛绒娃娃、枕头、硅胶牙胶、软积木等,也可在墙面适当高度设置镜子(图 3-2-5)。婴儿在与布娃娃的互动中,一方面可以感知娃娃的外形特征,另一方面可以满足自己的情感需要。枕头、硅胶牙胶、软积木等能帮助婴儿通过触摸感知材质差异(如毛绒、硅胶、布艺),促进触觉神经发育。墙面镜可以让婴儿观察自己的表情和动作,促进婴儿自我意识的发展。

图 3-2-5　墙面镜

任务思考

1. 7~12 个月婴儿游戏环境创设的原则有哪些?
2. 请尝试设计 7~12 个月婴儿游戏环境的规划图。

任务三　7~12 个月婴儿游戏活动设计与组织

案例导入

图 3-3-1　师幼互动游戏

王老师与 11 个月大的笑笑在玩"书里有什么"的互动游戏(见图 3-3-1)。王老师将笑笑安置在柔软的垫子上坐好,随后取出一本动物认知书,将其展示在笑笑面前。王老师轻柔地指向书中的小猫,询问笑笑:"这是什么动物呢?"在观察笑笑的反应之后,王老师继续解释道:"这是小猫,小猫会发出喵喵的叫声。"并模仿小猫的叫声。

对于 7~12 个月大的婴儿,还有哪些游戏是适宜的呢?如何设计和组织这个年龄段婴儿的游戏活动呢?

一、7~12 个月婴儿游戏活动设计

(一) 7~12 个月婴儿游戏活动目标

该阶段婴儿游戏活动的主要目标:通过与照护者、玩具等的互动,促进婴儿安全感和信任

感的建立,促进婴儿情绪情感和社会性的发展;通过视觉、听觉、触觉等感官刺激游戏,进一步促进婴儿的感官、认知能力以及注意力的发展;通过与婴儿面对面的语言游戏和与布书、纸板书等的互动,促进婴儿倾听能力和发音能力的发展,初步培养婴儿的语言能力;通过大动作和精细动作的活动,增强婴儿的四肢力量和手指的活动能力,提高婴儿的手眼协调能力和平衡能力。

(二) 7～12 个月婴儿游戏活动设计的注意事项

以动作发展、认知发展、语言发展以及情绪情感和社会性发展为主,重点在于促进婴儿爬行、站立等大动作的发展,游戏时间不宜过长,每次 5～10 分钟为宜。

二、7～12 个月婴儿游戏活动组织指导要点

(一) 进行必要的示范引导

7～12 个月婴儿的游戏主要以探索玩具和触觉感受为主。在婴儿自行摆弄物品时,照护者可以通过示范、互动等方式进行引导,激发婴儿摆弄、探索物品的兴趣。[①] 照护者在讲解示范时,一方面,要将复杂的动作分解成简单的步骤,分步展示给婴儿看;另一方面,讲解时声音要温柔、亲切,用简短、明确的语言描述动作,如:"看,摇一摇瓶子。"

(二) 尊重婴儿游戏的自主性

7～12 个月婴儿游戏的主动性增强,也会主动发起游戏。在婴儿进行游戏时,照护者不要总是控制或引导婴儿的游戏过程,而是在确保安全的前提下,给予他们一定的自由度和选择权,允许他们以自己的方式探索世界,这有助于婴儿发展自我意识、解决问题的能力以及创造力。一方面,照护者可以根据婴儿的兴趣点提供相应的游戏机会,准备多样化的玩具和材料。例如,婴儿喜欢"翻箱倒柜",照护者可以提供不同大小的盒子(如鞋盒、塑料盒等),里面放置不同的物品(如玩具等)供他们探索,满足他们的好奇心。另一方面,照护者要给予婴儿足够的时间和空间,让他们自己去探索物品。

(三) 给予婴儿足够的情感支持

7～12 个月婴儿喜欢情感交流活动,在游戏过程中,照护者要温柔地与婴儿进行互动,随时观察婴儿的反应,始终保持与他们的眼神交流,密切关注婴儿的需求,及时做出回应,满足他们当下的需求。当婴儿成功时,或出现困难时,照护者要及时给予婴儿积极的情感回应,可以通过语言、拥抱等方式给予及时的表扬和鼓励,让婴儿感受到探索过程的安全,增强他们的自信心和成就感。

三、7～12 个月婴儿游戏活动案例

(一) 情绪情感与社会性发展类游戏

照 镜 子

【适宜月龄】7～9 个月。

---

① 上海市教师教育学院(上海市教育委员会教学研究室). 上海市 0—3 岁婴幼儿发展要点与支持策略(试行稿)[M]. 上海:上海教育出版社,2024:21.

【游戏目标】学习认识自己,认识自己的五官。

【游戏准备】一块地垫、一面镜子。

【游戏玩法】

(1) 婴儿坐在照护者膝盖上,或照护者和婴儿一起挨坐在铺有地垫的地板上。

(2) 照护者和婴儿一起看镜子,问婴儿:"宝宝在哪里?"照护者引导婴儿指出镜子里的自己:"看,这是宝宝。"

(3) 照护者用手指着镜子里婴儿的鼻子,并说:"这是宝宝的鼻子。"然后拿婴儿的小手重复刚才的动作。依次带领婴儿指认嘴巴、耳朵、眉毛、眼睛。

【指导要点】

(1) 要在婴儿情绪稳定、愉悦的情况下开展游戏,建议在婴儿睡足、吃完奶或辅食1小时后进行游戏。

(2) 游戏过程中,照护者要用温柔、亲切的声音和婴儿进行语言互动,如:"宝宝,这是镜子,我们一起来玩游戏吧。"照护者要引导和鼓励婴儿自己指出五官,当婴儿成功时要及时给予表扬。

(3) 本游戏可以一对一的活动方式进行。照护者要随时观察幼儿的反应,每次游戏的时间不宜过长,5~10分钟为宜。

你来我往

【适宜月龄】10~12个月。

【游戏目标】学习社会交往,体会合作,锻炼手眼协调能力。

【游戏准备】一个塑胶球。

【游戏玩法】

(1) 照护者和婴儿面对面坐好,距离50 cm左右。

(2) 照护者把球慢慢推给婴儿。

(3) 婴儿接到球后,鼓励婴儿把球推回给照护者。

【指导要点】

(1) 要在婴儿情绪稳定、愉悦的情况下开展游戏,建议在婴儿睡足、吃完奶或辅食1小时后进行游戏。

(2) 照护者要用温柔、亲切的声音和婴儿进行语言互动,如:"宝宝,这是球,我们一起来玩游戏吧。""宝宝,我要把球推给你喽,你要接住哦。""哇,宝宝把球接住了,好棒呦。""宝宝,把球轻轻地往我这边推,对了,做得真好。"

(3) 游戏过程中,照护者要为婴儿提供一个温暖、舒适的环境,可以让其在爬行垫上游戏;照护者可以根据婴儿的具体情况调整游戏难度,如逐渐增加距离;在球滚动的时候,照护者可以发出"咕噜咕噜"的声音吸引幼儿。

(4) 本游戏可以一对一的方式进行。照护者要随时观察幼儿的反应,每次游戏的时间不宜过长,5~10分钟为宜。

（二）动作发展类游戏

爬 爬 乐

【适宜月龄】7~9个月。

【游戏目标】锻炼四肢协调能力和身体控制能力，提高爬行能力。

【游戏准备】毛绒娃娃、球等婴儿熟悉并喜爱的玩具。

【游戏玩法】

（1）将玩具放在婴儿眼前 30~40 cm 处，吸引婴儿的注意力。

（2）照护者位于玩具旁边，鼓励婴儿向前爬行拿玩具。

【指导要点】

（1）要在婴儿情绪稳定、愉悦的情况下开展游戏，建议在婴儿睡足、吃完奶或辅食 1 小时后进行游戏。

（2）在出示玩具时，照护者要用亲切、温柔的声音和婴儿进行语言互动，如："宝宝，看这是什么呀？ 宝宝，往妈妈这边爬。"

（3）游戏过程中，照护者要为婴儿提供一个安全、舒适的环境，可以让其在地毯或爬行垫上练习爬行；照护者可以进行动作示范，引导婴儿向前爬行。在教婴儿学爬行时，照护者一个可以拉着婴儿的双手，另一个推起婴儿的双脚，拉左手时推右脚，拉右手时推左脚；照护者要随时观察婴儿的反应，鼓励婴儿自主向前爬行，及时给予积极的回应和表扬。

（4）照护者可以根据婴儿的具体情况调整游戏难度，如放置带拉绳的玩具、爬行鸭等引导婴儿去追逐爬行，或是通过各种垫子、玩具等设置有趣的爬行通道，让婴儿穿过障碍物爬行取物，等等。

（5）本游戏可以一对一的方式进行。照护者要随时观察婴儿的反应，每次游戏的时间不宜过长，5~10分钟为宜。

扶物站起

【适宜月龄】10~12个月。

【游戏目标】学会扶物站起，发展身体控制能力和平衡能力。

【游戏准备】婴儿喜欢的毛绒娃娃、玩具或食物等，稳定安全的扶站物，如椅子等。

【游戏玩法】

（1）将婴儿放置在椅子、桌子或沙发旁边。

（2）用玩具或食物诱导、鼓励婴儿扶着东西站起来。

【指导要点】

（1）要在婴儿情绪稳定、愉悦的情况下开展游戏，建议在婴儿睡足、吃完奶或辅食 1 小时后进行游戏。

（2）照护者要为婴儿提供一个安全、舒适的环境，可以在铺有厚地毯或爬行垫的区域游戏；活动区周围不能有尖锐、危险物品，要用防撞条包裹桌椅的边角，避免婴儿碰撞受伤；还要确保扶站物的表面干净、无污渍，不会对婴儿皮肤造成刺激；提供的玩具和实物要适合 10～12 个月的婴儿。

（3）照护者要用亲切、温柔的声音和婴儿进行语言互动，如："宝宝，我们要来玩一个有趣的游戏。""像这样，双手扶好，腿用力，我们就站起来啦。"

（4）游戏过程中，照护者要给婴儿示范扶物站立的动作，讲解动作的要点。

（5）照护者要给婴儿提供足够的安全和情感支持，当婴儿成功站起来时，要及时给予积极的回应和表扬，如"哇，宝宝你真棒，站得又高又稳。"对于胆子小或平衡能力较弱的婴儿，照护者可以给予必要的帮助，如轻轻扶住婴儿的腰，并鼓励婴儿"加油！宝贝，你可以的。"

（6）本游戏可以一对一的方式进行。照护者要随时观察婴儿的反应，每次游戏的时间不宜过长，5～10 分钟为宜。游戏结束，照护者要引导婴儿慢慢坐下来休息。

（三）认知发展类游戏

找找看

【适宜月龄】7～9 个月。

【游戏目标】发展认知能力，理解客体永久性。

【游戏准备】玩具一个，手帕或布条一块。

【游戏玩法】

（1）将婴儿喜欢的玩具放在眼前，吸引婴儿的注意力；

（2）用一块布遮住玩具，然后问婴儿玩具在哪里。

【指导要点】

（1）要在婴儿情绪稳定、愉悦的情况下开展游戏，建议在婴儿睡足、吃完奶或辅食 1 小时后进行游戏。

（2）在出示玩具时，照护者要用亲切、温柔的声音和婴儿进行语言互动，如："宝宝，看这是什么呀？ 宝宝，玩具怎么不见了？ 找找看，玩具藏在哪里了？"

（3）游戏过程中，鼓励婴儿自己掀开布找到玩具，当婴儿找到玩具时，照护者要及时给予积极的回应和表扬，同时给婴儿提供足够的安全和情感支持。照护者要随时观察婴儿的反应，每次游戏时间不宜过长，5～10 分钟为宜。

（4）本游戏可以一对一的方式进行。照护者可以根据婴儿的具体情况调整游戏的难度。

认识红色

【适宜月龄】10～12 个月。

【游戏目标】认识红色，喜欢探索周围的世界。

【游戏准备】红色的苹果、小汽车、积木。

【游戏玩法】

（1）照护者和婴儿面对面坐着，距离 20～30 cm。

（2）照护者分别出示红色的苹果、小汽车、积木，告诉婴儿："宝宝，看，这是红色的苹果（小汽车、积木）。"

（3）照护者把这些物品放在一起,鼓励婴儿按照指令找到相应的物品。如,"宝宝,请把红色的苹果(小汽车、积木)拿给我。"

【指导要点】

（1）要在婴儿情绪稳定、愉悦的情况下开展游戏,建议在婴儿睡足、吃完奶或辅食 1 小时后进行游戏。

（2）游戏过程中,照护者要用亲切、温柔的声音和婴儿进行语言活动,如"宝宝,请把红色的小汽车拿给我。""哇,你找到了红色的小汽车,你真厉害。"找红色物体环节,照护者要鼓励并引导婴儿自己找到玩具,当婴儿找到玩具时要及时给予积极的表扬。照护者要随时观察婴儿的反应,每次游戏时间不宜过长,5～10 分钟为宜。

（3）本游戏可以一对一的方式进行。照护者可以根据婴儿的具体情况调整游戏难度,如寻找环境中的红色物体。

（四）语言发展类游戏

会说话的玩偶

【适宜月龄】7～9 个月。

【游戏目标】发展语言能力。

【游戏准备】小老鼠玩偶 1 个。

【游戏玩法】

（1）照护者和婴儿面对面坐着,或把婴儿放在膝盖上坐着。

（2）照护者出示玩偶进行角色扮演,用不同的声音和婴儿说话。

【指导要点】

（1）要在婴儿情绪稳定、愉悦的情况下开展游戏,建议在婴儿睡足、吃完奶或辅食 1 小时后进行游戏。

（2）照护者要为婴儿提供安全、舒适的环境,可以在铺有厚地毯或爬行垫的区域游戏,玩偶要干净、无异味。

（3）游戏过程中,照护者要用温柔、亲切的声音和婴儿进行语言互动。如,出示小老鼠玩偶时,可以边做小老鼠的动作边对婴儿说:"吱吱吱,你好呀,我是活泼可爱的小老鼠,我们一起来握握手吧。"出示小猫玩偶时,可以边做小猫的动作边对婴儿说:"喵喵喵,你好呀,我是胖乎乎的小猫,我们一起来握握手吧。"照护者要用不同的声音扮演不同的角色,使用丰富的语言和婴儿互动,还可以朗诵简单有趣的儿歌,丰富婴儿的语言。

（4）本游戏可以一对一的方式进行。照护者要随时观察婴儿的反应,游戏时间不宜过长,5～10 分钟为宜。

书里有什么

【适宜月龄】10～12 个月。

【游戏目标】发展语言能力。

【游戏准备】布书或纸板书。

【游戏玩法】

(1) 照护者和婴儿面对面坐好,或者婴儿坐在照护者膝盖上。

(2) 照护者读书给婴儿听。

【指导要点】

(1) 要在婴儿情绪稳定、愉悦的情况下开展游戏,建议在婴儿睡足、吃完奶或辅食1小时后进行游戏。

(2) 照护者要为婴儿提供一个安全、舒适的环境,可以在铺有厚地毯或爬行垫的区域游戏,光线要充足。

(3) 游戏过程中,照护者可以用夸张、生动形象的声音给婴儿读书。照护者要选择适合10~12个月婴儿的阅读材料,内容简单,类型多样,以互动型绘本为主,如形象生动的图片、纸板书、洞洞书、翻翻书等。读书的时候,照护者可以一边读一边指着书中的图片,也可以引导婴儿用手指去触摸。

(4) 照护者要随时观察婴儿的反应,发现婴儿的兴趣,游戏时间不宜过长,一般5~10分钟为宜。

任务思考

1. 开展7~12个月婴儿游戏活动有哪些注意点?请举例说明。

2. 请尝试设计7~12个月婴儿的游戏活动。

任务四　7~12个月婴儿亲子游戏指导

案例导入

　　8个月的安安刚学会爬行,安安的妈妈知道多爬行对婴儿是有好处的,于是在家和安安玩"爬爬爬"的游戏,但她发现安安更喜欢躺着,她很苦恼,不知道怎么办。(图3-4-1)

图3-4-1　爬行游戏

　　如果你是托育机构的教师,你会如何指导家长开展家庭亲子游戏?

一、7～12 个月婴儿亲子游戏环境创设要点

(一) 创设游戏化的家庭环境

这一阶段婴儿活动能力增强,主要是通过翻滚、爬行等方式自主移动身体,喜欢到处爬着找东西。家长要给婴儿创设宽阔的、富于变化的、安全的游戏活动空间,满足婴儿探索的需要,促进婴儿大动作的发展。家长在照顾 7～12 个月婴儿时,不能总是抱着他们,要适度放开手,建议家长在宝宝需要安慰和亲密接触时抱着他们,但同时要多鼓励宝宝进行运动和探索。

(二) 提供生活化的游戏材料

这一阶段的婴儿喜欢用双手摆弄玩具和物品,家长要为其提供丰富多样的游戏材料。除了购买成品玩具,生活中很多材料可以作为游戏材料。例如,在空瓶子里装上不同的物体(如黄豆、大米、沙子等),婴儿摇晃瓶子,倾听黄豆、大米等不同物体晃动发出的各种声音,促进婴儿听觉的发展;可以将靠垫、枕头当作障碍物,增加婴儿爬行的难度;可以提供塑料或不锈钢材质、大小不同的锅碗瓢盆和木头勺子,让婴儿敲打感受不同的声音,等等。除此之外,父母是婴儿最好的玩具。在这一阶段,父母可以多和婴儿说话、模仿动物叫声、唱歌、念儿歌、一起看书、玩追逐游戏、拍手游戏、指认五官、玩躲猫猫、和婴儿一起模仿打电话,等等。

二、7～12 个月婴儿亲子游戏内容和指导要点

根据照护者和婴儿的交往方式,早期的亲子游戏可以分为直接的交互模仿和以物为媒介的协同活动。① 7～12 个月婴儿的亲子游戏是以物为媒介的协同活动为主,即亲子游戏主要依靠玩具或物品来进行。这一阶段亲子游戏的内容主要以动作发展、认知发展和情绪情感与社会性发展为主,以室内的游戏活动居多。室内的游戏活动以认知发展类游戏、语言发展类游戏为主,婴儿越小,在室内活动的时间就越多,家长要注意创造条件让婴儿能够在室内进行运动类游戏。户外的游戏以运动游戏和接触自然的游戏为主,随着月龄的增长和能力的提升,可以适当增加户外游戏的时间。

7～12 个月婴儿社会性发展的主要任务是与照护者建立情感上的依恋关系,如若母亲离开,婴儿会产生"分离焦虑"。建议家庭成员全员参与婴儿的游戏,安排与婴儿一起游戏的时间,全程陪伴,增进家庭成员和婴儿间的亲密感和情感联系,促进婴儿社会性的发展。

托育机构照护者要以平等尊重、真诚的态度,情绪平和地和家长进行沟通。要如实告知家长婴儿在托育机构里参与游戏时的具体表现,多描述、少评价。该阶段婴儿喜欢敲敲打打、到处爬,托育机构的照护者可以引导家长不要束缚婴儿的手脚,而是在保证婴儿安全的前提下,创造条件,鼓励和支持婴儿的各种探索行为。

---

① 刘焱.儿童游戏通论[M].2版.北京:北京师范大学出版社,2008:262-263.

三、7～12个月婴儿亲子游戏案例

（一）情绪情感与社会性发展类游戏

这 是 谁

【适宜月龄】9～12个月。

【游戏目标】认识家庭成员的称呼及关系,增强归属感。

【游戏准备】全家福照片。

【游戏玩法】

(1) 家长拿出全家福给婴儿看,并对婴儿说:"这是照片,看看里面都有谁?"

(2) 家长指着照片告诉婴儿照片里有谁,如"这是爷爷(奶奶)。"

(3) 家长引导婴儿根据指令指认照片,如"哪个是爷爷(奶奶、爸爸、妈妈、姐姐)?"

(4) 家长还可以跟婴儿说一说家庭成员都在做什么。

【家长分析与支持】家长可以抱着婴儿一起玩这个游戏,对于月龄小的婴儿主要是由家长指认照片,对于能识别家庭主要成员的婴儿,应鼓励婴儿自己用手指认照片,并鼓励婴儿说出"爸爸、妈妈"等家庭成员的称呼。游戏时间不宜过长,5～10分钟为宜。

（二）认知发展类游戏

好听的声音

【适宜月龄】7～12个月。

【游戏目标】锻炼手部肌肉,提高倾听能力,丰富语言。

【游戏准备】空塑料瓶、绿豆、大米、沙子。

【游戏玩法】

(1) 家长在空塑料瓶里放进不同数量的绿豆、大米和沙子。

(2) 家长把瓶子放在婴儿够得着的地方,让婴儿先自主探索。

(3) 家长引导婴儿晃动瓶子,倾听晃动瓶子时物体发出的声音,同时家长用语言进行描述。

【家长分析与支持】坐不稳的婴儿可以坐在安全椅上,能独坐的婴儿可以坐在沙发或铺有地垫的地面上。家长可以近距离、远距离、从近到远或从远到近用不同力度晃动瓶子,让婴儿感受声音大小的变化。游戏时间不宜过长,5～10分钟为宜。

神奇的声音

【适宜月龄】7～12个月。

【游戏目标】感受大自然的各种声音,提高倾听能力。

【游戏准备】在自然场景中。

【游戏玩法】

家长带婴儿到户外,引导婴儿仔细倾听鸟叫声、汽车声等声音,告诉婴儿是什么声音,

并用语言进行描述。如"宝宝,听,啾啾啾,是小鸟在叫。""宝宝,听,嘀嘀嘀,这是汽车发出的声音。"

【家长分析与支持】家长可以把婴儿抱在胸前,一边走一边指引婴儿观察周围环境,倾听各种声音,可以引导并鼓励大月龄的婴儿尝试模仿发出声音。外出时间不宜过长,婴儿疲惫时便可以结束。

(三)动作发展类游戏

抱 枕 山

【适宜月龄】7～10 个月。

【游戏目标】发展爬行能力、平衡能力和上肢力量,增进亲子互动。

【游戏准备】抱枕。

【游戏玩法】

家长将抱枕堆叠在一起成小山状,家长躲在一个抱枕后面,鼓励并引导婴儿爬过"抱枕山"抓住家长。

【家长分析与支持】家长可以先示范如何从抱枕上爬过去,在"抱枕山"的山顶放置一个新玩具或是婴儿喜欢的玩具,增加爬行的趣味性,吸引婴儿爬过"抱枕山"。当婴儿爬行能力提高,可以提高难度,如爬楼梯。时间不宜过长,5～10 分钟为宜。

(四)语言发展类游戏

这是什么

【适宜月龄】9～12 个月。

【游戏目标】认识事物,丰富语言。

【游戏准备】常见动物认知卡片。

【游戏玩法】

(1)家长出示动物认知卡片吸引婴儿的注意力。

(2)家长指着认知卡片,对婴儿说:"这一只黑色的小猫。"并模仿小猫的叫声"喵喵喵"。以同样的方式,依次认识不同的动物。

(3)家长把动物卡片摆放在婴儿面前,请婴儿根据指令找出相应的动物卡片,如"宝宝,小猫在哪里?"

【家长分析与支持】家长要用生动形象、丰富的语言给婴儿介绍各种动物,并鼓励婴儿尝试模仿发出动物的叫声。时间不宜过长,5～10 分钟为宜。

任务思考

1. 7～12 个月婴儿亲子游戏环境创设有哪些注意点?请举例说明。

2. 尝试设计 7～12 个月婴儿亲子游戏活动。

育儿宝典

宝宝爬得越多越聪明

一般来说,婴儿在7~8个月的时候学会爬行。一些家长误认为"越早走路的宝宝越聪明",因此,强行训练站立或使用学步车,导致宝宝跳过爬行阶段。还有一些家长害怕宝宝受伤,过度保护或限制婴儿的活动。其实,爬行对宝宝非常重要,相关研究表明,爬行不仅有助于宝宝的大脑发育,还能发展宝宝的平衡感、手眼协调能力,促进宝宝认知能力和精细动作的发展等。

家长可以这样做:首先,为婴儿营造大量在地板上活动的机会。家长不要把宝宝限制在大人的怀抱中或婴儿座椅里,限制宝宝的活动。而是给予宝宝自由的活动空间,增加爬行的机会,让宝宝多爬行。其次,创设安全、适宜的爬行环境。一方面,家长要为宝宝提供一个安全、宽敞且干净的爬行空间,移除可能导致危险的物品,同时家长不要让宝宝离开自己的视线独自爬行。另一方面,家长要根据宝宝的月龄及爬行能力的发展,创设适宜的爬行环境,如设置爬行障碍增加爬行的难度、到户外爬行等,以满足宝宝爬行的需要。再次,增加爬行的乐趣。宝宝爬行的时候,家长可以在宝宝面前拿个宝宝喜欢的玩具逗引宝宝,也可以将一个会发声或颜色鲜艳的玩具放在稍远处,吸引宝宝的注意力,从而促使宝宝主动爬行。

实训实践

实训实践任务书

任务名称:设计7~12个月婴儿的游戏活动

任务要求:以小组为单位,为7~12个月婴儿设计游戏活动方案,包括游戏名称、游戏背景、游戏目的、游戏准备、游戏玩法和游戏指导,并在小组内模拟组织并实施活动。

任务目标:能根据7~12个月婴儿的发展特点设计游戏活动方案(表3-4-1);能根据设计的游戏活动方案模拟组织实施。

表3-4-1　实训任务表

游戏名称: 游戏背景:(设计游戏活动的缘由) 游戏目的: 游戏准备:
游戏玩法: 游戏指导:
实施过程:(可粘贴模拟组织过程图)
总结反思:

赛证 链接

一、单选题

1. 照护者与家长沟通的出发点,即定位是(   )。①

A. 为了提升家长育儿水平 　　　　　B. 为了提高教育影响力

C. 为了婴幼儿健康成长 　　　　　　D. 为了家庭和谐

2. 托育机构的设备和游戏材料必须符合国家制定的(   )和规格要求。②

A. 卫生标准 　　　　　　　　　　　B. 安全标准

C. 规格标准 　　　　　　　　　　　D. 卫生安全标准

3. 婴幼儿动作的发展特点,以下说法正确的是(   )。③

A. 0～1 岁时是移动运动向基本运动技能过渡,2～3 岁时是以发展基本运动技能为主

B. 0～1 岁时以移动运动为主,1～2 岁时从移动向基本运动技能过渡

C. 0～1 岁时以移动运动为主,1～2 岁时以发展基本运动技能为主

D. 1～2 岁时以移动运动为主,2～3 岁时以发展基本运动技能为主

4. (   )个月后的婴儿开始双手摆弄抓到的物体,并能把双手之间的物体进行交换。④

A. 1 　　　　　　　　　　　　　　　B. 3

C. 7 　　　　　　　　　　　　　　　D. 9

5. (   )个月是婴儿建立手眼协调的时期,独坐能力的获得使婴儿手眼协调能力和双手协调自主控制动作的能力得到了迅速发展。⑤

A. 2～4 　　　　　　　　　　　　　B. 1～16

C. 7～10 　　　　　　　　　　　　　D. 5～8

6. (   )是儿童最早出现的自主位移动作,是儿童神经系统发展良好的重要标志。⑥

A. 站立 　　　　　　　　　　　　　B. 爬行

C. 行走 　　　　　　　　　　　　　D. 跑跳

二、游戏设计题

1. 情景描述:某托育机构乳儿班有 8 月龄宝宝两名,10 月龄宝宝两名,12 月龄宝宝两名。如果你是该乳儿班的保育师,请你根据乳儿班(7～12 月龄)的年龄特点,设计一份详细的夏季一日生活环节安排表,并设计与展示一个适合乳儿班年龄的室内游戏活动。游戏应满足以下要求。

(1) 设计一个认知发展游戏活动,促进婴幼儿身心发展。

(2) 游戏内容有趣且富有创意,能够吸引婴幼儿的注意力。

(3) 游戏过程安全,符合卫生标准,确保婴幼儿的身心健康。⑦

---

①②③④⑤⑥ 选自全国托育职业技能竞赛保育师(职工组)基础知识模块。

⑦ 选自全国托育职业技能竞赛保育师(职工组)卷二。

2. 情景描述:某托育机构乳儿班有 8 月龄宝宝两名,10 月龄宝宝两名,12 月龄宝宝两名。如果你是该乳儿班的保育师,请你根据乳儿班(7~12 月龄)的年龄特点,设计一份详细的夏季一日生活环节安排表,并设计与展示一个适合乳儿班年龄的室内游戏活动。游戏应满足以下要求。

(1) 设计一个语言发展游戏活动,促进婴幼儿身心发展。

(2) 游戏内容有趣且富有创意,能够吸引婴幼儿的注意力。

(3) 游戏过程安全,符合卫生标准,确保婴幼儿的身心健康。[①]

3. 情景描述:某托育机构乳儿班有 8 月龄宝宝两名,10 月龄宝宝两名,12 月龄宝宝两名。如果你是该乳儿班的保育师,请你根据乳儿班(7~12 月龄)的年龄特点,设计一份详细的夏季一日生活环节安排表,并设计与展示一个适合乳儿班年龄的室内游戏活动。游戏应满足以下要求。

(1) 设计一个动作发展游戏活动,可以是精细动作发展或大运动发展。

(2) 游戏内容有趣且富有创意,能够吸引婴幼儿的注意力。

(3) 游戏过程安全,符合卫生标准,确保婴幼儿的身心健康。[②]

---

① 选自全国托育职业技能竞赛保育师(职工组)卷三。
② 选自全国托育职业技能竞赛保育师(学生组)卷一。

项目四　设计与组织 1~1.5 岁幼儿游戏活动

💡 项目导读

1~1.5 岁是幼儿从"被动接受"迈向"尝试探索"的质变期。他们开始尝试独立行走、语言表达能力增强、自我意识愈加清晰,并对周围世界产生强烈的好奇心。照护者在幼儿游戏中扮演的角色逐渐由"主导者"转变为"协助者"。

本项目主要阐述这一阶段幼儿游戏的特点、游戏环境创设与材料选择、游戏活动设计与组织,以及家庭亲子游戏指导。期望通过本项目的学习,学习者能够设计与组织 1~1.5 岁幼儿的游戏活动。

📋 学习目标

认知目标

1. 理解 1~1.5 岁幼儿身心发展特点及其游戏的特点;
2. 掌握 1~1.5 岁幼儿游戏环境创设要点。

能力目标

1. 能够为 1~1.5 岁幼儿创设适宜的游戏环境;
2. 能够设计与组织 1~1.5 岁幼儿游戏活动;
3. 能够为 1~1.5 岁幼儿的家庭提供亲子游戏指导。

素质目标

1. 树立以婴幼儿为本的游戏观;
2. 尊重家长,形成家托共育的教育观。

🔍 知识导图

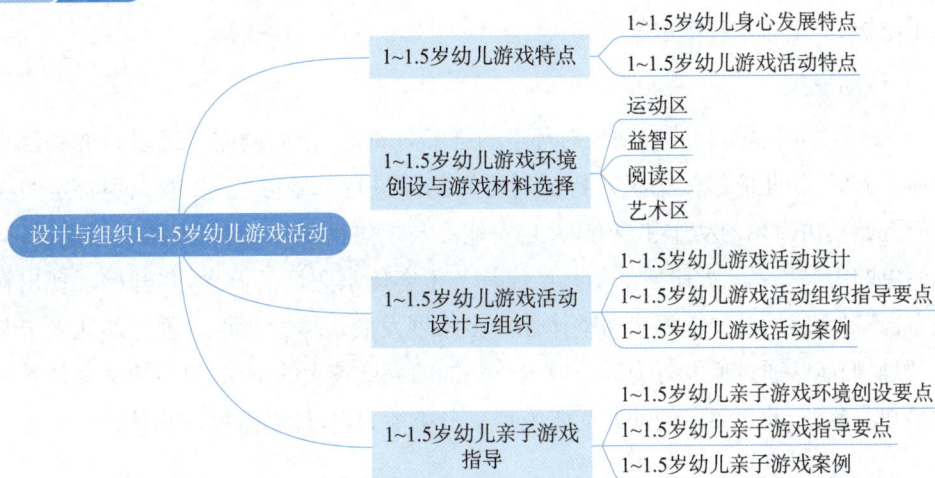

任务一 1~1.5岁幼儿游戏特点

案例导入

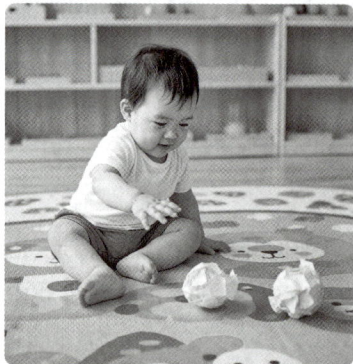

图4-1-1 反复扔丢纸球

托小班的实习老师张老师发现,13个月大的乐乐喜欢把手边够得到的东西都扔出去,捡起来,循环往复且乐此不疲(图4-1-1)。张老师试着给乐乐新玩具,希望新鲜感能让玩具在乐乐手中停留的时间久一点,但乐乐还是更喜欢将玩具直接扔出去。经过一段时间,张老师发现乐乐似乎很享受这一过程。

张老师也产生了许多困惑:扔东西是乐乐的游戏行为吗?是否需要制止?1~1.5岁幼儿的游戏行为有哪些特点呢?

1~1.5岁幼儿的运动能力显著提升,从扶物行走到蹒跚走路,探索空间扩大,认识的事物也越来越多,语言理解能力发展迅速,能用动作或简单词汇表达自己的需要。他们每一回与照护者的咿呀互动,每一次对材料的探索操作,都蕴含着他们成长的秘密。

一、1~1.5岁幼儿身心发展特点

1岁以后为幼儿期。此阶段幼儿的生长速度相对变缓,身体各部分的比例开始协调,躯干和腿的生长较多,已经能够支撑这一阶段的自主活动。

(一)动作发展

在粗大动作方面:1~1.5岁幼儿的身体控制能力更加成熟,运动能力有所提升,开始迈步、学习走路。15个月左右,大多数幼儿不需要支持可以独立走稳,能够下蹲且不用扶物能站起,也可以扶扶手上楼梯。此阶段的幼儿开始会跑,但不稳,常常会摔倒,喜欢扔东西。

在精细动作方面:1~1.5岁幼儿的手部精细动作和手眼协调能力进一步发展。能把棒状物插入小孔,能够垒高2~3块积木,能用手握住画笔涂鸦。可将小球、花生米等小物件放入小瓶中。同时幼儿开始表现出一定的自我服务能力,例如,在照护者的帮助下,幼儿开始学习自己用勺子吃饭、双手拿水杯喝水等。

(二)认知发展

在1~1.5岁年龄段,幼儿表现出对环境的强烈好奇心,他们倾向于通过口腔和触觉探索各种物体。此时,幼儿能够依据感知特征对已知物品进行基础分类,并能识别特定的身体部位。他们开始模仿简单的动作和声音,并自发地参与模仿性游戏,例如模拟电话通话,同时开始理解简单的因果关系。此阶段的幼儿已经具备了客体永久性的概念,并开始展现出初步的思维能力,其对事物的认知正逐步向整体性和多维度发展。尽管此年龄段的幼儿尚未掌握语言表达,但他们能够通过抓取行为区分数量较多的糖果或较大的苹果,显示出对物体数量差异的初步感知。此外,此年龄段的幼儿尚未发展出分类能力,仅能随意摆放物体。

视频

我爱敲敲打打

（三）语言发展

1～1.5 岁是幼儿语言从"理解和模仿"向"语言表达"的阶段发展的关键期。此阶段的幼儿虽然还不能够很好地进行口语交流，但能够听懂照护者常说的生活用语并做出一定的反应。例如，与幼儿玩指认的游戏，问他球在哪里时，他会去寻找并指出来。1 岁以后幼儿开始学习说话，会开始说出自己的名字、熟悉的人名和物品的名字；已初步会使用日常生活常见的动词；开始模仿常见动物的叫声，有时用表情、手势代替语言进行交流；总体表现为对语言的理解能力超过语言的表达能力。在早期阅读方面，1～1.5 岁幼儿开始了解书的概念，喜欢模仿翻书页的动作，已初步具有了形成概念和进行分类的能力。他们会根据日常生活中事物的典型、突出特征对其进行命名，如把小猫叫作"喵喵"，小狗叫作"汪汪"等。

（四）情绪情感与社会性发展

在 1～1.5 岁期间，幼儿的情绪情感与社会性发展呈现显著进步：他们对陌生人表现出探索性兴趣，情绪体验更为丰富且转换迅速，并能敏锐察觉日常常规或环境的变动。此阶段的一个关键里程碑是"视觉自我再认"，幼儿对镜子产生浓厚兴趣并能认出镜中影像，标志着自我意识的萌芽。在游戏互动方面，他们以独自游戏和旁观游戏为主，开始对同伴产生兴趣，并在成人引导下尝试进行短暂的平行或简单合作互动。幼儿表现出对主要安全照护对象的稳固依恋，开始初步理解并能在提示下遵从简单行为准则，同时对家人、宠物或玩偶展现明确的喜爱，并热衷于模仿成人的日常行为。遇到困难时他们会主动寻求帮助，但受限于语言和情绪调节能力，遇到挫折或被拒时常表现出哭闹、扔东西等情绪外化行为。值得注意的是，他们开始展现出最早的共情反应，在观察到其他婴幼儿哭泣时可能流露出忧虑表情或模仿性哭泣，预示着社会理解力的初步发展。

二、1～1.5 岁幼儿游戏活动特点

（一）练习性游戏为主，游戏对象从身体动作转向玩具材料

幼儿学会控制自己的身体后，就开始了动作游戏和玩物游戏。走、跑、扔等肢体大动作的发展拓宽了 1～1.5 岁幼儿的活动范围。随着手部精细动作的发展，幼儿的五指逐渐分化灵活，能够用三指和两指捏取物品，这使得他们能够捏取和探究玩具。1 岁以后，幼儿把玩具放入嘴巴的次数减少，他们的活动从探索变成了游戏。例如，幼儿从一开始玩自己的手指、脚趾到啃咬抓到自己手里的所有玩具，到开始探究、摆弄玩具，最后演变成和抚养人玩"扔和捡"的游戏。婴幼儿在游戏中不断地练习动作技能，在简单、重复的练习中，感知事物的外部属性，探究事物简单的因果关系，从而获得心智的发展。

视频

好听的声音

（二）游戏形式表现为亲子游戏和独自游戏

1～1.5 岁幼儿的游戏形式较多表现为亲子游戏和独自游戏。亲子游戏在出生后的最初两年是婴幼儿游戏的主要形式。随着年龄的增长，此阶段的幼儿游戏的主动性和积极性也逐渐增加，从被动的游戏者转变为游戏的主动发起者。以"躲躲猫"游戏为例，在婴儿期因客体永久性尚未建立，婴儿能够从"躲躲猫"游戏的物体"消失——再现——再消失"中获得乐趣。并且在婴儿期，也主要由照护者发起互动游戏，用手遮住自己的脸，过一会儿将手拿开，同时说"在这里"。这种动作配合着声音使婴儿感到惊奇和快乐。而到了 1 岁以后，则更多由幼儿开始主动把布从自己的脸上或照护者的脸上拿开。

视频
捉迷藏

1 岁左右,当幼儿偶然发现了某种"好玩的"游戏,他会立即主动地发起游戏,例如,故意把东西从床上扔在地上,让照护者捡回、再扔。幼儿开始具有创造新颖有趣的游戏的能力。① 当照护者没在身边时,大多数幼儿比较喜欢独自摆弄物体,并专注于自己的操作活动,即使旁边有其他的幼儿在玩,他也不会注意到,与同伴之间几乎没有互动。

任务思考

一、单选题

1. 1～1.5 岁幼儿的游戏以(　　)为主。

A. 练习性游戏　　　B. 象征性游戏　　　C. 结构性游戏　　　C. 规则游戏

2. 1～1.5 岁幼儿在游戏中,更多地关注(　　)。

A. 与同伴的互动情节　　　　　　　B. 游戏的最终结果

C. 自身动作以及与物品的直接接触　　D. 遵守游戏规则

二、案例分析题

最近 14 个月大的阳阳变得有点奇怪,出现很多重复的行为,比如在搭积木时,搭了几块就推倒,又重新搭。为什么会这样呢?

请从 1～1.5 岁幼儿游戏的特点角度分析阳阳的行为表现。

任务二　1～1.5 岁幼儿游戏环境创设与游戏材料选择

案例导入

托小班的王老师最近有点苦恼,她想在区域中投放一些能锻炼幼儿精细动作的游戏材料,又担心他们会误吞,发生危险。最后考虑到安全性,王老师给幼儿准备了原木色的积木,可是没玩几分钟,幼儿就失去了兴趣,积木也被遗忘在地板上……(图 4-2-1)

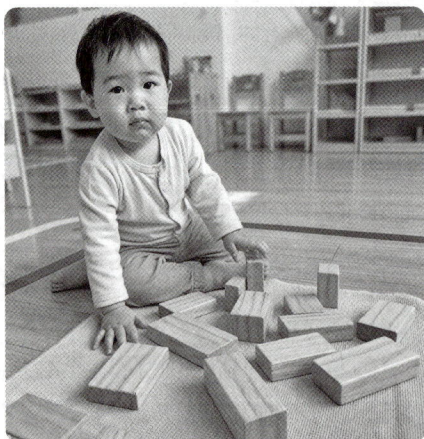

图 4-2-1　操作原木色积木

① 刘焱.儿童游戏通论[M].福州:福建人民出版社,2015:281-282.

　　针对以上的情况,究竟该如何创设一个既安全有趣,又能满足幼儿发展需求的游戏环境呢?

　　此阶段婴幼儿的游戏活动本质上是其主动探索环境、操作材料,并以此构建对世界的直接经验。游戏环境创设是该年龄段幼儿进行有效游戏、展现游戏行为并促进综合发展的关键支持性条件。提供发展适宜性的游戏材料至关重要,这些材料不仅能丰富游戏的内容与多样性,更能有效激发幼儿的游戏意图(动机)、拓展其游戏设想(构思),驱动探索行为(行动)的发生。

　　此时期幼儿正处于获得移动自主性的关键节点(独立行走的发展),这使得他们能够主动接近感兴趣的客体空间。探究行为成为其活动的中心,表现为对可触及物品进行口腔及手部的细致探索。值得注意的是,此时的探索已超越单纯的感官动作练习,幼儿开始有意识地关注物体的物理属性(如颜色、大小、形状),初步理解简单的因果关系(如按键发声、推物移动)。同时,他们表现出强烈的对所依恋成人的互动偏好,共度游戏时光是重要的社会情感需求。因此,为该年龄段创设游戏环境,必须在确保绝对安全的基础性原则下,最大化其探索潜能。

　　可考虑使用低矮家具(如矮柜)进行空间区隔,既为幼儿提供清晰的视觉界限与行动路径,又能有效减少不同活动区域间的干扰,契合此阶段幼儿有限的注意力持续性特征。同时,各活动区应保持开放与可进入性,确保幼儿能够基于内在兴趣自主决定活动空间和内容,这直接支持其能动性和自主感的早期发展。

一、运动区

　　1～1.5 岁幼儿正处于粗大动作发展的敏感期,喜欢扶、站、行走,开始学习跑、投掷等动作。教师在创设大肌肉运动区时,要注意确保幼儿在教室里有足够的空间灵活移动。在该阶段,教师根据幼儿大动作发展特点,可以投放以下两类锻炼幼儿下肢力量的游戏材料。

　　一类是锻炼爬行能力的游戏材料:可用帆布或用纸箱自制爬行隧道,要符合幼儿高度和宽度,发展其空间感知能力和身体的协调性(图 4-2-2)。

　　另一类是锻炼行走能力的游戏材料:该阶段幼儿的行走能力的发展经历"扶走—下蹲—独自走稳"的过程,因此,在幼儿学习扶走阶段,可以提供结构稳定、高度可调节的助步手推车或踏行车(图 4-2-3),帮助幼儿练习站立和行走,增强腿部力量。当幼儿走得比较稳当时,教师

图 4-2-2　隧道爬行　　　　　　　　　图 4-2-3　坐踏行车

视频

推着小车走

可以增加一些会发声或者可装物的拖拉玩具,让幼儿在随意推拉中,增强行走的乐趣。教师还可在运动区设置不同的行走路线(如直线的、弯曲的、有障碍物的),锻炼幼儿行走的能力。

此外,在上肢力量锻炼上,照护者还可以投放不同材质、鲜艳多样的软质小球(如布球、按摩球)或易于幼儿抓握的沙包、软质积木等,引导他们进行撞球、滚球、扔球等球类游戏,锻炼手臂肌肉和手眼协调能力。

二、益智区

婴幼儿认知和探究周围事物的方式主要有三种:一是"口部品尝",二是"手部感知",三是"眼部观察"。因此,益智区的环境创设应充分考虑1~1.5岁幼儿的动作发展水平,尤其是手部精细动作的发展。1~1.5岁幼儿手部动作逐渐灵活,能用三指或两指捏的方式拿放不同大小的物品。益智区的材料投放不仅要以促进幼儿的认知发展为目标,还要兼顾锻炼幼儿手和手指的灵活性,促进双手协作能力的发展。照护者可以投放积木、插片、形状嵌板、敲打玩具、叠叠乐、舀豆子玩具、益智开关玩具以及生活中的材料,如石头、贝壳、松果、勺子等,锻炼幼儿精细动作,并促进其掌握特定物品的操作方式。总的来说,是让幼儿在直接感知、亲身体验、实际操作的过程中发展对周围事物的认识及问题的解决能力。

三、阅读区

1~1.5岁幼儿喜欢听有韵律的儿歌,能够尝试自己拿书并翻页(图4-2-4)。阅读区的创设要为1~1.5岁幼儿提供一个舒适且具吸引力的空间,幼儿在其中可以听故事、看图书,同时要提供语言输出的机会。在空间安排上可以选择靠近窗户、自然光充足且相对安静的区域。在阅读区中铺设地毯,投放靠垫、抱枕、小沙发等材料以增加阅读环境的温馨和舒适度。具体材料上,照护者可以投放日常生活中常见的动物、食物、生活用品等内容的图片,布艺或有声的儿童图书,也可以是幼儿日常生活的照片或活动记录手册等。由于这个阶段的幼儿还没有爱护图书的意识,所以要选择不易损坏的阅读材料。阅读材料的摆放要能够充分展示封面,放置图书的书架或书袋的高度要以幼儿的身高为标准,便于其随时取放(图4-2-5)。这里需要强调的是1~1.5岁幼儿走路不稳,有时需要外界辅助,摇摇晃晃,容易摔跤,放置图书的书架要注意边角圆润、牢固固定、不易移动。

图4-2-4 幼儿自主翻书　　　　图4-2-5 幼儿自主取书

四、艺术区

1～1.5 岁幼儿能够跟着音乐摇摆、拍手,能够在各种物体面前制造痕迹,比如双手蘸上颜料在画纸上涂抹。艺术区要给幼儿提供视听感知和动作表现的机会。在空间上,艺术区内要有充足的光线,靠近水源,艺术区的桌面和墙面要易清洁。在操作材料上,照护者可以投放美术探究类材料,如各种纸类、画笔、无毒安全的颜料和超轻黏土、面团等,鼓励幼儿在纸上或在地上涂涂画画、捏捏团团(图 4-2-6)。还可以投放音乐探究类材料,如音乐播放器、纱巾、鼓类及其他会发声的乐器等,引导幼儿倾听、敲打,感受音乐节奏、摆弄乐器、模仿动作(图 4-2-7)。

图 4-2-6　玩色游戏

图 4-2-7　敲打乐器

视频

幼儿玩色游戏

任务思考

一、单选题

1. 创设 1～1.5 岁幼儿游戏环境时,最需优先考虑的是(　　)。

A. 色彩鲜艳的墙面装饰

B. 提供小颗粒积木锻炼精细动作

C. 保证环境的安全性和可操作性

D. 播放背景音乐营造氛围

2. 又到了活动的时间,小新和小明发现活动区里还是那些已经玩过很多遍的玩具,于是两人就到一块空地去打闹。案例中两位幼儿的表现启示我们(　　)。

A. 幼儿的游戏不需要玩具

B. 幼儿喜欢打闹

C. 活动区中的玩具应保持新颖

D. 幼儿应懂得爱护活动区的材料

二、判断题

1. 1～1.5 岁幼儿游戏区应铺设柔软地垫,并移除尖锐物品。　　　　　　　(　　)

2. 1～1.5 岁幼儿的游戏环境中,投放材料应该越多越好,充分锻炼他们的能力。(　　)

任务三 1～1.5岁幼儿游戏活动设计与组织

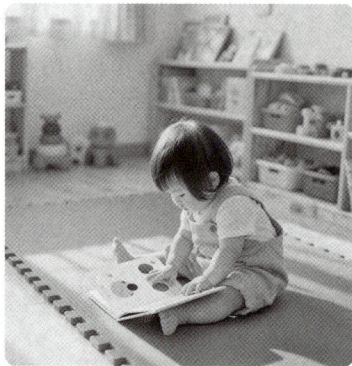

王老师发现17个月的开开正拿着《猜猜我是谁》的洞洞书(图4-3-1),他小手抠住洞洞,不停地翻过来翻过去,时不时地笑出声,但目光好像都没在绘本上停留。王老师决定做点什么。于是她走到开开身边坐下,阻止了他的翻书动作,拿过绘本:"开开,我们一起来看书吧,里面藏着很多可爱的动物哦。"然而王老师绘声绘色的讲述并没有吸引开开的兴趣,反而导致他的情绪有些崩溃……为什么会出现这样的情况呢?

图4-3-1 幼儿看书

游戏是0～3岁婴幼儿学习与发展的重要途径之一,因此,科学地设计与组织1～1.5岁幼儿的游戏,满足其兴趣和发展需求,对促进其健康成长和全面发展具有重要意义。

一、1～1.5岁幼儿游戏活动设计

游戏活动的设计包括游戏名称、适合月龄、游戏目标、游戏准备、游戏过程、指导要点等方面。

(一) 1～1.5岁幼儿游戏活动目标

① 动作发展方面:在大动作方面,锻炼幼儿独立行走、下蹲、转弯、扶栏杆上楼梯及扔球、滚球等动作;手部精细动作方面,锻炼幼儿三指捏或两指捏物的动作及双手协调配合的能力。

② 认知发展方面:能指认熟悉的物品和人;能根据感知方面的突出特征对熟悉的物品进行简单的分类;能模仿简单的动作或声音;理解简单的因果关系[1]。

③ 语言发展方面:引导幼儿模仿成人的单词或短句,学习称呼,学习用词语或简单句表达自己的需求[2];能听懂并执行成人简单的指令。

④ 情绪情感与社会性发展方面:与主要照护者建立安全的依恋关系;能在镜中辨认出自己;能在照片中辨认出家庭主要成员[3];能从别人的行为中分辨他人的情绪并将自己与其联系起来;愿意与同伴一同玩耍,喜欢跟随或模仿。[4]

(二) 1～1.5岁幼儿游戏活动设计的注意事项

1. 活动目标设计应顺应幼儿身心发展需要

幼儿是游戏活动的主体,教师在设计游戏时首先要根据1～1.5岁幼儿的总体身心发展特

---

①②③ 中华人民共和国福建省教育厅. 福建省0—3岁儿童早期教育指南(试行)[Z]. 2008-10-26. 闽教基〔2008〕75号.

④ 上海市教师教育学院(上海市教育委员会教学研究室). 上海市0—3岁婴幼儿发展要点与支持策略(试行稿)[M]. 上海:上海教育出版社,2024:24.

点,确定适宜的游戏活动目标。游戏活动目标设定应符合"最近发展区"理念,既要高于幼儿现有发展水平,又能让幼儿在帮助下能达到。其次,游戏活动面向全体幼儿的同时,需考虑不同的难度层次,兼顾幼儿间的个体差异。例如,针对手部精细动作发展目标:1～1.5 岁幼儿能用手将小物件放入容器中,教师为幼儿设计了"瓶中放物"的游戏活动。在游戏材料提供上,考虑到班上幼儿不同的精细动作发展水平,教师为他们提供了瓶口大小不同的容器、尺寸大小不同的物件,让幼儿都能够选择和操作适宜自己水平的游戏材料,获得成功的体验。

2. 活动过程设计调动幼儿多感官参与

1 岁以后,幼儿的感知觉能力迅速发展,是其认识世界的主要方式。教师在设计游戏活动时要考虑尽可能地为幼儿创设看、听、摸、闻的环境,支持他们用自己的眼睛、耳朵、双手等各种感官去充分感受、体验、探究事物。例如在"推大龙球走"的游戏中,在练习推球走之前,教师可以先引导幼儿看看大龙球的颜色、摸摸大龙球的触感、拍拍大龙球听听声音等,调动幼儿多感官多通道的刺激体验。这不仅丰富了幼儿的认知,还很好地实现了对其行走能力的锻炼。

3. 活动内容设计兼顾重复性和趣味性

0～3 岁婴幼儿的发展还处于较低的水平,能力的形成需要不断重复的练习、巩固和强化,这就要求教师设计的游戏活动可以让婴幼儿反复地玩,但是游戏内容重复的同时,需要注意游戏形式的调整或者游戏难度的提升,避免出现机械式的重复操作,导致幼儿失去兴趣。需要强调的是 1～1.5 岁幼儿的注意以无意注意为主,注意的时间较短,但对感兴趣的事物能保持5～8 分钟的注意力,教师要注重设计有趣的游戏内容,如色彩鲜艳的游戏材料,富有语气语调变化的组织引导等形式来吸引幼儿的关注,激发幼儿主动参与游戏。

二、1～1.5 岁幼儿游戏活动组织指导要点

(一) 以幼儿为中心,注重他们的兴趣和需求

在游戏活动中,教师要始终将幼儿放在核心位置,密切关注他们的兴趣点和需求。根据幼儿的反应和反馈,及时调整游戏的内容和方式,以确保活动能够吸引幼儿的注意力,并满足他们的成长需求。

尊重每个幼儿的个体差异,不强迫任何幼儿参与他们不感兴趣或不喜欢的游戏。并创造一个包容和鼓励探索的环境,让每个幼儿都能在他们感兴趣的领域中自由发展。

(二) 积极引导和鼓励幼儿,增强他们的自信心和积极性

在游戏过程中,教师扮演着至关重要的角色。教师要使用温和、亲切的语言来引导幼儿参与游戏,及时给予他们鼓励和表扬。这样的正面反馈能够显著增强幼儿的自信心,激发他们的积极性,使他们更加愿意参与和探索。

(三) 通过示范和模仿的方式,让幼儿学习正确的游戏方法和动作

对于 1～1.5 岁的幼儿来说,他们正处于模仿行为的高峰期,喜欢通过观察和模仿照护者的行为来学习。因此,教师可以通过示范的方式,向幼儿展示正确的游戏方法和动作。例如,在玩积木的活动中,教师可以先搭建一个简单的造型,如一座小房子或一座桥,然后鼓励幼儿模仿教师的动作,自己动手尝试搭建。通过这样的互动,幼儿不仅能够学习到具体的技能,还能在模仿中培养创造力和想象力。

(四) 合理安排游戏时间和强度,确保幼儿的健康成长

由于 1～1.5 岁幼儿的注意力集中时间相对较短,因此每次游戏的时间不宜过长,建议控

制在 10～15 分钟,以保持幼儿的兴趣和参与度。

同时,教师也要根据幼儿的身体状况和反应,合理安排游戏的强度,目标是让幼儿在游戏中得到足够的锻炼和乐趣,同时避免过度疲劳,确保他们的身心健康。

三、1～1.5 岁幼儿游戏活动案例

(一)动作发展类游戏

捡 果 子

【适宜年龄】1～1.5 岁。

【游戏目标】

(1)锻炼幼儿自主蹲下站起的动作,发展幼儿动作的协调性和上肢、下肢的运动能力。

(2)锻炼幼儿站立和走的能力,练习自己走路、弯腰捡东西。

【游戏准备】

(1)物质准备:仿真西瓜、草莓、苹果等水果模型若干。

(2)经验准备:能够独立行走。

【游戏玩法】

(1)情境导入,激发幼儿兴趣。

教师:宝贝们,今天我们要出发去果园捡果子咯。我们看看都有哪些水果呢?

(2)教师结合儿歌,示范捡水果的动作。

教师:哇,这是一颗苹果,先蹲下,用手捡起来,再站起来,送到有苹果标志的果篮里。

儿歌内容:走走走,蹲下来,捡果子,站起来,放进去。

(3)组织游戏,教师观察并指导。

教师:宝贝们,捡好一个水果记得要放到对应的水果篮里,再捡下一个哦。

(4)活动自然结束。

【指导要点】此阶段幼儿已经能够独立行走,自己能下蹲。但是幼儿之间存在个体差异,因此活动中教师需要观察幼儿能否注意到地上的水果,是屁股坐在地上再自己站起来,还是蹲下来捡果子,以及能否按照要求将水果放到指定的果篮。若存在困难,教师要及时通过语言、动作等方式提供适当的帮助。

(二)认知发展类游戏

神奇的海绵

【适宜年龄】1～1.5 岁。

【游戏目标】

(1)感受海绵的柔软性和吸水性。

(2)通过抓、挤等动作,锻炼手指小肌肉发展。

【游戏准备】卡通造型的海绵若干、托盘、清水、罩衣。

【游戏玩法】

(1) 出示海绵,吸引幼儿注意。

教师:宝贝们,你们看,这是什么? 上面都有什么动物?

(2) 鼓励幼儿自由选择海绵,感受干海绵软软、弹弹的触感特点。

教师:请宝贝们选择自己喜欢的海绵图案,摸一摸,是什么感觉?

(3) 引导幼儿把海绵放进装有清水的托盘里,观察水被海绵吸收的现象。

教师:请宝贝们将海绵放进托盘里,看看水到哪里去了,海绵会有什么变化?

(4) 示范用手挤出海绵中的水,鼓励幼儿动手尝试。

教师:请宝贝们小手用力挤一挤海绵,哇,水从海绵里面流出来了。

(5) 活动自然结束。

【指导要点】为方便幼儿操作,海绵的大小要略小于幼儿手掌。活动过程中,观察幼儿是单手还是双手挤压海绵,若是单手,可以引导其尝试双手操作。同时教师要用简单的语言向幼儿进行描述,如"摸起来软软的、弹弹的。""哇,水不见了。"

(三) 语言发展类游戏

认一认,说一说

【适宜年龄】1～1.5岁。

【游戏目标】

(1) 学习生活中常见水果的发音。

(2) 能指认或说出常见水果的名称。

【游戏准备】苹果、梨、橙子、香蕉等常见的水果若干。

【游戏玩法】

(1) 教师逐一出示水果,鼓励幼儿说出水果名称。

(2) 引导幼儿听指令,找出相应的水果。

【指导要点】1～1.5岁幼儿的发展特点是听得多,说得少。活动中若幼儿无法说出水果的名称,教师可以告知幼儿具体的名称并鼓励幼儿模仿与表达,即使幼儿没有进行模仿也没关系,认真倾听的过程也是为后续的表达做铺垫。在指认环节,要观察幼儿是否可以将名称与实物建立联系。

(四) 情绪情感与社会性发展类游戏

照顾娃娃

【适宜年龄】1～1.5岁。

【游戏目标】

(1) 学习照顾娃娃睡觉。

(2) 初步体验照顾他人的乐趣。

【游戏准备】大小适宜的娃娃、小床、小被子。

【游戏玩法】

（1）情境导入

教师抱着娃娃，亲切地对幼儿说："宝贝，娃娃想睡觉了，请你和老师一起照顾她好吗？"

（2）示范引导

教师边示范边讲解："娃娃困了，把她轻轻放到小床上，盖上被子，轻轻拍拍她。"

（3）鼓励幼儿模仿哄娃娃睡觉

【指导要点】教师的示范要正确，动作要轻柔。刚开始游戏时，幼儿的动作力度可能会比较大，教师不要着急，游戏时间越长，幼儿越熟练，就会出现温柔照顾娃娃的行为。游戏过程中教师要关注幼儿的状态，及时给予鼓励和肯定，如微笑、肢体接触等，让他们在轻松愉快的氛围中体验照顾他人的乐趣。

任务思考

一、单选题

1. 适合 1～1.5 岁幼儿的游戏活动设计应注重（　　）。

A. 规则明确的竞赛类游戏　　　　B. 感官体验与动手操作

C. 长时间静坐听故事　　　　　　D. 复杂指令的集体游戏

2. 组织 1～1.5 岁幼儿游戏活动时，教师的角色应该是（　　）。

A. 严格的规则制定者

B. 旁观者，不参与游戏

C. 积极的参与者和引导者

D. 主导游戏进程，幼儿被动跟随

二、判断题

1. 设计 1～1.5 岁幼儿游戏活动时，教师不需要考虑幼儿的个体差异。　　（　　）

2. 设计"大龙球"的游戏活动，不仅可以锻炼 1～1.5 岁幼儿的行走能力，还能丰富其对大龙球的认知。　　（　　）

三、案例分析题

托小班的益智区里，五颜六色的插着小棒的操作材料吸引了 13 个月大的希希和 16 个月大的涵涵。希希整个手抓住小棒的底部，用力往洞里塞，但一直找不准方向，操作了很久还是没有成功，最终希希放弃了操作，玩起了益智区的其他玩具。而涵涵先用拇指、食指捏住了小棒的底部，她慢慢调整方向将小棒对准洞口，但由于手捏的地方太靠近小棒的底部，小棒才插入洞口一点点，洞口就被手抵住了，涵涵手一松，小棒就从洞口掉落了下来。涵涵看了看小棒，又看了看洞口，又开始新的尝试。慢慢地，她捏小棒的部位离底部远了一点，继续调整，找准了洞口，插了进去。这一次手松开后小棒立住了，没有掉下来。接着涵涵用手掌按了按小棒，小棒成功掉入了洞中，涵涵高兴地拍起了小手……

问题：请分析案例中希希和涵涵的游戏表现，作为教师，你将如何对希希和涵涵进行游戏指导？

任务四　1～1.5 岁幼儿亲子游戏指导

　　豆豆快 1 岁半了,她的妈妈是一位全职宝妈,对豆豆的教育十分上心。只要看到专家推荐哪个玩具有助于开发幼儿的智力,哪个玩具有助于发展幼儿的动作,豆豆妈妈就立马购买。豆豆的游戏区杂乱无章地放了妈妈买的各种各样的玩具,有磁力片、儿童厨房玩具、小木马、钓鱼玩具……有些都已经落灰了。(图 4-4-1)

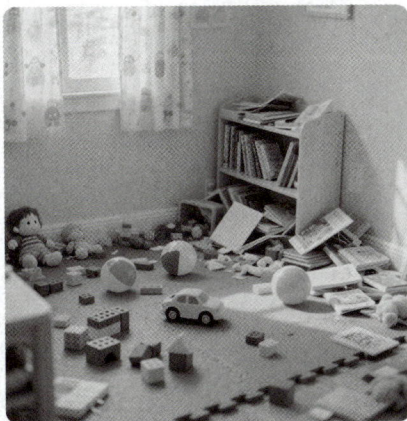

图 4-4-1　杂乱的家庭游戏区

　　请评价案例中豆豆妈妈的行为,并思考:豆豆家的游戏环境创设存在什么问题。

　　家庭是 0～3 岁婴幼儿生活成长的主要场所,亲子游戏也是婴幼儿与家长互动的重要方式。指导家长在家庭中为婴幼儿创设适宜的游戏环境,提供高质量的亲子陪伴与互动,也是教师的工作职责之一。

一、1～1.5 岁幼儿亲子游戏环境创设要点

(一) 提供适宜的游戏环境,避免过度刺激

　　一方面,幼儿的游戏离不开环境的支持,在家庭中要创设适宜的环境,包括适合幼儿发展水平的游戏材料,充分的游戏时间,大小适宜、光线充足的游戏场地。家长也可以充分利用生活中、自然界中的材料,如家里瓶瓶罐罐可以作为敲击的游戏玩具,海绵刷、毛线球等可以作为感官游戏材料等。另一方面,游戏材料不是越多越好,要避免游戏材料投放过多导致幼儿过于兴奋,注意力分散,无法专心投入游戏。

(二) 充分利用户外的场所,拓展游戏空间

　　《3 岁以下婴幼儿健康养育照护指南(试行)》指出:"幼儿每天身体活动时间至少 3 小时,其中户外活动时间至少 2 小时"①。天气条件合适的情况下,家长可以带着幼儿去户外开展游

---

　　① 国家卫生健康委员会.3 岁以下婴幼儿健康养育照护指南(试行)[Z].2022-11-19.国卫办妇幼函〔2022〕409 号.

戏,拓展游戏空间。公园、广场、树林都是不错的选择。大自然中的阳光、空气能提高幼儿的免疫力和环境适应能力;一草一木、一花一石为幼儿提供了充分的感官刺激;与各种各样的小动物和人的互动交流,能促进婴幼儿语言和社会性的发展。幼儿在户外活动的过程中还会更多地出现大肌肉动作:爬行、站立、行走,这对于身体运动协调能力的发展也极具价值。

二、1～1.5 岁幼儿亲子游戏指导要点

(一) 指导家长树立正确的游戏观

亲子游戏的价值在于,一方面不仅可以融洽亲子关系,增进亲子感情,另一方面可使幼儿在愉悦、自主的氛围下不断地实现经验的改造和提升。教师要指导家长树立科学的游戏观,引导家长关注幼儿的兴趣和需要,重视游戏过程中的亲子双方的愉悦体验,而不能从功利性的角度判断游戏是否具有价值,如能不能学到什么知识,发展什么技能,从而限制互动内容或互动形式。

(二) 提高父亲在游戏中的参与度和陪伴质量

父亲参与幼儿的早期生活、游戏、抚养和教育,对幼儿的人格、认知、情感和社会性等方面的发展具有重要的影响。首先,教师要向家长宣传父亲在幼儿成长过程中的作用,提高父亲参与幼儿游戏的意识。其次,为家长尤其是父亲提供育儿培训和指导,例如,此年龄段幼儿的身心发展情况、游戏的特点、家长支持策略等,帮助他们掌握基本、科学的亲子游戏陪伴和支持的知识和技能,增强育儿信心。最后,引导父亲关注陪伴的质量。教师要帮助父亲打破认知误区:亲子游戏中的参与不仅仅是在游戏现场陪伴,而是利用好有限的时间专心陪伴、全情投入,享受亲子时光。

三、1～1.5 岁幼儿亲子游戏案例

好玩的面团

【适宜年龄】1～1.5 岁。

【游戏目标】丰富幼儿的感官,促进手部精细动作的发展,提升手眼协调能力。

【游戏准备】

适量面粉,一张铺了一次性桌布或揉面垫的桌子,宝宝罩衣,一个干净面盆,适量的水、不同颜色的蔬菜汁或食用色素,红枣、花生等食物,模具若干。

【游戏玩法】

家长先引导宝宝穿好罩衣,清洗双手并擦干,告诉宝宝:"今天我们要和面粉玩游戏哦。"家长先取适量的面粉放盆中,邀请宝宝大胆地伸出小手摸一摸、捏一捏、抓一抓面粉。同时家长可以通过语言向宝宝解说探究面粉的过程,引导宝宝关注面粉的特征和自己的动作所带来的结果,如"宝宝,你看,面粉是白色的,它摸上去滑滑的,你的小手在面粉上划一划,咦,留下了很多不同的线条呢。"

待宝宝探究几分钟后,家长可以和宝宝一起少量多次地将水倒入面粉中并进行搅拌,引导宝宝感受加入不同量的水后面粉的不同变化。"宝宝,我们往面粉里加一点点水,搅一搅,看看会发生什么变化?"在宝宝的操作过程中,家长要注意用语言向他进行描述:"面粉变黏了,还能黏在宝宝的手上,小手也变白了呢。"家长也可以倒入一点蔬菜汁(如胡萝

卜汁),鼓励宝宝继续揉、捏、压、拍,引导宝宝观察面粉的颜色变化。

家长可以和宝宝一起将面粉和成团,请宝贝用手压一压、拉一拉、搓一搓。为了提升游戏的趣味性,家长可将红枣、花生等食物藏入面粉中,引导宝宝找一找、挖一挖、抠一抠;也可以提供模具,引导宝宝将面团压扁后用模具拓印。游戏结束后,家长与宝宝一起收拾材料,养成宝宝整理的好习惯。

【家长分析与支持】

亲子游戏随时随地可以进行,但需要家长有一颗"童心"和一双善于发现的眼睛。日常生活中很多物品可以成为亲子游戏的材料,例如,本次亲子游戏以家庭中常见的生活材料——面粉作为游戏载体,引导幼儿自由感知探索面粉的特征和变化,使其在玩面、捏面的过程中获得丰富的感知觉刺激,同时在操作体验中促进手部精细动作的发展,提升手眼协调能力。值得注意的是,1~1.5岁幼儿的语言理解能力大于语言表达能力,游戏过程中,家长在尊重幼儿的兴趣和经验的同时,要密切观察幼儿的表情、动作等所传达出的信号。如幼儿乐呵呵地用手在面粉里划来划去,留下很多长长短短的线条,说明他对活动很感兴趣,这时家长不要急于将水加入面粉,可以给幼儿更多时间探究面粉,同时还可以及时用语言的解说游戏过程,提供丰富的语言刺激。

与床单玩游戏

【适宜年龄】1~1.5岁。

【游戏目标】丰富幼儿的触觉、嗅觉、视觉,锻炼幼儿的平衡感,提升前庭觉功能。

【游戏准备】一条干净、结实的床单,平整、干净、无障碍物的地面或床面。

【游戏玩法】

家长先将床单铺在大床上或者干净的地板上,告诉宝宝:"今天我们要和床单一起玩游戏。"游戏正式开始之前,家长可以先引导宝宝先看一看床单的颜色,摸一摸床单的材质,闻一闻床单的味道,丰富宝宝对床单的认知。接着家长可以利用床单开展以下几种亲子游戏。

(1)开火车:引导宝宝趴在床单上,家长抓住床单的两角,慢慢地拉动床单,待宝宝适应后,家长可以变化拉动的速度和方向。在拉动的过程中,可以配合儿歌或者语言,如"呜呜呜呜,呜呜呜呜,火车出发了,快快走,慢慢走,向前走,向后走。"这种方式既能增加游戏的趣味性,又提供了丰富的语言刺激。

(2)躲猫猫:与宝宝一起坐在床单上,家长先用床单挡住自己,发出声音让宝宝来寻找,反复几次之后,可以让宝宝用床单挡住自己,家长再去寻找。

(3)荡秋千:两位家长各抓住床单的两角,请宝宝坐在床单中央,轻轻地前后左右摇晃。

【家长分析与支持】

1~1.5岁幼儿能根据家长的情绪、行为反应来调整自己的行为。首先,在游戏时,家长要保证自己具有良好的情绪和积极投入的状态,带动幼儿参与。其次,游戏中要密切观察幼儿的状态,与幼儿进行眼神、表情、动作等多形式的互动,要记住体验游戏的过程比游戏的结果重要！如果幼儿表现出害怕或者不舒服,家长要立刻停止,进行情绪的安抚。最后,家长要意识到游戏材料的玩法往往可能不止一种,在保证安全的情况下,游戏中可以根据幼儿的反应灵活调整或开发新的游戏玩法。

任务思考

一、单选题

1. 家长为婴幼儿选择玩具的注意事项,不包括(　　　)。

A. 选择材质安全的玩具

B. 选择符合婴幼儿年龄和认知发展水平的玩具

C. 避免选择铅超标的玩具

D. 选择颜色鲜艳、带有可取下的小圆珠的玩具

2. 家长在亲子游戏中应避免的行为是(　　　)。

A. 跟随幼儿兴趣调整游戏节奏

B. 频繁打断幼儿探索过程

C. 用夸张表情和语言鼓励互动

D. 提供适龄的软质玩具

二、案例分析

可可爸爸在陪1岁多的可可玩积木,他很喜欢在旁边不断地纠正可可的摆放方式,例如,"宝贝,你的积木上下没对齐,快调整下。""小的不能放下面,不然很快就要倒的。""这里要摆红色积木。"……没玩几分钟,可可就不开心地推开了积木。

请分析亲子游戏中可可爸爸的行为,并提出建议。

育儿宝典

怎样看待婴幼儿的依恋物

对于0~3岁的婴幼儿来说,依恋物是一个常见的现象,通常表现为婴幼儿对某些物品产生强烈的依赖,可能是一个毛绒玩具、一条毛毯或一件衣服,也可能是一块积木。这些物品为他们提供安全感和安慰。

面对婴幼儿的依恋物,家长可以这样做。

(1)理解接纳,保障卫生。尊重婴幼儿对依恋物的选择。切忌趁其不备强行丢掉或清洗。家长可以和婴幼儿一同参与给依恋物清洗的活动,既保障了婴幼儿的健康和卫生,又维护了他们的安全感。

(2)准备替代物,实现平稳过渡。为避免婴幼儿对某个物品过度依赖,家长可以准备多个物品,让它们在日常生活和游戏中陪伴婴幼儿,通过这种方式,逐渐引导婴幼儿轮流使用,从而减少对特定物品的依赖。

(3)情感关怀,高质量陪伴。家长要为婴幼儿创设有秩序的、安全稳定的教养环境,通过敏锐观察、积极互动、及时回应,提供高质量的陪伴,让婴幼儿感受到照护者的爱。

实训实践

实训实践任务书

任务名称:设计 1～1.5 岁幼儿的游戏活动

任务要求:以小组为单位,为 1～1.5 岁幼儿设计游戏活动方案(表 4-4-1),包括游戏名称、游戏背景、游戏目的、游戏准备、游戏玩法和游戏指导,并在小组内进行模拟活动组织。

任务目标:能根据 1～1.5 岁幼儿的发展特点设计游戏活动方案;能根据设计的游戏活动方案模拟组织实施。

表 4-4-1　实训任务表

游戏名称: 游戏背景:(设计游戏活动的缘由) 游戏目的: 游戏准备:
游戏玩法: 游戏指导:
实施过程:(可粘贴模拟组织过程图)
总结反思:

赛证 链接

一、单选题

1. ( )是按婴幼儿的年龄特点来选择玩具的正确的做法。①

A. 1～2 岁可增加拖拉玩具、推行玩具

B. 1 岁内可选择跳绳玩具

C. 2～3 岁可增加柔软的绒毛玩具、可悬挂的视觉玩具

D. 1 岁之前可选择拼图类、剪贴类的玩具

2. 选择和改编亲子游戏要符合( )的原则。②

A. 客观性、直观性、反复性   B. 趣味性、可操作性、重复性

C. 积极性、主动性、永久性   D. 合作性、建构性、礼节性

3. 婴幼儿玩具的选择应遵循的原则不包括( )。③

A. 安全性   B. 教育性   C. 时尚性   D. 适龄性

二、判断题

1. 婴幼儿精细动作练习的情境创设要以真实的生活场景为主。④   (   )

2. 游戏中鼓励婴幼儿父母参与可以激发孩子的热情,促进亲子关系的发展。⑤   (   )

---

①② 选自全国院校职业技能大赛高职组婴幼儿照护赛项单选题。
③ 选自婴幼儿发展引导员职业资格证考试题库选择题。
④⑤ 选自婴幼儿发展引导员职业资格证考试题库判断题。

项目五 设计与组织 1.5～2 岁幼儿游戏活动

💡 项目导读

1.5～2 岁是幼儿从"尝试探索"迈向"主动创造"的过渡期。他们开始行走自如,手眼更加协调,尝试解决简单的问题。语言能力发展迅速,但有时出现手势、表情辅助表达的现象,社交意识也逐渐萌芽。

本项目主要阐述这一阶段幼儿游戏的特点、游戏环境创设与材料选择、游戏活动设计与组织,以及家庭亲子游戏指导。期望通过本项目的学习,学习者能够设计与组织 1.5～2 岁幼儿的游戏活动。

📋 学习目标

认知目标

1. 理解 1.5～2 岁幼儿身心发展特点及其游戏的特点;
2. 掌握 1.5～2 岁幼儿游戏环境创设要点。

能力目标

1. 能够为 1.5～2 岁幼儿创设适宜的游戏环境;
2. 能够设计与组织 1.5～2 岁幼儿游戏活动;
3. 能够为 1.5～2 岁幼儿的家庭提供亲子游戏指导。

素质目标

1. 树立以婴幼儿为本的游戏观;
2. 尊重家长,形成家托共育的教育观。

🔍 知识导图

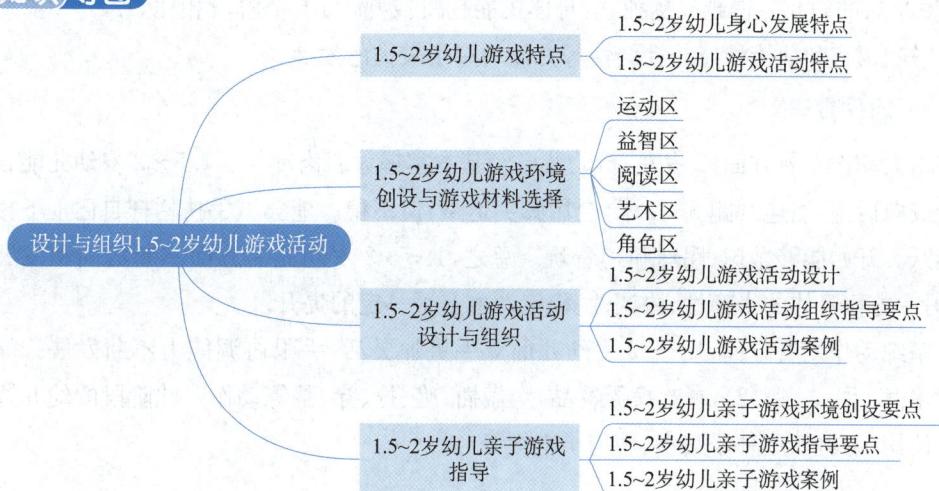

任务一　1.5～2岁幼儿游戏特点

案例导入

　　游戏区内热闹非凡,22个月大的欢欢拿起玩具电话机,按动片刻后将其贴近耳边,稚嫩地模仿着:"喂喂喂"(图5-1-1)。与此同时,20个月大的明明正拿着一块"面包",不断调整角度,试图喂给娃娃吃:"啊——啊——吃面包啦!"

图5-1-1　打电话

　　从这个案例中,可以观察到1.5～2岁幼儿在游戏中的哪些特点呢?

　　1.5～2岁幼儿身体机能不断增强,认知与社交能力快速发展,游戏成为他们认识世界、探索规则、培养多元能力的重要途径。在安全的游戏环境中,他们开始探索更多新事物,寻找问题解决办法,尝试自我服务。

一、1.5～2岁幼儿身心发展特点

　　1岁半后的幼儿变得越来越独立,身体机能越发成熟,与上个阶段相比,1.5～2岁幼儿在动作、认知、语言和情绪情感与社会性等方面均有了较大的发展。

(一)动作发展

　　在粗大动作发展方面,2岁左右,幼儿已经基本掌握大肌肉动作。1.5～2岁幼儿能自如地向前走或向后走,能连续跑3～4米,会用脚尖走路,但不稳。能尝试手扶栏杆自己上下楼梯或原地跳跃。开始能够抛球、踢球和蹲着玩。总之,1.5～2岁幼儿一方面不断巩固和发展基本动作,另一方面身体的平衡性、协调性、稳定性也有了一定的提升。

　　在精细动作发展方面,1.5～2岁幼儿的双手更加灵活,手眼协调能力不断发展。能堆叠5～7块积木(图5-1-2),喜欢摆弄物品,会做插、旋、拧、穿、翻等动作。此阶段的幼儿逐渐开始学习使用工具,如用杯子喝水、用勺子吃饭等。

图 5-1-2　搭积木

（二）认知发展

1.5～2 岁幼儿的有意注意有所发展，可以根据照护者的要求完成一些阶段性的任务。1 岁半左右，幼儿开始出现思维的萌芽，可以进行最初的概括和推理，但不一定科学，如看到毛茸茸、会动的物体都叫作"小狗"。同时，此阶段幼儿的想象也有了一定的发展，可以把日常生活中的活动内容迁移到游戏中去。例如，幼儿用勺子喂玩具娃娃吃饭。

（三）语言发展

1 岁半以后，幼儿进入了语言的爆发期，会说 2～3 个字组成的短句，言语具有高度的情境性。开始用乳名称呼自己。会使用"我"来代替自己。他们喜欢模仿照护者说话，听到与日常生活有关的简单问题，如"在哪里""是什么"时能用动作或简单的词语应答。同时，此阶段的幼儿能理解并执行两个连续动作的要求，如"坐在椅子上吃饭"。

（四）情绪情感与社会性发展

1.5～2 岁幼儿自我意识逐步增强，喜欢自己独立完成某一动作，出现独立行为倾向。这一时期幼儿会表现出明显的物品所有权意识，会保护属于自己的东西。能根据照护者的表情、语气等变化调整自己的行为。交际性增强，开始与其他幼儿共同参与游戏活动，喜欢帮忙做事，会学着收拾玩具。能按指示完成简单的任务，游戏时喜欢模仿照护者的动作。

二、1.5～2 岁幼儿游戏活动特点

（一）以感觉运动性游戏为主导

1～2 岁幼儿处于皮亚杰认知发展理论的感觉运动阶段末期，主要通过抓握、摇晃、敲打等动作探索世界。例如，反复摇晃哗啷棒、滚动玩具汽车、捏胶泥等行为，均源于其通过感官和运动器官获得快感的内在需求。这类游戏占其自由活动时间的 50％以上，是认知发展的核心载体。

（二）象征性游戏开始萌芽

这一阶段，伴随着幼儿思维、记忆和想象的发展，1.5～2 岁幼儿能够简单地模仿他看到过的其他人的行为或动作。例如，幼儿看到玩具车，就可能会假装开车；看到杯子，就假装用杯子喝水。模仿性动作的出现，标志着幼儿的游戏从对物品外部特征的探究逐渐转向对象征关系的探究。对自己日常生活中动作的再现是幼儿最初象征性游戏的主要表现。例如，幼儿看到

玩具碗,想起吃饭,就假装用玩具碗吃饭;看到杯子,想起喝水,就假装用杯子喝水。1岁半以后,幼儿常常表现出对他人的假装行为,如喂小动物吃饭、哄娃娃睡觉。这标志着幼儿的象征性游戏开始超越自己的活动,把他人或他物包括进来。幼儿最初的象征性动作是对同一对象的单个动作,往往重复多次,以后逐渐能够有顺序、连贯地做出几种不同的动作,例如,先给娃娃喂饭,再把娃娃抱起来拍一拍,然后哄娃娃睡觉。在2岁末,物品、象征性动作和语言等因素在游戏中被整合起来,从而使游戏的情节更加丰富。[1]

任务思考

一、单选题

1. 1.5～2岁幼儿的游戏行为最突出的发展表现为(　　)。

A. 独立完成10～12块拼图　　　　B. 出现象征性游戏萌芽

C. 能够使用安全剪刀剪纸　　　　D. 能够和同伴合作玩玩具

2. 假想游戏一般出现在婴幼儿(　　)。

A. 6个月以后　　B. 2岁半以后　　C. 1岁半以后　　D. 8个月以后

二、判断题

1. 2岁末时,幼儿出现了对玩伴的最初偏好,开始出现固定的游戏伙伴,最初的友谊开始萌芽。(　　)

2. 对自己日常生活中动作的再现是幼儿最初象征性游戏的主要表现。(　　)

任务二　1.5～2岁幼儿游戏环境创设与游戏材料选择

案例导入

图5-2-1　玩切切乐

班级活动区里增加了好几种新的游戏材料,有可以敲敲打打的乐器、五颜六色的积木、形状套盒、果蔬切切乐等。李老师发现22个多月的欢欢看到这么多新鲜的玩具,显得很兴奋,东瞧瞧、西看看,她先是拿起积木摆弄了起来,结果没玩几下就把积木丢在一旁,转头拿起了旁边的果蔬切切乐玩具(图5-2-1),还没切两分钟,她就切好了果蔬。放下切切乐,欢欢开始寻找其他的玩具。不一会儿她的注意力就被艺术区的声音吸引了,跑去了艺术区。看到同伴都拿着乐器在敲敲打打,欢欢也想玩,她拿起沙锤,碰一碰,敲一敲,发出了好听的声音,敲打了一会,欢欢随手一丢沙锤,又跑出了音乐区……

李老师陷入了沉思,为什么欢欢每个游戏材料都只玩了一会儿就不玩了?

1.5～2岁幼儿的身体协调性与思维活跃程度显著提升。科学的游戏环境、适宜的游戏材

---

[1] 刘焱.儿童游戏通论[M].福州:福建人民出版社,2015:296.

料,不仅能促进幼儿的主动探索、模仿创造,还能激发其社会性和语言能力的发展。因此,教师创设游戏环境时,要充分了解其身心发展特点,兼顾个别差异。但要注意,在调整和更替游戏材料时,避免一次性变化太多,导致过多的新异刺激分散幼儿的注意力。

一、运动区

1.5 岁后,大部分幼儿都能行走自如。运动区要以锻炼幼儿跑、跳跃、投掷、攀爬、平衡等动作,发展肢体力量和控制力为目标。教师可以投放以下四类材料。

① 步行和跑步练习类材料:能够上下走的带扶手的斜坡,练习跨越走的玩具或物品,练习不同走、跑方式的路径玩具等。

② 跳跃练习类材料:投放能够让幼儿在上面跳跃的地垫、蹦床、体能圈等;根据幼儿的身高和跳跃能力,在高处悬挂物品,吸引其跳跃触摸;提供低矮、安全的平台和安全垫,让幼儿练习从高处跳下。

③ 攀爬练习类材料:投放滑梯、攀爬架、带扶手的楼梯等,攀爬类的玩具高度要适宜,难度不宜过大。幼儿在爬上去、滑下来的过程中,发展大肌肉动作,同时理解"上、下""高、矮"的概念,感受空间关系。

④ 投掷练习类材料:可以投放沙包、大小不同的球等,锻炼幼儿的上肢力量。

二、益智区

发展幼儿手部动作的灵活性和双手协作能力依旧是这一年龄段幼儿益智区游戏的重要目标。1.5～2 岁幼儿开始能够感知物品的数量、大小、颜色等基本特性。教师在材料投放上,可以为幼儿提供不同形状、大小、颜色、材质的玩具,如穿珠、积木、磁力片、套筒、2～4 块的拼图、图形配对的操作材料等(图 5-2-2)。投放的材料应以开放性材料为主,并能较好地支持幼儿的自我纠正。

图 5-2-2 积木盒子——形状配对

三、阅读区

1.5～2 岁幼儿的阅读区环境创设基本原则同 1～1.5 岁幼儿,此处不再重复阐述。具体在材料投放上,提供的图书要结实、容易操作、画面清晰(图 5-2-3)。同时要具有可玩性,如触摸书、洞洞书、推拉书(图 5-2-4)、气味书、声响书(图 5-2-5)等。同时还可以提供音频播放器、真实的物品和真实物

图 5-2-3 绘本系列

图 5-2-4 推拉书

图 5-2-5 声响书

品的图片,让幼儿在操作实物与图片对应的过程中积累词汇量,发展口语。

四、艺术区

1.5～2岁幼儿开始出现简单的艺术表现,如哼唱简短旋律或者敲击发声的物品,能在照护者引导下,用手指点画、用笔涂画。这一阶段教师可以投放以下两类材料。

① 音乐类材料:可投放音乐播放器、打击类乐器、拨浪鼓,自制简单的小乐器(瓶子里装入豆子)等,让幼儿感知并表达自己对音乐的感受。

② 美术类材料:各种材质的纸张、各种拓印工具、颜料、超轻泥、刷子、油画棒、不同大小的画笔等。幼儿能够用其进行涂、画、印、搓等简单的艺术活动(图5-2-6),体验各种绘画工具和材料。

五、角色区

随着记忆和想象能力的发展,1.5岁以后,幼儿的活动中出现越来越多的装扮行为。装扮的内容以幼儿熟悉的日常生活为主。此阶段幼儿处于自我中心阶段,活动中表现出对物品较强的占有欲。因此教师在投放材料时,同样的材料要多投放几份,一方面减少幼儿间争抢材料的冲突,另一方面为幼儿之间相互观察、模仿创造条件。创设角色区时,要为幼儿提供熟悉的主题下的材料。比如仿真娃娃、动物模型、厨房中的锅碗瓢盆等,促进幼儿现有的装扮能力往更高水平发展。

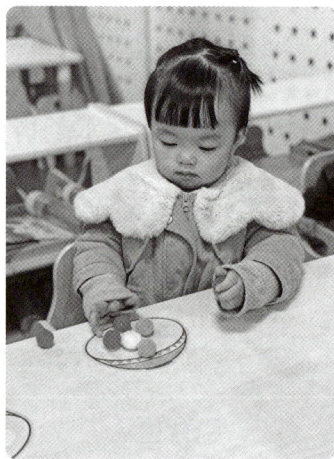

图 5-2-6 搓汤圆

视频
户外过家家

任务思考

一、单选题

1. 1.5～2岁幼儿游戏环境的空间布局应( )。

A. 紧凑拥挤,营造热闹氛围

B. 划分明确独立的区域,减少干扰

C. 完全开放无隔断,促进自由探索

D. 设置高大障碍物,增加游戏挑战性

2. 以下哪一类游戏材料不适合投放到1.5～2岁幼儿的大肌肉运动区?( )

A. 步行和跑步练习类材料

B. 跳跃练习类材料

C. 攀爬练习类材料

D. 骑行练习类材料

二、判断题

1. 教师可以在阅读区为1.5～2岁幼儿提供大量的识字卡片以促进其早期阅读能力的发展。 ( )

2. 为了保证1.5～2岁幼儿游戏的安全,游戏区应设置高度超过1米的封闭围栏以限制活动范围。 ( )

案例导入

　　一场雨过后，户外的小水坑吸引了毛毛(23 个月左右)的注意力。他先是伸出一只脚，试探性地踩了踩水坑，溅起了一些小水花，毛毛"咯咯"地笑了，接着他开始变得大胆，双脚在水里踩了起来，眼看衣服和鞋子都湿了……

　　橙子老师担心毛毛会着凉，她走过去说："宝贝，衣服弄湿了，容易感冒生病哦。"于是便将毛毛抱离了水坑。

　　苹果老师得知情况后，拿来了毛毛的雨衣和雨鞋："宝贝，我们先换上雨衣和雨鞋，再去玩水哦。"换好衣服的毛毛迫不及待地回到了水坑边(图5-3-1)，这一次他玩得更加大胆：一会儿蹲下身用手拍拍，一会儿抬起脚用力踩踩，户外充满了他的笑声……

图 5-3-1　户外踩水

　　请你分析两位教师对毛毛游戏行为的指导，教师应该如何更好地设计和组织 1.5～2 岁幼儿的游戏活动呢？

　　感官体验和动手操作是 1.5～2 岁幼儿构建对周围世界认知的主要方式。教师要结合幼儿的学习方式特点，在游戏中观察幼儿的眼神、表情、动作和语言表达等内容，给予恰当、积极的指导回应。

一、1.5～2 岁幼儿游戏活动设计

(一) 1.5～2 岁幼儿游戏活动目标

　　① 动作发展方面：粗大动作上，继续锻炼走、跑、蹲、跳、双手扶栏杆上下楼梯等动作；能在投球、踢球时保持身体平衡。精细动作上，锻炼捏、拧、穿、折、翻等手部动作，进一步发展手的灵活性和双手协调配合能力。

　　② 认知发展方面：能够感知辨别生活中常见物体的颜色、大小、形状等明显的外部特征；具有初步的音乐表现、艺术创作、装扮动作和建构行为。

视频

集体游戏：
一起洗衣服

③ 语言发展方面:能理解生活中常用的词,学习用双词句或简单句表达自己的需求或回答简单的问题,说出自己的名字,开始辨认书中角色的名字,会主动看图讲简单的话①。

④ 情绪情感与社会性发展方面:理解并遵守简单的行为规则;在发现照护者表情、语气的细微变化后,能调整自己的行为;在得到帮助的情况下能控制情绪②,游戏时能模仿父母更多的细节动作,想象力增强③。

(二) 1.5～2岁幼儿游戏活动设计的注意事项

视频

汽车涂鸦

1. 关注幼儿日常兴趣和需要,选择游戏内容

生活即教育,教育即生活。幼儿对世界的认知是从生活开始的,幼儿的发展也是在其生活经验不断的积累中发生的。在一日生活中,蕴含着丰富的教育契机。教师要留意幼儿日常生活中的兴趣和需要。例如,20个月的花花对活动室备餐区里的锅碗瓢盆特别感兴趣,教师可以设计"小小厨房"的角色扮演游戏,准备一些小锅、小碗、勺子、玩具蔬菜等材料,让幼儿模仿大人的样子"做饭"。

2. 灵活选择游戏组织形式,拓宽社会交往范围

1.5～2岁幼儿与同伴的交往有了实质性的发展。教师为此年龄段幼儿设计游戏时,除亲身示范、幼儿个别操作的组织形式外,还可以设计一些小集体活动,体现游戏中幼儿与幼儿、幼儿与教师之间的多方互动,使幼儿感受集体游戏的快乐,促进幼儿社会性的发展。例如,教师可以设计"玩具分享会"游戏,组织幼儿围坐在一起,每个幼儿都带来自己最喜欢的玩具。请个别幼儿介绍自己的玩具,引导幼儿相互交换玩具。鼓励幼儿之间进行简单的交流,如"我可以玩一下你的玩具吗?""给你玩我的"。引导幼儿学会表达自己的想法,体验分享的快乐,同时也能提高社交能力。

3. 合理分配游戏时间,注重幼儿的感知与体验

游戏活动重在幼儿的亲身感知和实际操作,而不是教师的说教或示范。教师在设计游戏活动时要把握各游戏环节的时间分配,减少非必要的游戏示范和讲解,尽可能将更多的时间留给幼儿体验,让幼儿在活动中发展,在活动中成长。

二、1.5～2岁幼儿游戏活动组织指导要点

(一) 尊重幼儿游戏意愿,鼓励支持生成游戏

在设计游戏活动时,虽有预设游戏的内容,但是活动现场幼儿的表现具有生成性和不可控性。幼儿在接触到游戏材料时,可能就会有自己的玩法和探索方向,对于预设的玩法和要求可能不太感兴趣。此时教师要以幼儿为主体,将游戏的主动权交给幼儿,不急于打断幼儿的游戏想法和思路,在保障安全的前提下,给予幼儿充分的自由探索、玩耍的机会,并认真、仔细观察幼儿的游戏:他在做什么,需要什么,遇到的困难是什么等。例如,组织1.5～2岁幼儿玩拓印的游戏时,教师发现他们被颜色混合后的现象所吸引,因此及时调整后续游戏活动的涂色内容,提供更多的颜料和工具支持幼儿的玩色活动。

---

① 上海市教育委员会. 上海市0—3岁婴幼儿教养方案[Z]. 2008 - 05 - 18. 沪教委基[2008]33号.

② 上海市教师教育学院(上海市教育委员会教学研究室). 上海市0—3岁婴幼儿发展要点与支持策略(试行稿)[M]. 上海:上海教育出版社. 2024:30.

③ 青岛市教育局办公室. 青岛市0—3岁婴幼儿教养指导纲要(试行)[Z]. 2014 - 11 - 17. 青教通字[2014]110号.

（二）营造宽松、愉快的游戏氛围，不刻意追求游戏的结果

"玩"即游戏的目的。婴幼儿游戏的价值在于游戏过程中的身心体验。在游戏过程中，婴幼儿通过反复尝试、选择，找到适合自己能力与兴趣的活动内容和方式方法，而不是所谓"成功"的游戏结果。因此教师要为 1.5～2 岁幼儿营造宽松、愉快的游戏氛围，尊重活动中幼儿的个别差异性，尊重幼儿在游戏中的主动发现与探索，给予充分的自主空间，让其能充分体验游戏的快乐和满足。

三、1.5～2 岁幼儿游戏活动案例

（一）动作发展类游戏

好玩的穿珠

【适宜年龄】1.5～2 岁。

【游戏目标】

（1）学习穿珠子的方法。

（2）通过穿、拉等动作，锻炼双手协作和手眼协调能力。

（3）喜欢参与穿珠的活动。

【游戏准备】各色形状和有孔的彩色珠子若干，穿绳若干（一头较硬、一头打结）。

【游戏玩法】

（1）出示材料，激发幼儿兴趣。

教师：宝贝们，今天我们要穿一条漂亮的项链，这是穿珠子的材料，我们看看都有哪些颜色和形状的珠子。

（2）取出绳子，示范穿珠动作。

教师双手取出绳子并拉直，告知幼儿："这是绳子。"放下绳子用拇指、食指捏取一颗珠子，告知幼儿："这是×色。"并指着珠子上的洞，告知幼儿："这是洞。"教师一手捏住绳头，一手捏住珠子，对准洞口，穿进去，拉出来，示范 2～3 次。

（3）幼儿自由操作，教师巡回指导。

（4）展示项链，活动自然结束。

【指导要点】

教师一开始可以选择直径和洞眼较大、颜色鲜艳的穿珠材料。穿珠使用的绳子要粗硬一些，长度不要过长，以穿 6～10 个珠子长度为宜。当幼儿能较熟练地完成穿珠后，教师可以适当提升难度。例如，调整珠子或洞眼的大小、绳子的硬度，或者引导幼儿按照规律进行穿珠。游戏过程中，要关注幼儿对穿珠活动的兴趣，若幼儿满足于摆弄穿珠材料，教师允许其充分感知与探究后，可以再尝试引导其进行穿珠游戏。教师在活动中要重点观察幼儿的手部精细动作和手眼协调能力发展情况，例如，幼儿如何拿取绳子和珠子，是用两指捏还是三指捏，是否需要协助才能将绳子穿过洞口等。

（二）认知发展类游戏

桃花朵朵

【适宜年龄】1.5～2岁。

【游戏目标】

(1) 初步感知桃花的特征。

(2) 尝试用三指捏海绵棒进行拓印。

(3) 感受拓印的乐趣。

【游戏准备】粉色颜料、颜料盘若干;画好树干的画纸若干;擦手布和罩衫若干。

【游戏玩法】

(1) 出示桃花,吸引幼儿注意。

教师:咦,老师手里拿的是什么? 请你们闻一闻、看一看、摸一摸,桃花有哪些特点呢?

(2) 出示画好的树干,讲解示范海绵棒拓印的步骤。

教师:我们用三根手指捏住海绵棒,让它和颜料亲一亲,再让海绵棒和纸亲一亲,啵,花就出来了。

(3) 幼儿操作,教师巡回指导。

(4) 展示幼儿作品,相互欣赏。

【指导要点】

感知欣赏桃花的环节,教师要注意调动幼儿多种感官充分感知与欣赏。组织拓印时,观察幼儿拿取海绵棒的方式,是全手抓握、三指捏还是两指捏。沾色可能对部分的幼儿来说存在困难,教师可以提供一定的帮助。若活动过程中,幼儿比较关注颜色,在画纸上乱涂乱画,可不用制止。玩色过程也能发展幼儿的认知和艺术表现能力。

（三）语言发展类游戏

奇妙的摸袋

【适宜年龄】1.5～2岁。

【游戏目标】

(1) 认识常见的动物并能说出名称。

(2) 学说短句"××,××,欢迎你"。

【游戏准备】神秘袋一个,常见的动物模型若干(小猫、小狗、小鸡、小鸭等)。

【游戏玩法】

(1) 出示摸袋,吸引幼儿注意。

教师出示神秘摸袋,晃动摸袋发出声音,吸引幼儿的注意:"宝贝们,你们听,是什么声音? 很多小动物藏在这个神秘袋里,我们一起来看看都有谁吧?"

(2) 示范玩法。

教师从神秘口袋里摸出一个动物模型(小猫)并提问:"这是什么动物?"引导幼儿说出"××,××,欢迎你。"

(3) 幼儿操作。

幼儿逐一上来,从口袋里摸出动物模型,并说出其名称。教师引导其他幼儿说出"××,××,欢迎你。"

(4) 活动自然结束。

【指导要点】

活动中教师要注意控制神秘摸袋袋口的大小,袋口过大,幼儿能直接看到袋内的动物模型,易导致幼儿失去探究的兴趣,过小易导致幼儿无法独立取出动物模型。若动物模型取出后,幼儿无法说出名称或无法说出短句,教师可以通过示范引导幼儿学习模仿。

（四）情绪情感与社会性发展类游戏

送玩具回家

【适宜年龄】1.5～2 岁。

【游戏目标】

(1) 知道将玩具送回收纳筐。

(2) 尝试按照收纳筐上的图片提示将玩具送回对应的收纳筐。

(3) 初步形成玩具收拾整理的规则意识。

【游戏准备】贴好相应玩具图片的玩具收纳筐、散落在收纳筐外的玩具。

【游戏玩法】

(1) 创设情境,引出主题。

教师:宝贝们,这些玩具找不到家了,你们可以帮它们送回家吗?

(2) 示范操作,讲解要求。

教师:你们看这是什么? 我们要把它送回哪里呢? 没错,送到贴着玩具图片的收纳筐里。

(3) 幼儿操作,教师巡回指导。

教师引导幼儿观察收纳筐上贴的图片,尝试将散落在收纳筐外的玩具送回去。当幼儿成功将玩具放回收纳筐后,及时给予表扬。

(4) 活动自然结束。

教师:现在玩具都回家了,宝贝们在玩完玩具后一定要记得送它们回家哦。

【指导要点】

活动中,教师需要先引导幼儿知道自己拿的是什么玩具,再观察玩具框上的图片,通过对应的方式完成送玩具回家的操作。教师可以边示范边操作,协助幼儿独立完成,但不要包办代替。幼儿自己收拾整理玩具的意识和能力的形成需要持之以恒,教师可以将送玩具回家的活动,作为每次游戏后的环节加以巩固和强化,助力幼儿养成良好的游戏习惯。

任务思考

一、单选题

1. 设计 1.5～2 岁幼儿游戏活动时,活动目标应( )。

A. 设定高难度技能目标促进快速发展

B. 以幼儿兴趣和现有能力为基础,具有可达成性

C. 侧重认知发展,忽略情感与社会性目标

D. 保持固定不变,便于重复开展

2. 在组织 1.5～2 岁幼儿游戏活动过程中,王老师发现幼儿参与度不高,正确的做法是( )。

A. 立即结束游戏,更换活动　　　　B. 提高音量,强制幼儿参与

C. 调整游戏规则或增加趣味性元素　　D. 批评幼儿注意力不集中

二、判断题

1. 游戏过程中,当幼儿出现与预设的玩法不一致的行为时,教师应立即进行制止。 ( )

2. 游戏活动结束后,教师可以引导 1.5～2 岁幼儿尝试一起参与游戏材料的收拾和整理。

( )

任务四　1.5～2 岁幼儿亲子游戏指导

案例导入

图 5-4-1　和妈妈一起动手

　　2 岁的琪琪最近特别喜欢"帮忙"。妈妈正在厨房准备晚餐,琪琪也想参与。妈妈见状,笑眯眯地对琪琪说:"请你来做小厨师,和妈妈一起撕包菜吧。"(图 5-4-1)妈妈请琪琪搬来小椅子,并把包菜叶和篮子放到她能够到的位置。妈妈拿起一片包菜叶:"琪琪,你摸摸,包菜叶摸起来感觉怎么样,看一看是什么颜色。""两只手抓住包菜叶,像这样,轻轻地撕,哇,琪琪成功了,真棒。""撕下来的包菜像什么呀?"……此刻,一场围绕包菜展开的亲子互动正在厨房精彩地进行着……

　　案例中琪琪和妈妈的亲子互动属于游戏吗? 作为教师,你将如何更好地指导 1.5～2 岁幼儿家庭亲子游戏呢?

　　亲子游戏是家长与幼儿建立情感联结的重要桥梁。教师应指导家长捕捉日常教养过程中蕴含的成长契机,融合生活化场景,借助游戏形式,激发婴幼儿最佳发育潜能,使其情感良好,运动、语言、认知、社会交往能力得到充分发展①。

---

　　① 国家卫生健康委办公厅. 婴幼儿早期发展服务指南(试行)[Z]. 2024-12-5. 国卫办妇幼函〔2024〕467 号.

一、1.5～2 岁幼儿亲子游戏环境创设要点

(一) 创设开放的游戏环境,打破空间限制

1.5～2 岁幼儿已经能行走自如,具有一定的自主行动的能力。家长不要从自身角度出发,限制幼儿的游戏场所和游戏行为。在保证安全的情况下,突破空间限制,让家庭所有的生活空间变成亲子游戏空间。例如,家里的窗帘后可以成为亲子游戏"躲猫猫"的游戏场所,毛毯和床可以成为亲子游戏"荡秋千"的游戏材料与空间。

(二) 合理摆放和分类玩具,保持环境的整洁有序

在家中为幼儿提供游戏材料要注意分门别类、合理收纳,为幼儿创设一个整洁、有序的游戏环境。1.5～2 岁幼儿正处于秩序敏感期的阶段,对事物的秩序有强烈的要求。有序的游戏环境不仅能满足幼儿秩序感的需要,而且能够保障幼儿按需、自由取放玩具。同时家长可以在玩具收纳盒上贴上相应的标记,便于在游戏结束后引导幼儿将游戏材料放回原处,逐步养成收拾玩具的习惯。

二、1.5～2 岁幼儿亲子游戏指导要点

(一) 引导家长树立科学的玩具观念

当前家庭为幼儿选择玩具时存在以下问题:一方面,家长在选择玩具时过于功利性,即把该玩具是否能促进幼儿智力发展作为主要选择依据。另一方面,家长对玩具的选择依据主观化,忽视幼儿的需求。具体表现为以下三点:第一是性别的刻板印象,如洋娃娃属于女孩玩具,小汽车属于男孩玩具;第二是"盲从",即盲目跟从,缺乏独立思考判断能力,一味追求当下"最流行"的玩具,忽略幼儿发展需求;第三是家长缺乏玩具的自制意识,现有家庭玩具中,更多是从玩具店直接购买,限制了玩具的选择空间。教师应转变家长的教育观念,使家长认识到玩具的选择应依据此阶段幼儿的身心发展特点、需要与兴趣,玩具的教育功能也只有在满足幼儿的兴趣和需要的基础上,借助其探索性游戏才能得以实现。同时鼓励家长留心日常生活,选择和利用幼儿生活中经常看到且喜爱的物体,引导幼儿尝试动手自制玩具,拓宽玩具的选择范围。

(二) 引导幼儿多开口、多说话

1.5～2 岁幼儿处于"语言的爆发期"。在开展亲子游戏时,家长要为幼儿创设一个丰富的语言环境,将幼儿的动作、表情等用语言进行描述,同时把握一切机会引导幼儿开口说话。例如幼儿在玩积木垒高时,可以进行提问:"这是什么颜色的积木?"家长在旁鼓励幼儿回答,如果回答不了也没关系,家长可以自问自答,并引导幼儿进行模仿与表达。

三、1.5～2 岁幼儿亲子游戏案例

好玩的纸球

【适宜年龄】1.5～2 岁。

【游戏目标】锻炼手部精细动作与抓握能力,提升手眼协调的能力。

【游戏准备】各种材质的纸张、塑料筐两个、一块安全无障碍的活动区域。

【游戏玩法】

在家里选择一块安全无障碍的区域(若有条件,可以带宝宝到户外进行游戏),家长拿出事先准备的各种材质的纸张,和宝宝一起看一看、说一说纸张的颜色,摸一摸,感受纸张的材质,捏一捏,听一听纸张发出的不同声音。

家长拿出一张纸,问宝宝是什么颜色。如果宝宝回答不出也没关系,家长可以自问自答,提问的目的主要是引导宝宝观察纸张的特征。接着家长可以用夸张的方式告诉宝宝要认真看,接下去要变魔术了,大大的纸张要变成小小的纸球啦。家长将纸张撕成适宜大小,用双手揉一揉、捏一捏、团一团,压一压,向宝宝示范如何将纸变成纸球。然后引导宝宝先将纸张撕成小块,自主尝试捏纸球。捏好纸球后,家长可以引导宝宝比一比纸团的大小、颜色,数一数纸团的数量。

家长将捏好的纸球放在塑料筐中,与宝宝进行游戏,此时游戏的形式可以有多种。第一种方式:选择一张大的纸张,当作运送工具,将揉好纸球放进去,家长和宝宝合作,一起将纸球运送到另一个塑料框里。第二种方式:将塑料筐摆在离宝宝20～30cm的距离,家长先示范如何将纸球投入塑料筐中,再引导宝宝将纸球投入框中,如果没投中也没关系,宝宝动作的发展是在不断地练习过程中循序渐进提升的,家长要积极给予宝宝支持和回应,鼓励宝宝继续尝试,当宝宝熟练后,家长可以逐渐拉大塑料筐与宝宝的距离。第三种方式:家长可以将纸球投掷出去,引导宝宝去追纸球。

【家长分析与支持】

纸在生活中随处可见,在家庭中很容易获得,很适合作为亲子游戏的玩具材料。本次亲子活动不仅探究出纸球一物多玩的玩法,而且能够尊重0～3岁婴幼儿在亲身感知、实际操作中发展经验的学习特点,通过看、听、说、做等多种形式,多感官参与,有效支持婴幼儿感知、体验、比较纸和纸球的特征。活动中家长要给幼儿充分的活动时间,同时要注意根据幼儿的兴趣和需要选择适宜的纸球游戏玩法。纸张的玩法还有很多,在之后的亲子游戏活动中,家长也可以和幼儿一起继续开发纸的新玩法,例如纸张撕贴画、纸张涂鸦、折纸等。

任务思考

一、单选题

1. 对于婴幼儿游戏设计,以下哪个原则是错误的?(   )

A. 考虑婴幼儿的兴趣和需求

B. 游戏环境要安全、卫生

C. 游戏内容要固化,不变化,以重复训练

D. 选择适当的游戏玩具和材料

2. 关于成人对婴幼儿游戏提供的支持,以下说法正确的是(   )。

A. 成人对婴幼儿游戏提供的支持越多越好

B. 成人应该始终是婴幼儿游戏的发起者

C. 成人提供的支持应根据婴幼儿的年龄和游戏水平有所变化

D. 成人应毫无保留地提供所有能提供的支持

二、游戏设计题

19 月龄的男宝宝,名字叫栋栋,最近很喜欢玩桌面玩具,例如,他喜欢把盒子里的玩具倒出去再装进来,喜欢玩拉拉链的玩具,喜欢玩夹物分类的玩具等。

请你为栋栋设计一个促进精细动作发展的游戏活动,包含活动名称、活动目标、活动准备、活动玩法。游戏应满足以下要求:

1. 促进幼儿的精细动作发展。
2. 游戏内容有趣且富有创意,能够吸引幼儿的注意力。
3. 游戏过程安全,符合卫生标准,确保幼儿的身心健康。

育儿宝典

孩子为什么不爱和我玩

很多家长常常感到很困惑,为什么孩子不爱和我玩。其实和孩子互动时,家长常常陷入一个误区:把亲子游戏变成一种教育的手段或途径,当他们发现孩子在游戏过程中表现出问题或不足时,游戏就演变成了说教。长此以往,很容易导致孩子不愿意和他们互动。因此,与孩子进行亲子游戏时,家长要注意以下三点。

(1)尊重孩子合理的要求和行为　当发现孩子对游戏不感兴趣时,应探究孩子对游戏缺乏兴趣的真正原因:是因为游戏难度过高,还是游戏内容不够吸引人。避免强迫孩子继续游戏,而是要尊重他们的意愿,赋予他们游戏选择的自由。

(2)挖掘有趣、好玩的互动形式　例如,不爱刷牙是 0～3 岁婴幼儿常见的问题,如果只是简单的说教,不但没有效果,反而加重孩子的抵触情绪。家长可以结合游戏,配上好听的儿歌《我爱刷牙》,让孩子在游戏中学习刷牙、爱上刷牙。

(3)及时支持与回应,推进游戏发展　在与孩子玩的过程中,要留意孩子的新异行为中的价值,敏锐地捕捉无意行为的真正含义,及时提供支持,从而推进游戏的新发展。①

实训实践

实训实践任务书

任务名称: 设计与组织 1.5～2 岁幼儿的游戏活动

任务要求: 以小组为单位,为 1.5～2 岁幼儿设计游戏活动方案(表 5-4-1),包括游戏名称、游戏背景、游戏目标、游戏准备、游戏玩法和游戏指导,并在小组内进行模拟活动组织。

任务目标: 能根据 1.5～2 岁幼儿的发展特点设计游戏活动方案;能根据设计的游戏活动方案模拟组织实施。

表 5-4-1　实训任务表

游戏名称: 游戏背景:(设计游戏活动的缘由)   游戏目标: 游戏准备:

---

① 方玥. 上海市 0—3 岁婴幼儿家庭科学育儿指导手册[M].上海:上海科学技术出版社,2019:106.

游戏玩法：

游戏指导：

实施过程：(可粘贴模拟组织过程图)

总结反思：

赛证链接

一、单选题

1. ( )岁幼儿要选择发展走、跳、投掷、攀登等动作技能和发展肌肉活动的玩具。①

    A. 0～1   B. 1～2   C. 2～3   D. 3～4

2. 在区域创设中,应考虑本班的( ),尽量创设能满足婴幼儿需要的活动区域。②

    A. 实际情况   B. 婴幼儿发展需要

    C. 婴幼儿兴趣   D. 以上都是

3. 按游戏中的创造性分,可以把游戏分成创造性游戏和( )。③

    A. 有规则游戏   B. 集体游戏

    C. 教学游戏   D. 活动性游戏

4. 游戏可以丰富婴幼儿( ),满足他们探索世界的愿望和发展他们的社交能力。④

    A. 各种知识经验   B. 生活知识

    C. 实践知识   D. 交往知识

5. "小宝宝学唱歌"的游戏是婴儿( )训练。⑤

    A. 发音   B. 动作

    C. 指认   D. 阅读

二、判断题

1. 儿童的玩教具,不能有尖锐的角、锋利的边缘。⑥   ( )

2. 自制玩教具应构思巧妙,设计新颖,满足婴幼儿游戏和学习的需要,满足婴幼儿发挥想象力和创造力的需要。⑦   ( )

3. 游戏是充满幻想和创造力的。游戏的假想性是以模仿现实生活的某一个侧面为基础,仅仅只是简单模仿。⑧   ( )

三、游戏设计题

    在托育机构的托小班,教师发现 22 月龄的男宝圆圆,经常在绘本区抢其他幼儿手里的绘本、在玩具区抢其他幼儿手中的小车、在户外活动时会去抢同伴正在推的小推车。

    作为托小班的教师,针对托小班幼儿同伴交往特点,设计游戏活动方案。包含活动名称、活动目标、活动准备、活动玩法。⑨

---

①②⑦⑧⑨ 选自全国院校职业技能大赛高职组婴幼儿照护赛项题库。
③④⑤⑥ 选自中国-东盟教育交流周职业院校技能大赛婴幼儿保教技能竞赛题库。

项目六

设计与组织 2~3 岁幼儿游戏活动

2~3 岁是幼儿从"自我中心"迈向"社会联结"的飞跃期。他们的语言表达能力飞速提升，想象力开始萌芽，大动作与精细动作日益协调，并逐渐理解规则，建立与同伴互动的意识。

本项目主要阐述这一阶段幼儿游戏的特点、游戏环境创设与材料选择、游戏活动设计与组织，以及幼儿家庭亲子游戏指导。通过本项目的学习，希望学习者能够设计与组织 2~3 岁幼儿的游戏活动。

📋 **学习目标**

认知目标

1. 理解 2~3 岁幼儿的身心发展特点和游戏特点；
2. 掌握 2~3 幼儿游戏活动的设计思路和游戏活动的组织与指导。

能力目标

1. 能够为 2~3 岁幼儿创设适宜的游戏环境；
2. 能够设计与组织 2~3 岁幼儿游戏活动；
3. 能够为 2~3 岁幼儿的家庭提供亲子游戏指导。

素质目标

1. 树立以幼儿为本的游戏观；
2. 尊重家长，形成家托共育的教育观。

🔍 **知识导图**

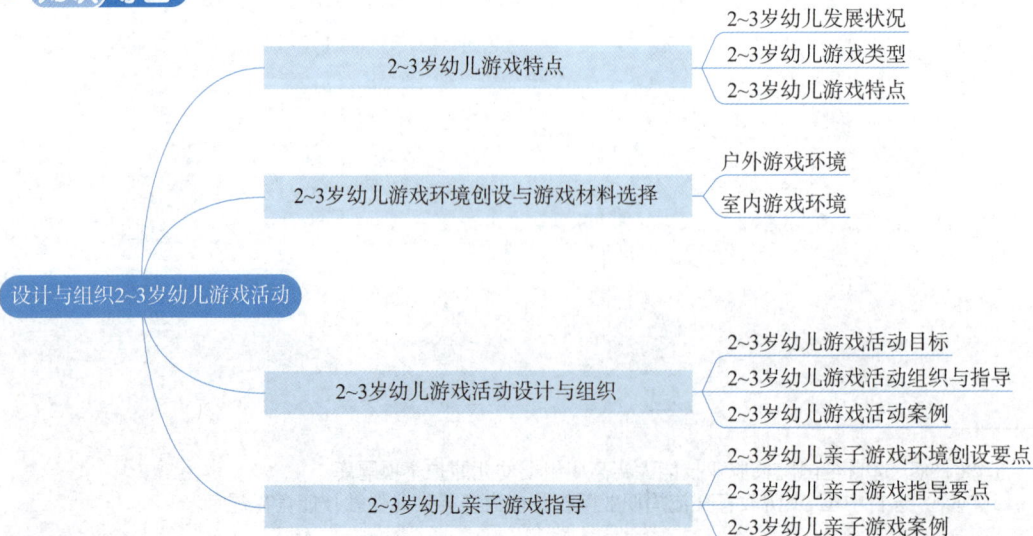

任务一　2~3 岁幼儿游戏特点

案例导入

在娃娃家区域,2 岁 8 个月的悦悦正专注地玩着"照顾宝宝"的游戏。她拿起一个玩具奶瓶,模仿妈妈的样子,轻轻摇晃着奶瓶,然后假装喂给怀里的玩具娃娃。接着,她又用柔软的布料轻轻擦拭娃娃的脸,嘴里还不时发出"宝宝乖,宝宝不哭"的声音。一旁 2 岁半的晓晓看到后,也拿着另一个玩具娃娃凑了过来,试图模仿悦悦的动作,但偶尔会因为不知道如何互动而停下来观察。

从这个案例中,可以观察到 2~3 岁幼儿在游戏中的哪些特点呢?

图 6-1-1　娃娃家游戏

一、2~3 岁幼儿发展状况

2 岁前后是幼儿发展十分重要的时期,幼儿的发展主要表现在情绪情感与社会性、动作、语言、认知等方面。

(一) 动作发展

2~3 岁幼儿的身体发展速度很快,能够稳定地行走、跑跳和攀爬,手眼协调能力增强,能够进行简单的绘画和使用工具。2.5 岁以后的幼儿大动作表现得更加稳定,动作幅度也更大。同时,在 2~3 岁的发展阶段,幼儿正处于快速获得精细动作技能的时期。此年龄段的幼儿展现出对参与促进其小肌肉群协调性和精确性游戏的偏好。精细动作游戏通常涉及手眼协调、手指灵活性以及对手部操作的控制能力,这些技能对于幼儿日后的学习和日常生活活动至关重要。

(二) 语言发展

在语言发展方面,这一年龄段的幼儿处于口语发展的关键期,语言能力迅速提升,词汇量在迅速扩展,爱听故事、儿歌、诗歌等,开始使用简单的句子表达需求和情感。

(三) 认知发展

在认知发展方面,他们的注意力和记忆力也在不断增强,展现出对周围环境的好奇心和探索欲。在想象表现方面,2~3 岁的幼儿会进行角色扮演,假装自己是爸爸、妈妈、医生等,出现简单的游戏情节,在游戏中会使用替代物,如把凳子当作汽车,把瓶子当作电话机,把手指当作牙刷等。

(四) 情绪情感与社会性发展

在情绪情感方面,2~3 岁的幼儿情绪表达逐渐丰富,有内疚、尴尬等较为复杂的情绪。开始尝试用一些简单的方法来调节自己的情绪,比如难过时,会寻求成人的安慰,希望得到拥抱和安抚。

在社会性发展上,幼儿自我意识开始建立,能把自己与外界、他人区分开,开始更加关注同伴,尽管分享和轮流的概念尚未完全掌握,但他们已经能够模仿他人行为,并通过简单的社交互动来表达情感和建立关系。2.5岁以后,由于语言和动作发展日趋成熟,认识范围不断扩大,好奇心和求知欲不断增强,幼儿很愿意与人交往,愿意与其他幼儿一起玩。

二、2～3岁幼儿游戏类型

2～3岁的幼儿在身体动作、认知、社会性等方面有了较快发展,各种类型游戏的水平也随之有了显著提高。2～3岁幼儿游戏类型可分为以下三种。

(一) 象征性游戏

象征性游戏是幼儿游戏最典型的形式,占的时间也最长,从2岁开始直到进入小学[①]。象征性游戏是幼儿以模仿和想象扮演角色,完成以物代物、以人代人为表现形式的游戏过程,是反映周围现实生活的游戏形式。象征性游戏在2～3岁的一个重要发展是出现了"角色扮演"这一新的要素[②]。角色的出现使得象征物、象征性动作围绕"人的活动"组织起来,成为一个有主题和情节的整体结构。幼儿也由于喜欢角色扮演而更喜欢这种象征性游戏,象征性游戏的计划性、坚持性也更强。2～3岁的幼儿出现了初步的模仿性角色行为,但还没有角色扮演的意识。例如,2岁的幼儿双手转动着方向盘,嘴里发出"嘀嘀嘀"的声音假装开着车,但是他还没有角色扮演的意识,还没有在自己和"司机"之间建立心理上的认同关系。

(二) 身体运动游戏

2岁以后,随着幼儿身体运动能力的显著发展,他们的游戏活动开始明显地从简单的动作游戏转变为更加有组织的身体运动游戏。如2～3岁的幼儿喜欢骑滑板车、三轮车,喜欢踢球,会边跑边躲避障碍物。在这个过程中,幼儿的自我意识逐渐增强,能够根据自己的兴趣选择游戏,并在游戏中体验各种情感。同时,他们的安全意识也得到提升,逐渐学会了在活动中注意自我保护。这些变化标志着幼儿在身体、社交和情感等多方面的全面成长,为教育者和家长提供了支持他们发展的重要线索。

(三) 建构游戏

2岁以后,幼儿逐渐知道物体在日常生活中的用途和使用方法,因此2岁以后的幼儿逐渐发展出以摆弄和操作物体为特征的建构游戏或称为积木游戏。由于小肌肉动作的发展和手眼协调能力的发展,2～3岁的幼儿开始能够搭积木、玩拼图、插乐高等。2岁以后,幼儿在无意识地使用物体的过程中,往往偶然将物体结合起来组成了某种形状;以后这种无意识的建构逐渐转变为目的性较强的建构活动。

三、2～3岁幼儿游戏特点

根据2～3岁幼儿的发展特点以及游戏类型,可将2～3岁幼儿的游戏特点概括为如下四点。

(一) 喜欢大运动类游戏,愿意参与锻炼精细动作的游戏

2～3岁的幼儿正处于身体快速发展的阶段,他们对跑跳、攀爬、翻滚、拍球、踢球等大运动

---

① 陈春梅.学前儿童游戏[M].芜湖:安徽师范大学出版社,2018:7.
② 刘焱.儿童游戏通论[M].福州:福建人民出版社,2015:301.

活动表现出浓厚的兴趣,喜欢通过游戏来展示自己的身体能力。这些活动不仅有助于提高他们的运动技能,还能促进身体协调性和平衡感的发展。同时,2～3 岁幼儿也处于关键的精细动作技能发展阶段,他们愿意动手,对动手操作类活动表现出浓厚的兴趣。在这一时期,幼儿通过参与精细动作游戏,如串珠、涂色、剪纸、花片拼插等,有效提高了手眼协调能力和手部精细操作的灵活性。同时,这些活动要求幼儿集中注意力、解决问题,并进行创造性思考,促进认知能力的发展。

(二)象征性游戏逐步发展

随着认知能力的提升,幼儿象征性游戏水平逐步发展,如用玩具电话模仿打电话或扮演妈妈哄娃娃入睡。在认识更多生活中常见的职业之后,幼儿能够在象征性游戏中扮演更复杂的角色,开始使用日常生活中的物品进行象征性替换,如将纸板箱当作房子,进一步丰富游戏情境。同时,他们对练习性游戏依旧有兴趣,并重复进行某些练习性游戏,通过重复来巩固技能和理解。

(三)平行游戏逐步发展

在这个阶段,幼儿开始展现出与同伴进行平行游戏的迹象,即幼儿在彼此附近玩耍但没有直接互动。尽管他们可能还在进行各自的游戏活动,但已经开始观察和模仿对方,尝试与同伴进行简单的合作,如在过家家游戏中扮演不同的角色、共同搭建积木或分享玩具。平行游戏阶段的来临并不意味着独自游戏的消失,2～3 岁的幼儿仍然有大量的独自游戏时间。

(四)对建构游戏感兴趣

2～3 岁的幼儿对周围世界充满好奇,动手能力越来越强。建构游戏能够满足他们探索和学习的需求,幼儿通过拼图、积木、玩沙玩水等游戏,学习识别物体的形状、颜色和大小并探索事物的基本特性与空间位置。建构游戏往往需要幼儿进行基本的逻辑思考和空间整合,这些活动有助于其逻辑思维和空间思维的初步形成。

这些游戏特点反映了 2～3 岁幼儿在身体、认知和社会性方面的发展需求,为教师和家长提供了指导幼儿游戏和学习的宝贵信息。照护者需要考虑创设适宜的游戏环境和选择恰当的游戏材料,以进一步促进 2～3 岁幼儿的全面发展。

任务思考

一、单选题

1. 2～3 岁幼儿游戏中开始出现的重要发展是(　　　)。

A. 独自游戏的频率增加　　　　　B. 出现象征性游戏萌芽

C. 只喜欢大肌肉运动游戏　　　　D. 完全掌握合作游戏技能

2. 下列关于 2～3 岁幼儿发展特征的描述,哪一项是正确的?(　　　　)

A. 2～3 岁幼儿的词汇量增长缓慢,语言能力提升不明显

B. 2～3 岁幼儿主要通过大型团体游戏来发展社交技能

C. 2～3 岁幼儿的精细动作技能发展迅速,手眼协调能力增强

D. 2～3 岁幼儿对象征性游戏的兴趣开始减弱

二、论述题

1. 请论述象征性游戏在 2～3 岁幼儿发展中的作用,并举例说明幼儿在这个阶段可能出现的象征性游戏行为。

2. 请结合 2～3 岁幼儿的游戏特点,思考:在托育机构中,教师如何通过游戏活动促进幼儿从独自游戏向平行游戏,再到合作游戏的过渡?

三、案例分析题

2 岁半的林林在娃娃家游戏中,用玩具锅铲搅拌玩具汤锅中的空气,然后假装喂给玩具娃娃吃。

请从幼儿象征性游戏发展的角度,分析林林的行为,并提出教师可以如何进一步引导林林的游戏。

任务二 2～3 岁幼儿游戏环境创设与游戏材料选择

案例导入

图 6-2-1 搭积木

在积木区,2 岁半的轩轩先是从众多积木中挑选出一块长方形的木块,尝试着将其竖立在桌面上,但积木很快倒了下来。轩轩没有气馁,而是又尝试着将这块积木横放在桌面上,接着又拿起一块正方形的积木,叠放在长方形积木的上面。这次,积木稳稳地叠在一起,轩轩的脸上露出了满意的笑容。他继续尝试,不断地将不同形状的积木叠高,每当积木倒下时,他都会重来,一边搭建一边自言自语:"这个放这里,那个放上面。"教师在旁边观察着轩轩的一举一动,适时地给予鼓励:"轩轩,你叠得真高呀!"轩轩听到后,更加认真地搭建起来。

结合以上案例,请你思考以下两个问题:积木区的环境和材料是如何激发轩轩的搭建兴趣和坚持性的? 如何进一步优化积木区的环境和材料,以更好地支持 2～3 岁幼儿的游戏活动呢?

《托育机构设置标准(试行)》(2019)在第十五条和第十六条分别提出:"托育机构应当配备符合婴幼儿月龄特点的家具、用具、玩具、图书和游戏材料等,并符合国家相关安全质量标准和环保标准。""托育机构应当设有室外活动场地,配备适宜的游戏设施,且有相应的防护设施。"2 岁以后,随着幼儿身体运动能力的发展,户外游戏逐渐增多。因此,这一阶段的游戏环境创设和游戏材料投放分别从户外和室内两方面来阐述。

一、户外游戏环境

创设适宜的户外游戏环境对 2～3 岁幼儿至关重要,它不仅提供了一个安全的空间让幼儿自由运动和探索,还能促进幼儿的身体协调性、平衡能力和大运动技能的发展。户外环境的多样性和自然元素能够激发幼儿的好奇心和探索欲,增强他们对自然环境的认知和尊重。此外,户外游戏还能帮助幼儿建立社交技能,学习分享、轮流和合作,是他们全面发展不可或缺的一部分。

（一）环境创设

1. 户外空间宽敞安全

户外环境应具备足够的空间,以确保幼儿在活动中有足够的空间进行大肢体运动。可以建立一个带有滑梯和攀爬网的游乐场,确保地面平坦以减少跌倒伤害。

2. 户外空间充分融入自然元素

自然环境能够提供丰富的感官体验,幼儿通过接触植物、土壤、水等自然元素,能够刺激其视觉、触觉、嗅觉等多种感官,促进感官协调发展。在自然环境中,幼儿可以观察植物的生长变化、昆虫的行为等,这些观察活动能够激发幼儿的好奇心和探索欲,促进其认知能力的发展。因此,户外游戏空间的设计应充分利用自然元素,如在游戏区内种植树木和花草,或创建一个小型生态园,让幼儿观察植物的生长变化。

（二）材料投放

1. 大型运动器材

在户外,幼儿喜欢滑梯、攀爬架等大型运动设施,因此,托育机构可以选购质量可靠的大型运动设施,促进幼儿的大运动技能。例如,结构简单的攀爬架、攀岩墙、滑梯;高度较低和摇摆度较低的秋千、荡船;拱形门、钻筒、隧道、绳网、大纸箱等钻爬类器材;平衡木、跷跷板、荡桥等平衡类器材。

2. 自然材料

在户外,教师可与幼儿共同收集自然材料,如树枝、石头、沙子等,稍作加工不仅可以作为运动时的辅助道具,也可以用于艺术创作或科学探究活动。例如,树枝是一种很好的自然材料,有多种利用方式。教师可以用树枝设计一条"小路",让幼儿沿着树枝从一端走到另一端,锻炼幼儿的平衡能力;利用树枝设置障碍,让幼儿跳过或爬过障碍;利用树枝作为投掷物锻炼幼儿的手眼协调能力,等等。教师还可以鼓励幼儿使用树枝搭建简单的结构,如小屋或桥梁,激发幼儿的动手操作能力和想象力,也可以将树枝用作打击乐器,让幼儿在音乐伴奏下用树枝击物应和。

3. 多样化玩具

除了固定的大型运动器械外,户外游戏区应投放各种小型玩具,以满足不同幼儿的兴趣和需求。适合该年龄段幼儿的运动类玩具主要有以下四类。

① 骑乘类玩具适合 2~3 岁幼儿的骑乘类玩具包括儿童三轮车、跳跳马、电动童车等(图 6-2-2)。此类玩具以造型美观、色彩鲜艳、操作简单而深受幼儿的喜爱。幼儿依靠自己的努力借助不同的骑乘工具从一个地方移动到另一个地方,体验前进、后退、转弯等技巧,不但通过控制自己的身体来控制骑乘类玩具,还体验到运动速度的变化。

儿童三轮车　　　　　充气跳跳马　　　　　电动童车

图 6-2-2　骑乘类玩具

由于骑乘类玩具在某种意义上相当于幼儿自己的交通工具,所以在移动过程中幼儿的规则意识与安全意识得到有效的锻炼。

② 球类玩具适合2~3岁幼儿的球类玩具包括稍有弹性、能够变形的各种材质的球类等(图6-2-3)。幼儿喜欢玩球,无论是滚球、拍球、传球、踢球、抛接球,都是幼儿后天形成和发展的运动能力,但这种能力受幼儿自身发育的制约。幼儿在玩球时,其上肢肌肉的力量和手的触压觉、控制力、手眼与身体的协调统一运动能力都能够得到锻炼和发展。幼儿还可以在反复的游戏活动中发现并创造出更多的玩法,这对发展幼儿的想象力、创造力以及合作意识都有着积极的促进作用。

趣味足球　　　　　　　按摩球　　　　　　　木制保龄球

图6-2-3　球类玩具

③ 投掷击打类玩具适合2~3岁幼儿的投掷击打类玩具包括沙包、飞盘、儿童篮球筐、儿童沙袋、磁性飞镖、流星球等(图6-2-4)。为达到投掷的速度与准确性,幼儿需要不断协调身体各部分动作,这就促进了幼儿身体协调性的发展。幼儿通过对此类玩具的投掷与抛接,可以强健上肢,锻炼肩、颈、腿部肌肉的力量。多样的投掷活动增强了幼儿对方位、距离的观察力以及准确性的判断力,在游戏中幼儿的竞争意识、合作意识、自信心、果断性、沉着性等心理素质也得到了发展。

沙包　　　　　　　　　飞盘　　　　　　　　儿童篮球筐

  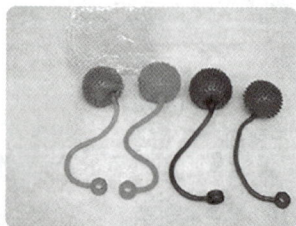

儿童沙袋+手套　　　　磁性飞镖　　　　　　流星球

图6-2-4　投掷击打类玩具

值得一提的是,儿童沙袋作为击打类玩具,不仅能够锻炼幼儿的上肢爆发力,还可以很好地宣泄幼儿的剩余精力和不良情绪,使一些情绪易激动或有攻击性行为倾向的幼儿得到缓解和矫治。

(4) 弹跳类玩具适合 2～3 岁幼儿的弹跳类玩具包括蹦床、羊角球(图 6-2-5)、脚踏滚轮、小跳箱、小跨栏、各类悬挂物、跳绳、塑胶圈等。2 岁的幼儿已经能够依靠双腿的力量跳起,而 3 岁左右是幼儿跳跃能力发展的初期。在游戏中借助弹跳类玩具,可以更好地引发幼儿对跳跃运动的兴趣,使其在反复的探索中强化其腿部肌肉的力量与爆发力,锻炼弹跳力、灵敏性与协调性。弹跳游戏还可以培养幼儿勇敢、不怕困难的意志品质。[①]

蹦床　　　　　　　　　　　　羊角球

图 6-2-5　弹跳类玩具

二、室内游戏环境

(一) 生活区

2～3 岁是幼儿独立性萌芽和生活技能初步形成的阶段。在这个阶段,幼儿开始展现出想要自己做事的愿望,同时他们的模仿能力日益增强,重复行为也日益增多。由于与父母分离,幼儿对情感依附的需求也更加强烈。因此,一个既实用又充满家庭氛围的环境对于幼儿来说至关重要。在这样的环境中,幼儿可以进行各种生活技能的练习,如切水果、做饭、制作果汁等,这些活动不仅能够锻炼幼儿的动手能力,还能让他们在模仿和重复中学习到生活的基本技能。

1. 生活区环境创设

(1) 空间设置应便于操作和清洗　生活区应与幼儿的日常生活紧密相关,比如喝水、吃点心等,因此,将生活区设置在靠近洗手台和存放水杯的地方,方便幼儿自行取用日常用品。考虑到幼儿的动作协调性还在发展中,教师可以用家具和收纳架围成一个半开放且宽敞的空间,确保幼儿的活动不受限制。操作台的高度和大小要适合幼儿舒适使用,同时要能容纳至少3～4 位幼儿同时操作,满足他们相互模仿的需求。不同的材料要分类存放,保证食品和工具的卫生。

(2) 空间氛围应温馨整洁　在色彩选择上,应选用清新、素雅的色调,既能营造出温馨的氛围,也有助于幼儿集中注意力。可以在橱柜和桌子上铺设柔软的桌布和软玻璃,既美观又便于保持卫生。小餐桌上可以放置卡通形象的纸巾盒和垃圾桶,桶内使用保鲜袋,方便幼儿及时清理垃圾。

---

① 王颖蕙.0～3 岁儿童玩具与游戏[M].上海:复旦大学出版社,2014:78.

2. 生活区材料投放

（1）提供易于操作的工具　考虑到2～3岁幼儿的直觉行动性思维特点，应提供简单易用的工具，避免复杂的操作程序，确保幼儿能够顺利完成活动。

（2）提供直接使用或简单加工的食材　可以提供已经加工好的食材，或者只需简单加工即可食用的食材，避免提供需要多道工序或清洁后才能食用的食材，以减少幼儿在操作过程中可能遇到的风险。

（3）提供安全卫生的工具　生活区的工具要考虑到幼儿小肌肉发展的特点，使用塑料或不锈钢等不易损坏的材料，刀具和叉子应选择平头或圆头、切口钝的设计，便于清洁和消毒，确保幼儿在活动中的安全和卫生。

（4）实物和玩具搭配提供　在生活区中，可以同时提供食材和玩具，以满足幼儿的操作需求，提高他们的操作技能。例如，在"切水果"的活动中，除了提供真实的水果，还可以使用木质的仿真水果，既环保又安全，通过子母扣连接切面，刀口设计钝化，确保幼儿在重复操作中了解各种水果蔬菜的特性。

（二）娃娃家

娃娃家是2～3岁幼儿最喜欢的区域之一。在这个模拟的家庭环境中，幼儿通过角色扮演学习社会角色和行为，表达和理解情感，提高解决问题的能力，并激发创造力和想象力。同时，娃娃家区域也是幼儿学习语言交流、文化规范和日常生活技能的重要场所，对他们的全面发展和将来的社会适应能力有着深远的影响。

1. 娃娃家环境创设

（1）家庭式布局　建议娃娃家以"家"为主题，为2～3岁幼儿提供熟悉且富有吸引力的游戏空间。可以根据空间面积将活动区划分为卧室、厨房、客厅等，每个区域都配备适宜儿童尺寸的家具和装饰品。例如，小厨房里有小灶台、小冰箱和烹饪用具，小客厅则摆放小沙发、茶几和书架，而模拟的卧室则有小床和衣柜。

（2）注意空间的隐私和独立性　通过使用隔断或屏风，可以为娃娃家区域创造一个半封闭的空间，减少外界的干扰，让幼儿在游戏时更加集中注意力。这样的布局有助于幼儿沉浸在角色扮演中，自由地表达自己的想法和感受，同时也保护了他们的个人空间，让他们感到安全和被尊重。独立的空间还便于教育者观察和指导幼儿的游戏，确保活动的安全和教育目标的实现。

2. 娃娃家材料投放

（1）角色扮演类材料　可给幼儿提供象征不同角色身份的衣服、帽子、发饰或胸牌等材料。如无纽扣或拉链的围裙、大人的领带、爷爷奶奶的老花镜、花白的假发、与医院场景相关的玩具材料等（图6-2-6），激发幼儿对角色的认知与模仿。

（2）生活用品类材料　如锅碗瓢盆、餐具、奶瓶、杯子、勺子、叉子等，这些材料能够让幼儿在游戏中模拟真实的家庭生活场景（图6-2-7），体验做饭、吃饭、洗碗等家务活动。此外，还可以提供一些清洁工具，如扫帚、簸箕、抹布、小衣架和小衣服等，满足幼儿模仿大人做家务的需求。还可以提供电话、钱包、购物卡等，促进幼儿在角色中的互动。

（3）提供家具场景类材料　提供适合幼儿尺寸的家具，如小床、沙发、桌椅、橱柜、衣柜等。也可以提供一些装饰品，如地毯、窗帘、墙贴等，增加家庭的温馨氛围（图6-2-8）。

（4）语言与认知类材料　也可以在娃娃家提供语言与认知类材料，如各种认知卡片（医院、动物、植物、交通工具等）、绘本，挂图等，帮助幼儿在游戏中积累更多的相关经验，认识更多的事物，扩大他们的认知范围，提高语言能力。

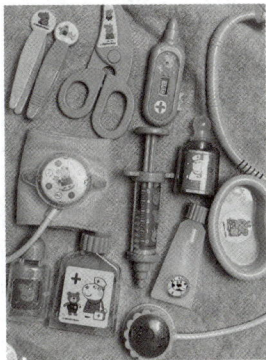

图 6-2-6 医院相关
场景材料

图 6-2-7 生活用品类材料

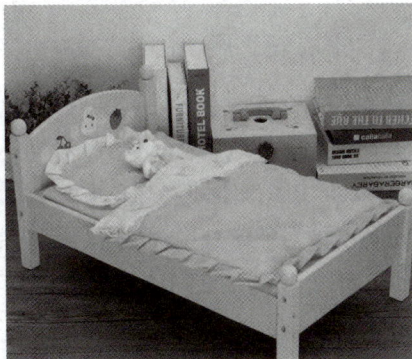

图 6-2-8 家居场景类材料

（5）材料在种类和数量上要有"备份" 幼儿对材料的兴趣始于同伴与师幼间的模仿，因此，材料投放在种类和数量上要有"备份"，如小推车、听诊器等应尽量能够和游戏人数相符，供幼儿自主选择。

（三）建构游戏区

在这个区域，幼儿通过使用各种建构材料，如积木、拼插玩具等，来模拟和创造现实世界的结构和物体，从而获得空间认知、逻辑思维和问题解决能力的发展。通过在建构活动中体验成功和挑战，幼儿能够增强自信心和独立性，为未来的学习和成长打下坚实的基础。因此，创设一个安全、适宜且富有启发性的建构游戏区环境，对于满足幼儿的发展需求具有重要意义。

1. 建构游戏区环境创设

（1）空间设置首先考虑安全性 对于 2~3 岁的幼儿来讲，建构游戏区空间应设计得既紧凑又安全，确保幼儿在游戏过程中容易获得成人的监督和帮助。建构游戏区应有适当的尺寸，既允许幼儿自由移动，又不会产生过大的空间感，使幼儿感到不安全或分散注意力。可使用柔软的围栏或低矮的隔断为建构游戏区划定边界，帮助幼儿识别游戏区域，同时减少其他区域的干扰。地面应铺设防滑地垫，降低幼儿跌倒时的伤害风险。

（2）可设置两个建构游戏区 为避免相互干扰，可设置两个建构游戏区，一个靠近生活区，满足幼儿玩象征性游戏的需要；另一个则靠近益智区，满足幼儿专心搭建的需要，安静的建构游戏区宜远离通道或盥洗室等公共区域，以减少对幼儿搭建活动的干扰。

2. 建构游戏区材料投放

（1）材料取放便捷 建构材料应放置在幼儿容易触及的地方，方便他们自主选择和使用。建构材料应分类明确、易于幼儿识别和取用，以培养他们的组织能力和责任感。材料存储应采用透明或半透明的容器，使幼儿能够直观地看到内部物品，鼓励他们自主选择和整理。

（2）提供足够数量的材料 2~3 岁的幼儿以独自游戏和平行游戏为主，应确保材料的数量充足，每名幼儿都能有足够的材料进行建构活动，避免争抢玩具的情况发生。

（3）以大尺寸材料为主，辅以促进小肌肉发展的材料 2~3 岁幼儿使用的建构材料以大尺寸积木为主，如大颗粒木质积木、软质泡沫积木等。同时可以投放少量使用手指精细操作的材料，如插孔积木、堆叠环、拼插玩具等，以满足不同幼儿的发展需求和个别差异。

（4）提供辅助材料 为了增加建构游戏的趣味性和多样性，可以提供一些辅助材料，如玩具人物、小动物模型、交通工具等，这些辅助材料可以激发幼儿的想象力，让他们在建构过程中创造更多故事情节。同时,可以提供一些装饰用品,让幼儿在搭建完成后对作品进行个性化装饰。

(四) 美工区

美工区是幼儿发挥创造力和想象力的乐园,教师要以幼儿的兴趣为出发点,鼓励他们自由地进行美术创作。在这里,幼儿可以在玩耍中思考、探索和尝试,体验色彩的魅力和创作的喜悦,逐步积累美术知识和技能。美工区的布置应以情感的熏陶和兴趣的激发为核心,创造一个充满审美情趣的环境,满足幼儿对美好事物的追求,并自然地融入他们的艺术创作之中。

2～3岁的幼儿对鲜艳的颜色和直观形象特别感兴趣,他们的运动协调性还在发展中,因此,美工区的空间布局需要宽敞,位置划分合理,便于幼儿自由活动。

1. 美工区环境创设

(1) 设置宽敞固定的空间　利用墙面和活动柜组合,划分出一个半开放半封闭的区域。选择适合幼儿身高的桌椅,形成宽大的操作台面。操作台面可以固定在区域中央或靠墙、靠窗,创设多个操作区域。教师可以根据活动需要,将材料直观地摆放在桌面、墙边或地面,吸引幼儿自由取用和自主游戏。

(2) 创设互动性强的操作墙　利用幼儿视线所及的墙面,将其设计成可操作、可展示的互动墙面。采用鲜亮的颜色和可爱的卡通形象,营造富有趣味性的情境,让幼儿在墙面上直接进行创作和互动。随着幼儿的参与,墙面上的作品逐渐丰富,形成一幅幅生动的壁画,提升幼儿的审美感受能力。

(3) 艺术化呈现幼儿作品　2～3岁孩子的创作通常简单而直接,需要教师巧妙地组合和展示,以展现整体的美感。例如,可以将幼儿作品用线绳串联起来,悬挂成装饰,或用自然材料如树枝、花朵装饰作品,并随着季节的变化,定期进行更换,为教室增添活力和艺术氛围。

2. 美工区材料投放

(1) 提供游戏化、情境化的游戏材料　"趣"是游戏活动的首要,教师应先创设游戏的情境,再提供相应的材料供幼儿进行操作。通过游戏化的操作场景和直观外显的操作材料,并以有趣的活动名称吸引幼儿主动与材料互动。

(2) 提供易于操作的材料　2～3岁的幼儿通过动作来感知世界,因此,选择的活动材料应简单直观,通过简单的操作就能完成,并能立即看到成果。如提供易于撕贴的贴纸,方便拓印的海绵印章等,满足幼儿重复操作的需求。

(3) 提供一把抓、满手握的工具　针对此阶段幼儿小手肌肉的动作发展特点,多提供适宜幼儿抓握的工具,方便幼儿操作。如在颜料画活动中,可选择手柄相对短粗的排刷或海绵塑料滚刷,也可选择粗大、不易折断且容易上色的油画棒。在拓印画活动中,印章可选择稍长稍粗一些的柱状积木、塑料玩具等废旧日常用品代替,也可将萝卜、芹菜、白菜等蔬菜头切成一段一段,切成适合幼儿满手抓握的长度,方便幼儿操作。

(五) 音乐区

创设赏心悦目的音乐环境能引起幼儿参与的欲望,让幼儿在亲身参与和感受中聆听音乐、感受音乐、理解音乐。因此,在音乐区创设"美"的环境,是教师首先面临的问题。

1. 音乐区环境创设

(1) 环境氛围温馨而有趣　针对2～3岁幼儿的年龄特点,在创设环境时,可以考虑从审美性、形象性、趣味性、互动性等方面,为幼儿营造温馨的氛围。如悬挂一些珠帘、帷幔、花串、藤叶、丝带等物品作为区域分隔的屏障。还可以选择亮丽的色彩或提供逼真的卡通形象装饰墙面,如跳跃的彩色音符、造型夸张的动物形象等,以满足幼儿想象及情感互动的需要。卡通形象的高度与 2～3 岁幼儿的身高相当,易于他们基于自身的视角与墙面中的形象进行互动、对话,增进幼儿与环境的亲近感。

(2) 空间大小适宜且相对独立　划分区域空间时,首先应考虑该区域可容纳的人数,以幼儿做前后左右手臂动作不干扰到周围同伴为标准,确定活动空间的大小。另外,鉴于音乐区的特性,音乐区应尽量离阅读区、益智区等相对安静的区域远一些,让幼儿在相对封闭而独立的空间里活动,降低对其他区域的干扰。

2. 音乐区材料投放

(1) 选择简单且多重复的音乐　为 2～3 岁幼儿选择音乐作品时,应注意选用一些结构简单且多重复的音乐。结构简单主要是指句子中所含的词汇较少,语法结构较单纯。重复是指句子长度、结构、节奏等方面相同或相近处较多。这种简单重复的歌曲结构不仅记忆负担小,而且可以为幼儿提供更多自由编唱的机会。同时,最好选择配有简短歌词的音乐作品,如《一闪一闪亮晶晶》《拍拍小手》《拉个圈圈走走》,让幼儿跟随教师在说说唱唱中提高兴趣。

(2) 投放生动轻便的道具　针对 2～3 岁幼儿好奇心强、爱摆弄材料的特点,可以选择形象生动的表演道具,引发幼儿的表演兴趣,如动物头饰、小尾巴、小翅膀等;还可选择一些轻便的表演材料,方便幼儿拿取和收纳,如闪亮的彩带、轻巧的手绢或纱巾等。这些表演材料可以悬挂在墙面上,供幼儿自由拿取,也可分类摆放在置物架或小筐中供幼儿选择。

(3) 提供易于抓握、便于操作的演奏材料　首先,可选择串铃棒、沙蛋、沙锤、手摇铃等乐器。这类乐器共同的特点是,均可通过大臂的挥动、摇动等动作促使其发声,易于抓握、便于操作,幼儿使用起来比较方便。另外,可利用幼儿身边的自然物当乐器。如教师可以在空的塑料瓶里放入豆子、米粒等材料,制作成会发声的小响瓶,让幼儿摇一摇,听一听小响瓶发出的声音;还可以收集一些奶粉罐或废旧空纸箱,让幼儿用小棒或直接用手,在奶粉罐或纸箱等物体上进行敲敲打打,以感受不同材料的声效。

(六) 益智区

2 岁的幼儿处在逻辑思维萌发及初步发展的时期。通过参与各种富有趣味性的益智游戏,幼儿能够在操作中获得关于数量、空间、几何和时间等基本的数学概念,从而在直观思维的基础上,丰富其认知图式,并通过归类、排序和概括等活动,逐步培养和发展他们的逻辑思维能力。这种能力的提升不仅有助于幼儿在数学领域的深入学习,也为其他领域的发展打下了坚实的基础。

1. 益智区环境创设

(1) 区域空间要宽敞、安全　益智区的空间要宽敞,桌椅、玩具柜的摆放尽量呈开放式,不遮挡幼儿的行进,便于幼儿自由走动。2～3 岁幼儿主动选择、拿取材料进行活动的意识还比较薄弱,因此,材料的摆放要能直观地呈现在幼儿眼前。教师可以将部分材料一直放在固定的桌子或柜面上,也可充分利用墙面或场地拐角的位置摆放材料,以方便幼儿随时操作。

(2) 利用桌面、柜子、墙面作为游戏平台　益智区内桌椅、游戏材料的摆放本身也是环境的有机组成部分。教师可以充分利用墙面,让幼儿面朝墙面操作游戏材料,还可以将材料摆放在桌面和柜面上,这样能吸引幼儿参与游戏,同时有序整齐的材料摆放也是环境教育的一部分。

2. 益智区材料投放

(1) 提供易于操作的材料　考虑到 2～3 岁幼儿的动手操作是其认知事物的主要方

式,教师提供的材料应简单易操作,允许幼儿在反复操作中自然地感知数学概念。例如,套塔、套杯等材料,操作简便,没有固定规则,幼儿可以在自由探索中学习大小、数量、形状和颜色等概念。

(2)提供源于生活的材料 利用幼儿日常生活中常见的物品和废旧材料,如纸盒、瓶子、碗碟、纸杯、豆子等,作为益智游戏的道具,可以帮助幼儿在实际操作中积累颜色、形状的对应和分类等数学经验。

(3)围绕同一核心概念提供设计不同的材料 例如,同样是一一对应的游戏,教师可以设计"插生日蜡烛""帮小刺猬穿衣服(插刺)""插鱼鳞""插树叶"等活动,使用吸管、花片、蜡烛等不同的材料,让幼儿选择自己喜欢的材料进行操作。不论幼儿选择哪种材料,都能达到积累一一对应的经验的目的。

(4)提供不同种类的益智类玩具 适合2~3岁幼儿的益智类玩具包括各种可以由他们任意摆弄、拆装、组合,创造出不同形象的玩具材料(图6-2-9)。幼儿在摆弄的过程中锻炼双手协调能力、手眼协调能力,还可以非常直观地感受物体,发展感知觉,丰富想象力与创造力。[①]

串珠

扭蛋配对

形状分类板

形状分类盒

打地鼠

简单建构模型

彩泥

碎纸粘贴

万花筒

图6-2-9 益智类玩具

---

① 吴邵萍.幼儿园开放性区域活动指导(2—3岁)[M].北京:教育科学出版社,2015:12.

任务思考

1. 请论述为什么 2～3 岁幼儿的游戏环境需要强调互动性和开放性,并举例说明如何通过环境创设来支持幼儿的探索和互动。

2. 针对 2～3 岁幼儿,列举三种适合在美工区投放的材料,并说明选择这些材料的原因。

3. 请设计一个 2～3 岁幼儿的户外游戏环境,包括空间布局、材料投放和安全措施,并简要说明设计依据。

任务三　2～3 岁幼儿游戏活动设计与组织

案例导入

托班的活动室里,教师正组织幼儿围坐在一起玩传球游戏(图 6-3-1),2 岁 8 个月的阳阳刚拿到球就自顾自地跑开了,对教师"把球传给旁边小朋友"的指令充耳不闻。到了绘画环节,教师给每个幼儿发了彩笔和纸,鼓励大家自由创作。阳阳却把彩笔扔得到处都是,还伸手去抢旁边幼儿的纸,现场一片混乱。

如果你是该班的教师,遇到这种情况你会怎么做呢?如何设计游戏活动来吸引幼儿的参与呢?

图 6-3-1 玩传球游戏

在 2～3 岁阶段,幼儿的身体运动能力、想象力和认知能力迅速发展,他们享受在游戏中通过自己的身体动作和认知思考完成游戏任务的快乐。同时,幼儿即将进入幼儿园小班,需要设计一些帮助他们更快适应集体生活和探索周围生活和大自然的游戏。根据 2～3 岁幼儿的游戏特点,教师应精心设计并组织一系列寓教于乐的游戏活动以满足幼儿的发展需求。

一、2～3 岁幼儿游戏活动目标

根据 2～3 岁幼儿游戏类型及游戏特点,可将幼儿游戏活动分为大运动游戏、角色游戏、建构游戏、艺术游戏、认知探索游戏等。表 6-3-1 结合情感、技能、认知三维目标列出 2～3 岁幼儿不同类型游戏的目标。

表 6-3-1　2～3 岁幼儿游戏活动目标

游戏类别	游 戏 目 标
大运动游戏	(1) 体验钻、爬、跑、跳的快乐和满足感,通过游戏任务的完成,感受自己的能力,增强自信心和自我价值感。 (2) 通过穿越障碍、投掷等大运动游戏,理解空间关系和自己的身体在空间中的位置,培养注意力和观察力,初步学习跟随动作指令。 (3) 锻炼大肌肉群力量和耐力,锻炼身体协调性、灵活性、平衡性和身体控制能力,提高手眼协调能力。

续表

游戏类别	游 戏 目 标
角色游戏	(1) 在角色扮演中自由表达情感,体验不同角色的情感世界。在与照护者的互动中初步感受社会交往的乐趣。 (2) 通过角色扮演体验不同的自我表达方式,认识和区分不同的角色和情境,提升理解能力。在游戏过程中初步使用语言进行表达,扩展词汇量和提高语言表达能力。 (3) 扮演自己喜欢的角色,在照护者的帮助下进行假装扮演并选择替代物,在游戏中学习基本的社交技能,如问候、表示感谢、表达需求等。
建构游戏	(1) 喜欢拼搭,能够在照护者的帮助下初步有顺序地整理各种材料,懂得爱护自己及他人的建构作品。 (2) 通过操作和搭建积木,认识不同的建构材料,感知材料的形状特征,熟悉几种主要建构材料的操作方法。 (3) 在观察、模仿的基础上,学习如何将两块或更多积木连接在一起,学习铺平、延长、搭高等简单的搭建方法。尝试给自己的作品命名。
艺术游戏	(1) 喜欢唱唱跳跳、涂涂画画,享受艺术创作的乐趣。 (2) 能跟随照护者打出快和慢的节奏,会唱较短的整首歌曲,喜欢用各种材料或工具进行美术活动,并为自己的作品命名。 (3) 认识基本颜色的形状,对不同材料的触感有所感知,能够选择自己喜欢的材料进行创作。
认知探索游戏	(1) 乐于参与认知探索游戏并享受探索过程,在照护者的帮助下完成游戏任务后,享受成就感,增强自信心。 (2) 通过识别常见事物、形状、颜色和图案,初步了解基本的物体概念,提高观察力和物体识别能力。 (3) 通过拼图、串珠建构等活动,发展手眼协调和精细动作技能;锻炼专注力和持续注意力;通过游戏过程中的交流和指导,扩展词汇量和提高语言表达能力。

二、2～3 岁幼儿游戏活动组织与指导

(一) 2～3 岁幼儿集体游戏活动一般流程

2～3 岁幼儿的游戏以幼儿在不同活动区域的自主游戏为主,以教师引导下的集体游戏为辅。2～3 岁幼儿的集体游戏活动通常设计得既简单又具有趣味性,以吸引幼儿参与并促进他们的全面发展。在设计集体游戏活动时可参考以下一般流程,具体游戏活动的设计与组织应遵循幼儿的兴趣与经验。

1. 游戏导入

通过故事、歌曲、图片或实物展示,引入活动主题,激发幼儿的兴趣和好奇心。这一步骤对于艺术游戏,可以通过展示色彩丰富的图片或艺术品来吸引幼儿的注意力;对于大运动游戏,可以通过模仿动物的动作或播放节奏感强的音乐来热身;对于益智游戏,可以通过提出一个有趣的问题或展示一个吸引人的谜题来引入;对于结构游戏,则可以通过展示建构材料或模型来激发幼儿的建构兴趣。

2. 游戏开始

在游戏开始阶段,主要是幼儿在教师的引导下开始自主游戏。教师可以参与游戏,与幼儿一起互动,也可以在旁边观察,根据需要提供适时的引导和支持。这个过程中,教师的角色是辅助性的,目的是帮助幼儿解决游戏中遇到的问题,确保游戏顺利进行,同时促进幼儿的社交技能和想象力的发展。

3. 游戏结束

游戏结束后,教师可以组织一个集体讨论环节,让幼儿分享他们在游戏中的经历和感受。通过提问,如"你今天扮演了什么角色? 你做了什么?"帮助幼儿整理和反思游戏中的经验。教师在这一阶段给予积极的反馈和鼓励,强调幼儿在游戏中展现的创造性和社交互动。总结过程不仅帮助幼儿总结经验,还引导幼儿进行表达输出,鼓励他们在未来的游戏中继续探索和学习。

(二) 2～3 岁幼儿游戏组织与指导策略

在组织 2～3 岁幼儿游戏活动时,教师的角色是游戏的观察者、支持者、参与者、合作者和分享者,教师可以根据不同的游戏种类和游戏中出现的不同情况进行游戏组织与指导。

1. 大运动游戏组织策略

(1)适宜分组 教师在集体活动中应根据幼儿的体能水平和运动技能发展进行分组,提供有层次的游戏材料,确保每个幼儿都能在适合自己能力的活动中得到锻炼。同时,观察幼儿对不同运动游戏的兴趣,将他们分到可能更感兴趣的活动中,提高游戏参与度和增强动机。

(2)引导示范 在大运动活动中,教师示范正确的运动技巧和游戏玩法非常关键,这能够帮助幼儿理解如何安全有效地参与活动。在教师示范之后,鼓励幼儿模仿并尝试这些动作,同时提供及时的反馈和鼓励,增强幼儿的自信心。在示范时,应特别强调安全注意事项,如正确的落地方式、避免碰撞等,确保幼儿在活动中的安全。

(3)规则简化 教师应确保游戏规则简洁明了,易于幼儿理解和遵守。在游戏开始时,逐步引导幼儿了解规则,必要时通过重复和强调来加深理解。在游戏过程中,根据幼儿的理解和反应灵活调整规则,确保游戏的流畅进行和幼儿的积极参与。

2. 角色游戏组织策略

(1)源于生活 组织 2～3 岁幼儿的角色游戏时,教师应从幼儿的日常生活经验出发,模拟家庭、托育机构、动物园、医院等真实场景,让幼儿在游戏中重现和扩展他们的现实经验,锻炼生活技能。使用幼儿熟悉的日常物品作为游戏道具,如玩具电话、厨房用具、医生工具箱等,增加游戏的亲切感和参与度。

(2)尊重意愿 在角色游戏中,幼儿通过模仿成人的行为,不仅能够扩展想象力和创造力,还能学习社会互动技能和情感表达。因此,教师应该尊重幼儿自主扮演角色的意愿,提供一个丰富的角色扮演环境,让幼儿可以自由选择他们想要扮演的角色,无论是爸爸、妈妈、医生、护士、病人,还是其他任何角色。鼓励幼儿根据自己的兴趣和想法进行选择,而不是强加特定的角色给他们。这种自主选择的过程有助于幼儿发展自我认同感,同时也是培养决策能力和独立性的重要一步。

(3)榜样示范 在组织 2～3 岁幼儿的角色游戏时,教师可以通过扮演角色和展示相应的行为,为其他幼儿提供学习和模仿的榜样。例如,在家庭角色扮演游戏中,教师可以适当参与游戏,扮演"妈妈"或"爸爸",展示如何照顾"宝宝",使用语言和动作来表达关爱和指导。其他幼儿观察这些行为后,更有可能模仿并参与到游戏中,学习如何扮演他们选择的角色。通过示范,不仅展示了角色的行为,还传递了社交互动和情绪情感表达的方式,这对于幼儿的社会技能和情绪情感发展至关重要。此外,应鼓励幼儿观察和模仿同伴的行为,这种同伴学习也是幼儿社会化过程中的重要组成部分。通过这种方式,幼儿能够在一个安全和支持的环境中探索不同的角色,发展他们的想象力、创造力和社交技能。

(4)情感支持 情感支持策略的核心是创造一个充满爱与接纳的游戏环境。教师应通过积极的反馈和鼓励,认可幼儿在游戏中的每一次尝试和成功,无论结果如何。同时,教师需要敏感地回应幼儿在游戏中表达的各种情绪,帮助他们理解和表达自己的感受,从而增强他们的自信心和社交技能。这种情感上的支持不仅能让幼儿在游戏中感到快乐和满足,还能促进他们情感的健康发展。

3. 建构游戏组织策略

(1)引导观察　在积木游戏的过程中,教师可以通过引导幼儿观察积木材料的特点,如颜色、形状和大小,来培养他们的观察力。在搭建过程中,鼓励幼儿观察自己和同伴的作品,通过提问,如:"你最喜欢哪部分?"或"你是怎么搭建这个塔的?"来引导幼儿思考如何改进自己的建构技巧,提升他们思考和解决问题的能力。

(2)适时指导　教师在顺应幼儿游戏意愿的前提下应适时介入,支持并推进游戏的开展。尤其要注意介入的时机:当游戏开始处于低潮、幼儿情绪不佳或者获得成功时;当幼儿遇到技能障碍时;当幼儿游离于游戏情境之外时;当幼儿出现负面行为时;当环境中产生不安全因素时。教师都应自然介入,适度点拨,保证建构游戏的顺利开展。

(3)尊重意愿　教师在游戏过程中,要尊重幼儿的游戏意愿,所提供的主题仅供参考。如果幼儿想要自由搭建,教师要给予鼓励和支持,引导幼儿在搭建后说一说自己搭建的是什么,并给自己的搭建物命名。

4. 艺术游戏组织策略

(1)强调过程　在艺术游戏中,教师要重视幼儿的创作过程和探索体验,而不是最终作品的完成度。鼓励幼儿自由尝试和实验不同的艺术材料和技巧,如涂鸦、手指画、黏土塑形等,让他们在过程中发现乐趣,培养创造力和探索精神。

(2)个性化指导　教师要根据每个幼儿的兴趣和能力进行个性化引导。提供多样化的艺术材料和创作主题,让幼儿可以根据自己的喜好选择。尊重幼儿的选择,即使他们的选择与教师的预期不同,也要给予支持和鼓励。

(3)互动式欣赏　在艺术活动结束后,教师可组织一个互动式的欣赏环节,让幼儿展示自己的作品,并鼓励他们分享创作的想法和感受。例如,可以和幼儿围成一圈,教师引导每个幼儿来展示自己的画。通过这种互动,幼儿不仅能增强自信心,还能提升语言表达能力和社交技能的发展。

5. 认知探索游戏组织策略

(1)情境激趣　教师可以通过故事、角色扮演等方式,将认知探索游戏置于具体情境之中,为幼儿提供综合性的学习体验,增强学习的情境性和实践性。例如,在"送积木宝宝回家"这一认知探索游戏中,教师创设了"积木宝宝迷路了"这一情境,让幼儿识别并匹配不同颜色和形状的积木或卡片,来促进他们的视觉辨识能力和手眼协调。在游戏中,幼儿学说颜色和形状的名称,并接触基本的数学概念。

(2)循序渐进　教师要根据幼儿的个人能力进行任务设计,确保游戏难度与幼儿的发展水平相匹配,既不过于简单也不过于困难。认知探索游戏应该从简单的任务开始,让幼儿在成功体验的基础上逐步接受更复杂的挑战,从而培养解决问题的能力。通过不断增加游戏的复杂性,鼓励幼儿持续发展新技能,保持学习的乐趣和动力。

(3)放手探索　教师在认知探索游戏中鼓励幼儿独立思考和尝试解决问题,即使在遇到困难时也给予他们足够的时间来自己寻找解决问题的方法,不要急于干预或提供答案,要做到"引导而非告知"。

(4) 正向反馈 正向反馈能够增强幼儿的自信心和自我效能感,鼓励他们在未来的学习中更加积极和自信。通过提供正向反馈,帮助幼儿理解哪些行为是正确的,哪些策略是有效的,从而加深他们对学习内容的理解和记忆。在幼儿完成游戏或表现出积极尝试时,及时给予积极的反馈和鼓励,强化他们的成功体验,使幼儿始终对下一次游戏充满期待。

三、2～3 岁幼儿游戏活动案例

(一) 动作发展类游戏

吃 青 草

【适宜年龄】2～3 岁。

【游戏目标】

(1) 通过扮演动物角色,体验参与游戏的乐趣,增强自信心和成就感。

(2) 理解上下楼梯的动作和空间概念,学习识别和抓取物品。

(3) 练习两脚交替上下楼梯,增强平衡能力和身体协调性。

【游戏准备】

(1) 物质准备:准备小羊的头饰;为每位幼儿准备一个小布兜,模拟动物"吃草"的情景;选择有较低扶手的台阶,确保安全;准备皱纹纸条作为"青草",隔三个台阶放置一把"青草"。

(2) 经验准备:认识不同的动物,能够扶着把手上下楼梯。

【游戏过程】

(1) 创设情境进行热身活动。

(教师与幼儿佩戴好动物头饰进场)教师:今天我们都是森林里的小山羊,要去山上吃青草,吃青草之前我们先来锻炼一下自己的身体,这样才能吃到更多的青草哦!

引导幼儿做一些简单的热身运动,如伸展、慢跑、跳跃,准备进行游戏。

(2) 组织游戏。

教师与助教蹲在台阶的最下层或最上层等候幼儿。幼儿扮作小山羊,用手扶栏杆上下楼梯,走到有"青草"的台阶时,指导幼儿用手扶栏杆蹲下抓起"青草",把"青草"塞入小布兜中,继续上下楼梯,直到走近教师。

(3) 自由探索。

幼儿熟悉游戏规则后自由游戏,每次幼儿走近教师时,教师要给予鼓励。

(4) 游戏结束。

教师:小山羊都吃饱啦! 你们的小布兜里都收获了多少青草呢? 我们来一起数一数吧!

游戏结束后,教师要引导幼儿进行放松活动,如深呼吸和慢走,并组织幼儿与教师共同收拾整理场地。

【指导要点】

(1) 确保每位幼儿都有机会参与游戏,并在教师的监督下安全地进行游戏。

(2) 在进行游戏时,给予幼儿积极的鼓励和反馈,增强其自信心。

(3) 注意观察幼儿的动作,确保其蹲下和站起时能够保持平衡。

(4) 鼓励幼儿在游戏中模仿动物的动作。

走 小 路

【适宜年龄】2～3 岁。

【游戏目标】

(1) 享受挑战自己获得成功的快乐。

(2) 初步感知和体验不同宽度、不同长度、不同质地的小路。

(3) 能在不同宽度、不同长度、不同质地的小路上行走。

【游戏准备】

(1) 物质准备:准备不同材质的地面材料,如毛毯、塑料垫、泡沫垫等,模拟不同质地的小路;设计不同宽度的小路,可以使用地面胶带或不同宽度的平衡木;准备一些奖励贴纸或小礼物,作为幼儿成功完成挑战的奖励;确保活动区域安全,有足够的空间供幼儿行走和探索。

(2) 经验准备:参与活动的幼儿已能够较平稳地走路。

【游戏玩法】

(1) 活动导入。

教师:小朋友们,今天我们要去探险,走不同的小路。这些小路有的宽,有的窄,有的软,有的硬。我们要勇敢地走过去,看看谁能得到最多的探险徽章!

让幼儿观察不同的小路,并讨论他们的感受和预期。

(2) 引导幼儿在不同的小路上行走。

教师先示范在不同小路上行走的方法,强调保持平衡和协调的技巧。幼儿轮流尝试在不同小路上行走,教师在旁边鼓励并提供必要的帮助。

(3) 逐渐增加难度。

随着幼儿逐渐适应,教师可以增加在小路上行走的难度,如提高小路的高度、增加转弯或设置障碍物。鼓励幼儿尝试不同的小路组合,挑战自己的极限。

(4) 游戏结束。

【指导要点】

(1) 创设的路应有不同的难度,幼儿可以根据个人情况自主选择不同难度的路。

(2) 活动结束时,教师可提醒家长日常外出时,可以和幼儿寻找不同的路面,如鹅卵石路面、大理石路面、铺满落叶的路面、桥面,并鼓励幼儿去走一走。如果幼儿表现出胆怯,家长可以先牵着幼儿的一只手,给予其适度的保护。待幼儿克服胆怯心理后,再将手撤回,鼓励他独自走一走。

(二) 情绪情感与社会性发展类游戏

娃娃生病了

【适宜年龄】2.5～3 岁。

【游戏目标】

(1) 能够在游戏中关心、照顾宝宝,体验帮助别人的乐趣。

(2) 尝试用简单的动作照顾宝宝,如摸头、拥抱。

（3）初步了解医生和护士的工作，初步了解看病的过程。

【游戏准备】

（1）物质准备：玩具医疗箱，包括听诊器、体温计、绷带、注射器（非尖头）等；玩具娃娃，最好是可以模拟生病症状的娃娃，如咳嗽或发烧；医生和护士的服装，如白大褂、帽子等。

（2）经验准备：通过故事或讨论，引导幼儿了解生病是什么样的，以及医生和护士是如何帮助病人的。

【游戏玩法】

（1）游戏导入。

教师：今天娃娃家的娃娃生病了，我们一起来当医生和护士，帮助娃娃变得舒服一些吧。

（2）游戏开始。

引导幼儿自主选择医生或护士的角色，教师可以扮演病人参与幼儿的游戏，也可以在旁边观察，适时提供引导和支持。

教师（扮演病人）：医生我发烧了，你可以帮帮我吗？（观察幼儿使用体温计的情况）

（3）游戏结束。

教师：我们已经给娃娃看完病了，娃娃现在感觉好多了。娃娃说谢谢你们！

教师：我们一起来回顾一下，今天我们是怎么照顾娃娃的？我们用了哪些工具？你最喜欢哪个部分？

【指导要点】

（1）在游戏中，教师应提供情感支持，特别是对于表现出焦虑或害怕的幼儿。

（2）鼓励幼儿使用简单的语言，如"娃娃，别怕，我来帮你"，引导幼儿在扮演过程中温柔对待娃娃，模拟现实中的医疗行为。

（3）游戏结束后，引导幼儿反思游戏过程，讨论作为医生和护士应如何帮助娃娃，以及如果自己生病了希望别人怎样对待自己。通过这个游戏，幼儿不仅能够学习到关于生病和医疗的基本知识，还能在角色扮演中发展语言和社交技能，同时培养同情心和责任感。

小司机

【适宜年龄】2.5～3 岁。

【游戏目标】

（1）愿意与同伴一起游戏，情绪愉快地参与游戏。

（2）学习并遵守简单的交通规则，增强安全意识。

（3）能手持方向盘扮演小司机的角色进行角色游戏。

【游戏准备】

（1）物质准备：准备足够数量的小方向盘，确保每个幼儿都有一个；制作或购买红绿灯指示牌；交通警察的帽子和制服；歌曲音频《小司机》；模拟道路场景，用胶带或地面标记画出道路和人行横道。

（2）经验准备：幼儿乘坐过交通工具，对交通场景有初步了解。

【游戏玩法】

（1）活动导入。

教师向幼儿介绍游戏的背景："今天我们都是小司机，要开着自己的小汽车去旅行。但是，我们要先学会交通规则，才能安全上路哦！"之后，展示红绿灯指示牌，解释每个灯的含义和相应的行动。

（2）介绍玩法。

教师解释游戏规则："当绿灯亮起时，小司机可以开车前进；当红灯亮起时，小司机就必须停下来；当黄灯亮起时，要准备好，因为灯马上会变。"同时，引导幼儿了解基本的交通规则，如礼让行人、不抢道等。

（3）播放歌曲音频《小司机》，教师与幼儿共同游戏。

教师扮演交通警察，指挥交通，幼儿手握方向盘扮演小司机。随着音乐的节奏，教师变换红绿灯，引导幼儿根据信号开车或停车。

（4）教师退位，支持幼儿游戏。

请一名幼儿扮演交通警察，指挥交通，其他幼儿扮演小司机共同游戏。教师在旁边监督，确保游戏的安全和秩序。

（5）游戏总结。

游戏结束后，教师让幼儿分享他们在游戏中的感受和经历并总结幼儿在游戏中的表现，强调遵守交通规则的重要性。

【指导要点】

（1）在游戏中应帮助幼儿认识红绿灯，了解游戏规则，建立"红灯停、黄灯准备、绿灯行"的意识。

（2）引导小司机友好交往，出现问题时及时避让。

（3）在游戏总结时，强调幼儿在游戏中展现的正面行为和社交互动，如礼貌让行、友好交流。同时强调交通规则的重要性，帮助幼儿理解安全驾驶的意义，鼓励他们在日常生活中实践。

（三）认知发展类游戏

小猪的房子

【适宜年龄】2～3岁。

【游戏目标】

（1）愿意进行独立建构，体验建造房子的乐趣。

（2）认识两种大小不同的积木，了解它们的形状和颜色。

（3）学会使用简单的语言描述自己的建造过程。

【游戏准备】

（1）物质准备：准备不同颜色的小型和中型积木若干，适合幼儿小手抓握；准备小猪玩偶和简单的房子设计图，用于激发幼儿的兴趣。

（2）经验准备：听过《三只小猪》的故事；认识三角形、正方形。

【游戏玩法】

（1）创设情境。

教师：小猪的房子被台风刮倒了，它没有房子住了，你们愿意帮助小猪盖一栋房子吗？

（2）出示范例，启发观察。

教师：看，这是老师建造的一个房子，它有一个屋顶和四面墙。你们注意到了吗？屋顶是三角形的，墙是正方形的。

（3）建构指导，提出要求。

教师：现在轮到你们来建造了。我们先选择一块空地作为地基，然后我们可以搭建墙壁，最后放上屋顶。记得要轻轻地放，这样房子才不会倒哦。

（4）自由建构，教师观察并指导。

教师：你们可以选择自己喜欢的积木，开始建造小猪的房子。如果需要帮助，随时告诉老师哦。

（5）作品展示与总结。

教师：大家都完成了自己的房子，做得真棒！谁能来分享一下，你是怎么建造你的小猪房子的？我们一起来看一看，每座房子都有什么特别的地方。

【指导要点】

（1）在游戏导入时，教师可播放动画或采用木偶表演等方式，使用生动的语言和表情，吸引幼儿的注意力，让他们对活动充满期待。

（2）在自由建构阶段，鼓励幼儿尝试不同的搭建方法，尊重他们的创意和选择。

（3）在作品展示与总结时，给予每个幼儿正面的反馈和鼓励，增强他们的成就感和自信心。

音乐游戏——森林里的小厨师①

【适宜年龄】2~3 岁。

【游戏目标】

（1）能够分辨乐曲中不同动物的声音。

（2）能够随音乐节奏变化做炒菜、加调料等动作。

（3）乐于参与集体音乐游戏，体验用美食招待客人的成就感。

【游戏准备】

（1）物质准备：腕铃、音乐 *Bingo*、动物图片若干。

（2）经验准备：幼儿见过炒菜、加调料等动作。家长在家提前与幼儿一起创作有趣的炒菜、加调料等动作。

---

① 案例由泉州幼儿师范高等专科学校附属实验幼儿园早托中心提供，执教者为泉州幼儿师范高等专科学校学生雷依婷，指导教师为泉州幼儿师范高等专科学校附属东海湾实验幼儿园教师柯凯滢。

【游戏玩法】

(1) 创设森林美食节的情境,激发幼儿活动兴趣。

教师:森林里举办了一场美食节,我是森林里的厨师长,我想邀请宝贝们成为我的小小厨师一起去参加美食节。

(2) 引导幼儿欣赏音乐,感知音乐节奏。

教师:让我们一起听一听好听的音乐,看看有哪些动物宝宝会来参加。

教师播放音乐,引导幼儿感知音乐节奏并分辨动物叫声。

小结:小鸟的餐桌在树上,我们可以把盘子举高,大象的餐桌在树干边,我们可以平放到桌上,小狗的桌子有点矮,我们可以弯腰递给它。

(3) 引导幼儿熟悉音乐旋律,随节奏变换动作。

教师:你是怎么炒菜的? 调料怎么加会更好呢?

教师引导幼儿尝试做炒菜、加调料动作,鼓励幼儿自由展示。

(4) 教师鼓励幼儿随音乐游戏,使用乐器演奏乐曲。

教师:我们的腕铃好朋友也想加入有趣的美食节,让我们戴上腕铃宝宝一起动一动吧。

第一次游戏:教师协助幼儿戴好腕铃,随音乐做炒菜、加调料动作。

第二次游戏:教师创设大灰狼饿肚子入场情境,鼓励幼儿双手随音乐节奏变换动作。

第三次游戏:教师丰富大灰狼没吃饱的情境,鼓励幼儿自由分组,寻找好朋友,围圈游戏,双手随音乐节奏变换动作,教师巡回指导。

小结:好饿的大灰狼终于吃饱啦,谢谢厨师宝宝们,制作了这么美味的美食招待小动物们。

(5) 小结环节,鼓励肯定幼儿的表现。

小结:厨师宝宝们的美食做得棒极了,××宝宝的炒菜动作特别有意思,××宝宝的节拍掌握得很准确,××还主动带小朋友一起游戏呢。森林美食节还没结束呢,让我们继续邀请你喜欢的客人老师一起来做美味的点心吧!

美术游戏——彩色的雨

【适宜年龄】2~3 岁。

【游戏目标】

(1) 喜欢点点画画,享受手指点画的乐趣。

(2) 初步掌握手指点画的方法,锻炼手部精细动作。

(3) 了解雨滴的形状和特点,感受手指蘸取颜料在纸上点画的触感。

【游戏准备】

(1) 物质准备:各色水溶性颜料、白色塑料桌布或报纸、湿纸巾和水、音乐播放器。

(2) 经验准备:幼儿已初步了解下雨这一天气特征。

【游戏玩法】

(1) 活动导入。

教师:小朋友们,你们见过下雨吗? 想象一下,如果雨水是五颜六色的,那会是什么样子呢? 如果让你们用手指来下雨你们会怎么做呢?

教师播放音乐,引导幼儿用手指在空中模拟下雨的情境,激发幼儿的兴趣和好奇心。

(2) 介绍材料。

教师:今天我们就要用手当画笔,画出一场彩色的雨。这些是我们用来画彩色雨的工具,有不同颜色的颜料,还有大白纸。我们要用手指轻轻点上颜料,然后在纸上点出小雨滴。

(3) 创作彩色的雨。

教师:现在,我们开始用手指点画彩色的雨。选择你喜欢的颜色,轻轻地用手指点在纸上,就像小雨滴从天空落下来一样。

鼓励幼儿自由选择颜色,并引导他们用手指点画的方式创作彩色雨滴。

(4) 作品展示与分享。

教师:我们的展示区下起了一场彩色的雨呢! 大家可以互相看看,说说你最喜欢哪一幅彩色的雨。

【活动延伸】

(1) 自然观察:组织幼儿在户外活动时观察真实的雨,比较自然中的雨和他们创作的彩色雨滴之间的不同,增加对自然现象的认识。

(2) 音乐律动:结合音乐和律动,让幼儿模仿雨滴落下的动作。

寻找小动物①

【适宜年龄】2～3 岁。

【游戏目标】

(1) 认识小猫、小羊等常见动物及其叫声。

(2) 能够在海洋球堆里准确地用手抓取动物玩偶。

(3) 喜欢和同伴一起参与动物游戏,感受集体游戏的快乐。

【游戏准备】

(1) 物质准备:彩虹伞一个,若干动物玩偶(如小猫、小狗、小鸭、小羊、老虎等常见动物),若干海洋球,歌曲《动物怎么叫》、音乐《虫儿飞》。

(2) 经验准备:幼儿对动物形象有初步的认识,并且喜欢接触小动物。

【游戏玩法】

(1) 探秘魔法箱,激发幼儿活动兴趣。

教师:宝宝们,今天老师带来了一个神奇的魔法箱,听说里面住着好多小动物,它们都想和宝宝们当好朋友,让我们一起来看看它们是谁吧,和老师一起念——咕噜咕噜,变!哇哦,宝宝们,快来看看这是谁呀?

教师:看,这是小猫,小猫怎么叫呀? 喵喵喵。(依次从箱子里拿出小鸭、小羊等动物

① 案例由泉州幼儿师范高等专科学校附属实验幼儿园早托中心提供,执教者为泉州幼儿师范高等专科学校学生张雅珍、赵凤君,指导教师为泉州幼儿师范高等专科学校附属东海湾实验幼儿园教师王贞。

玩偶,让幼儿模仿叫声,与动物"打招呼",增进对动物的认识。)

(2) 播放音乐,鼓励幼儿学小动物叫声和模仿动作。

教师:宝贝们,今天老师要带你们坐一辆神奇的小火车,小火车会带我们去一个超级好玩的动物王国。不过呀,要坐上小火车,我们得先学会小动物们的上车口令,就是小动物们的叫声哦,宝贝们,跟着老师一起说,一起做动作吧。

《动物怎么叫》

小猫怎么叫,喵喵喵

小狗怎么叫,汪汪汪

小鸭怎么叫,嘎嘎嘎

小羊怎么叫,咩咩咩

老虎怎么叫,嗷嗷嗷

(3) 创设情境,引导幼儿进行"动物捉迷藏"游戏。

教师:宝宝们,小动物可调皮啦,要和你们玩捉迷藏,它们都藏在海洋球下面啦,宝宝们快去找找它们吧!

(4) 交流分享,送小动物回家。

教师:哇,宝宝们都找到了小动物呀。来,咱们围坐在一起,让大家看看你都找到了哪些可爱的小动物呢。

(5) 伴随音乐律动,放松身心。

教师:今天和小动物们玩得好开心呀,宝宝们累了吧。来,我们跟着音乐一起放松放松,扭一扭、动一动吧。

(6) 自然结束活动并鼓励幼儿协助收拾玩具。

教师:小宝宝们都很棒,今天我们和小动物们玩得好开心呀,接下来我们一起将小球送回家吧。

【活动延伸】

(1) 美工区:投放动物轮廓画纸、彩笔、彩泥等材料,鼓励幼儿根据活动中认识的动物进行创作,如画动物、捏动物造型等,进一步巩固对动物外形特征的认知,激发幼儿艺术创造力。

(2) 阅读区:放置一系列动物主题绘本,如《猜猜我有多爱你》《好饿的毛毛虫》等,引导幼儿自主阅读或与同伴分享阅读,从故事中加深对动物生活习性、情感表达等方面的理解,培养阅读兴趣与语言表达能力。

(3) 家园共育:请家长在日常生活中带幼儿去动物园、宠物店观察真实动物,聆听动物声音;在家中与幼儿玩模仿动物叫声与动作的亲子互动游戏,强化活动效果,增进亲子关系。

彩绳找朋友

【适宜年龄】2～3 岁。

【游戏目标】

(1) 通过串珠活动,体验成功的喜悦,增强自信心和耐心。

(2) 能够辨认红、黄、蓝三种基本颜色,并理解按颜色分类的概念。

（3）锻炼手眼协调能力，学会将不同颜色的珠子串在相应颜色的彩绳上。

【游戏准备】

（1）物质准备：每人一份包含红、黄、蓝三种颜色的大孔珠子，每种颜色各六个；相应颜色的彩绳，每种颜色各一段，分别放在小盘里。

（2）经验准备：幼儿已初步认识红、黄、蓝三种颜色。

【游戏玩法】

（1）活动导入。

教师向幼儿展示彩绳和珠子，引导他们观察并说出珠子和绳子的颜色。

教师：今天我们要帮彩绳找到相同颜色的珠子朋友。

（2）游戏开始。

引导幼儿自己尝试将珠子穿在与其颜色相同的绳子上。在穿珠子的过程中，引导幼儿说出珠子的颜色，如"这是红色的珠子，我们要把它穿在红色的绳子上。"

（3）游戏总结。

完成串珠后，让幼儿展示他们的作品，并讨论他们是如何为彩绳找到朋友的。鼓励幼儿分享他们的感受和发现，如"你最喜欢哪种颜色的珠子？"

【指导要点】

（1）在活动过程中，耐心观察幼儿的操作，适时提供帮助，避免直接帮助。

（2）当幼儿没有按预期颜色串珠子时，不要立即指出错误，给予他们自我发现和改正的空间。

（3）使用积极的语言和肢体动作给予幼儿暗示和鼓励，如点头、微笑或轻声提示。

（4）在日常生活中，创造机会让幼儿辨认颜色，如通过日常用品或家具的颜色，使颜色识别变得自然和有趣。

任务思考

一、单选题

1. 在设计 2～3 岁幼儿的集体游戏活动时，以下哪一项是不恰当的？（   ）

A. 游戏目标明确简单　　　　　　B. 游戏规则复杂多样

C. 游戏材料安全有趣　　　　　　D. 游戏过程注重体验

2. 选择美工区材料应优先考虑的因素是？（   ）

A. 经济实惠　　　　　　　　　　B. 易于清理

C. 刺激感官发展　　　　　　　　D. 包含复杂结构

二、论述题

1. 结合 2～3 岁幼儿的发展特点，思考如何通过游戏活动引导幼儿理解简单的因果关系和规则意识。

2. 在 2～3 岁幼儿的艺术游戏中，教师如何引导幼儿感受和表达对美的初步认识？

三、活动设计题

请设计一个适合 2～3 岁幼儿的大运动游戏，要求包括游戏名称、游戏目标、游戏准备、游戏玩法、指导要点，并说明该活动如何促进幼儿的身体协调性和空间感知能力。

任务四　2～3岁幼儿亲子游戏指导

案例导入

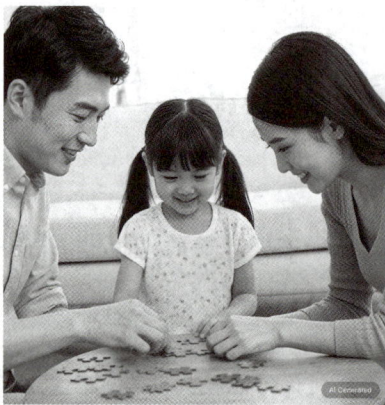

图6-4-1　亲子拼图游戏

周末,2岁4个月的朵朵和爸爸妈妈在家。爸爸提议一起玩游戏,于是拿出新买的拼图,想锻炼朵朵的观察力和动手能力(图6-4-1)。可游戏刚开始,朵朵就对拼图不太感兴趣,没拼几块就想跑去玩旁边的毛绒玩具。妈妈见状,赶紧把朵朵拉回来,并认真地说:"宝贝,要认真拼图,不能半途而废。"朵朵噘起小嘴,开始哭闹,游戏只能被迫中断。

作为教师,你会如何指导朵朵的爸爸妈妈和朵朵开展亲子游戏呢?

2～3岁是幼儿心理发展的关键转折期,其运动、认知、语言、社会性和情绪情感能力进入快速发展阶段。家庭作为幼儿的第一成长环境,亲子游戏不仅是娱乐活动,更是促进幼儿全面发展的重要教育载体。2～3岁幼儿的亲子游戏指导,本质是通过科学的教育干预,将家庭环境转化为"发展实验室"。教师应协同家长,以游戏为媒介,构建支持幼儿主动探索、积极互动的成长生态,让家庭成为幼儿心理健康与社会能力发展的起点。

一、2～3岁幼儿亲子游戏环境创设要点

为2～3岁幼儿创设良好的家庭亲子游戏环境,是支持其认知、语言、社会性及创造力发展的关键。一个理想的游戏环境应兼具安全性、探索性、趣味性与教育性,并促进积极的情感联结与规则意识养成。其创设主要围绕以下三个核心维度展开。

(一)保障安全基础,激发多元探索

家庭中的游戏区域必须消除潜在安全隐患,如尖锐桌角、易碎物品、电源插座等,地面应保持平坦或铺设柔软地垫。空间边界需清晰,避免与危险区域(如厨房、楼梯口)直接连通。建议利用矮柜、地毯、地垫等软性隔断,清晰划分不同的游戏功能区。典型的区域可包括:

角色扮演区:创设微型生活场景(如迷你厨房、小医院),满足幼儿模仿生活和扮演角色的强烈需求。

建构区:提供充足空间放置木质积木、大块塑料积塑、纸箱等材料,供幼儿进行堆叠、搭建活动。

阅读角:设置舒适的小沙发或地垫,配备适龄绘本、柔软的布偶,营造安静温馨的阅读氛围。

在确定好基本的区域后,空间布局不宜固定僵化,应提供开放、可变化的区域,允许幼儿自由移动、组合材料,满足其旺盛的探索欲望。为持续激发幼儿兴趣与想象力,建议定期新增玩具。

(二) 注重开放性、生活化与多感官体验

在幼儿游戏材料的选择过程中,特别强调低结构材料的重要性,优先考虑那些形状和功能不固定、可反复组合变化的物品,例如各类积木、纸箱、布料、管状物及大块拼插玩具等,因为这些材料能够最大程度地激发幼儿的创造潜能。同时,应充分利用家庭中常见的生活物品与自然材料,如碗碟、面盆、勺子、拖把、树叶、松果、石头、贝壳、种子、沙子、水等,并配合放大镜,支持幼儿进行观察、分类。此外,材料的选择应充分考虑提供多感官刺激,兼顾其触感(光滑、粗糙、柔软、坚硬)、视觉效果(鲜艳、对比色、多样形状)、听觉体验(摇铃、发声玩具、敲击音效)乃至安全的嗅觉感受(如干净水果或香草包),全面促进幼儿感官协调发展。材料的绝对安全性是首要底线:必须坚决避开含直径小于 3 厘米的小零件或易脱落部件的物品以防误吞;确保所有材料边角圆润无尖锐凸起、表面光滑无毛刺,以防割伤划伤;家长还需定期检查维护玩具的完整性——重点排查塑料玩具是否破裂、毛绒玩具缝线是否牢固、木制玩具有无毛刺或松动部件、电动玩具电池仓是否密封良好,及时维修或淘汰损坏物品,确保游戏环境安全无虞。

(三) 鼓励探索的游戏氛围

为 2～3 岁幼儿创设亲子游戏环境时,关键在于营造一个积极、支持和鼓励探索的氛围。家长应通过耐心倾听、积极反馈和适度引导,帮助幼儿建立自信和安全感。游戏中应允许幼儿自由表达想法,即使这些想法不成熟或有误,也要鼓励他们尝试和探索。家长的鼓励和认可能够增强幼儿的自我效能感,让他们感受到自己的行为和思考是有价值的。同时,通过游戏后的分享和讨论,幼儿能够学习如何与他人沟通和协作,这有助于提升他们的社交技能。

二、2～3 岁幼儿亲子游戏指导要点

(一) 创建共建共享的教育环境

在家庭亲子游戏中,定期召开家庭会议是促进幼儿参与感和自主性的重要途径。家长可每月固定时间与幼儿展开讨论,聚焦"希望家里增加什么游戏材料"或"哪个游戏区域需要改进"等话题,通过开放式提问(如"你最近想玩什么新游戏? 需要哪些材料?")和具体化引导(如"你觉得积木区可以怎么变得更有趣?"),鼓励幼儿表达需求与想法,并记录其建议,将合理部分纳入家庭计划(如采购新玩具或调整区域布置),让幼儿感受到自己的意见被重视,从而增强对家庭环境的归属感与责任感。

(二) 灵活调整,支持个体差异与阶段性发展

在幼儿成长过程中,游戏材料的更新须紧密贴合幼儿兴趣与能力发展。家长应定期观察幼儿的兴趣偏好与操作水平,动态调整材料投放。例如,针对 2 岁幼儿提供大颗粒积木、软质拼插玩具,支持其抓握与基础堆叠能力的发展。随着幼儿精细动作与空间思维能力的发展,3 岁时可逐步引入小颗粒拼插玩具、立体拼图或磁力片,鼓励更复杂的结构搭建与创意表达。同时,材料更新须遵循由简入繁的原则,从平面拼图过渡到立体拼插,从单一功能材料(如单色积木)扩展到多用途材料(如可组合的场景积木),以满足幼儿不断探索的需求。

为深化幼儿的学习体验,家长还可结合其近期关注点(如"恐龙""太空""交通工具")进行主题延伸。通过增设相关材料(如恐龙模型、科普绘本、星球拼图)与创设沉浸式环境(如布置"恐龙世界"角落或"太空站"场景),激发幼儿主动探索的欲望。

（三）把幼儿的反应和兴趣放在首位

在3岁前，幼儿的学习特点是"按照他们自己的大纲进行学习"，他们按照自己的兴趣和需要从周围环境中吸取自己所感兴趣的东西，他们"在学习过程中所能做的只是与他的兴趣相符合的事情"，他们按照自己的学习速度与方式前进，而不受成人的教学大纲的影响[1]。如果家长认为2～3岁的幼儿需要玩一些"有意义的游戏"（即可以获得学科知识技能的游戏）才是正确的，那么家长往往就会按照自己的"教学大纲"从游戏开始到游戏结束孜孜不倦地向幼儿灌输各种知识和技能。这种做法是非常危险的，它不仅完全把游戏变成了枯燥无味的工作，而且很可能带给幼儿"我不聪明"的自我认知，还会影响亲子关系。在和2～3岁幼儿互动中，家长必须明确一点，这种互动应把幼儿的反应和兴趣放在首位，应着重于亲子之间情感和快乐的分享，而经验、知识的分享则是快乐游戏的自然合理的"副产品"。

对于不擅长和2～3岁幼儿互动的家长或教育者来说，最好的办法就是从模仿幼儿行为开始。家长追随和模仿幼儿能够做出的动作，具有帮助幼儿"练习"的作用，同时，当幼儿看到模仿自己时会感到非常快乐，这往往会产生一个新的游戏，以此延长游戏时间。

（四）注重生活自理能力培养

2～3岁幼儿需重点培养五项核心生活自理能力：独立穿衣（分清前后穿脱衣物）、自主进餐（使用勺子进食）、如厕训练（表达需求并完成清洁）、盥洗习惯（洗手擦脸）及物品整理（收纳玩具）。建议采用游戏化渐进培养，例如，通过"火车钻山洞"游戏引导穿衣，用儿歌强化动作记忆；创设"给小熊喂饭"情境，提升手部控制力，将进餐转化为角色扮演游戏；设置固定玩具收纳区，初期示范分类摆放，逐步撤出协助，以"小管家"角色赋予幼儿责任意识。关键是通过正向反馈建立自信，如击掌庆祝、语言鼓励等，让幼儿在成功体验中感受独立价值，既掌握生活技能，又培养责任感和秩序感，为后续成长奠定基础。

三、2～3岁幼儿亲子游戏案例

扭扭拍拍

【适宜年龄】2～3岁。

【游戏目标】帮助幼儿区分身体主要部分；分辨上、下、前、后等简单方位；锻炼幼儿身体协调能力；让幼儿获得愉快体验。

【游戏准备】一段欢快的音乐、比较宽敞的空地。

【游戏玩法】

（1）跟着音乐跳舞。

家长：宝宝我们跟着音乐一起跳舞吧！晃晃你的手臂，扭扭你的屁股，摇摇你的脑袋，踩踩你的小脚。

家长随着音乐的节奏，夸张地做出相应的动作，如大幅度地晃动手臂、扭动臀部、摇头和踩脚，同时保持微笑和鼓励的眼神，以激发幼儿的模仿兴趣。

（2）跟着音乐拍节奏。

播放音乐，家长一边拍一边以语言提示"拍拍小手、上面拍拍、下面拍拍、前面拍拍、后

---

① 余震球.维果茨基教育论著选[M].北京：人民教育出版社，1994：378.

面拍拍……"也可以换成拍腿、头、肩、屁股等其他身体部位,或拍地毯、桌子、墙壁等周边物体。

引导幼儿尝试跟随家长的指令拍打自己的身体部位或周围的物体,可能动作略显笨拙,或者跟不上节奏,家长需要鼓励和引导。

【家长支持】在游戏过程中,家长须注意观察幼儿是否情绪愉快,是否跟随音乐扭动身体,是否能跟上音乐节奏,是否能听懂提示语言。

拍 泡 泡

【适宜年龄】2～3 岁。

【游戏目标】锻炼跑、跳的能力。

【游戏准备】吹泡泡工具、宽敞安全的场地。

【游戏玩法】

由家长吹泡泡,幼儿追泡泡、拍泡泡。同时引导幼儿观察泡泡的形态、颜色等。例如,可以对幼儿说:"宝宝看泡泡飞起来啦,你能看到泡泡是什么颜色的吗?""泡泡要飞走啦,你能拍到多少个泡泡呀?""这些泡泡像不像彩色的小气球? 它们在空中飘来飘去是不是很漂亮?"幼儿会兴奋地追逐泡泡,尝试用手去拍打它们。他们可能会跳起来试图拍到飞得高的泡泡,或者快速跑动追逐飘动的泡泡。

【家长支持】场地尽量选择户外的草地;游戏过程中及时关注幼儿活动量,不可让幼儿过度疲劳。

有趣的自制乐器

【适宜年龄】2～3 岁。

【游戏目标】感知不同的音量、音调和音色;体会节奏的变化。

【游戏准备】厨房餐具(木勺、锅盖、杯子等),节奏鲜明的音乐。

【游戏玩法】

(1) 共同制作乐器。

家长:宝宝,今天我们要变成音乐家! 看看这些厨房里的工具,它们可以变成我们的乐器哦。这个锅可以做成鼓,你想试试吗?

家长拿起木勺和锅,示范如何敲打锅边产生声音,同时展示其他自制乐器,如装有豆子的纸盘和装有水的玻璃瓶。

(2) 伴随音乐节奏敲打自制乐器。

家长:现在,我们来放一些音乐,让我们跟着节奏一起敲打乐器吧! 音乐快的时候,我们敲得快一点;音乐慢的时候,我们敲得慢一点。

家长播放节奏鲜明的音乐,并随着音乐的节奏敲打自制乐器,同时鼓励幼儿模仿。

【家长支持】关注幼儿对游戏的哪个部分感兴趣,如乐器本身、发出的声音、敲打的动作等。这个游戏可以全家一起进行。

【自制乐器方法】

鼓——木勺、锅。

小手鼓——将两个纸盘合起来,里面装上豆子,再用订书机钉起来。

木琴——将各种玻璃瓶或瓷碗装上高度不一的水、筷子。

沙球——在有盖的小瓶(如酸奶瓶)中装入细小的沙粒、米或豆子。

小动物躲猫猫

【适宜年龄】2~3岁。

【游戏目标】锻炼身体协调能力;提升幼儿钻、爬的能力;感知物体空间位置;发展语言能力。

【游戏准备】红黄蓝贴纸、纸箱、圆筒、遮盖物。

【游戏玩法】

(1)认识纸箱上的颜色。

家长:宝宝你看这些箱子上有漂亮的颜色哦! 这是红色,这是黄色,还有蓝色。你们最喜欢哪个颜色呢?

家长指着不同颜色的箱子,用清晰的声音读出颜色,并鼓励幼儿重复说出颜色的名字。

(2)扮演小动物并找个地方躲起来。

家长提供一些动物的头饰或者道具,让幼儿选择他们想要扮演的动物。指导幼儿找到对应颜色的箱子,并帮助他们安全地躲进去。

(3)寻找小动物。

家长:小兔子在哪里? 在红色箱子里吗? 让我找找看。哦,我找到你了! 你是个躲猫猫高手呢!

【家长支持】遮挡物的标记尽量明显;也可以让家长躲,由幼儿来找。

魔术箱变变变

【适宜年龄】2~3岁。

【游戏目标】认识各种熟悉的玩具的名称;通过触摸玩具,感受其典型特征来推测整体。

【游戏准备】大纸箱、幼儿熟悉的玩具(如发音娃娃、拨浪鼓、摇摇球等)。

【游戏玩法】

(1)介绍魔术箱及游戏玩法。

家长:宝宝,看这个神奇的大箱子! 里面藏了好多你熟悉的玩具。我们来玩一个魔术箱变变变的游戏,你先用小手摸摸看,然后猜猜里面是什么玩具。

家长展示大纸箱,并轻轻摇晃它,制造一些声音,以激发幼儿的好奇心。

(2)引导幼儿触摸玩具,猜测玩具名称。

家长:把你的小手伸进箱子里,摸摸看是什么感觉,猜一猜里面是什么玩具。记得要轻轻地,我们不要弄疼玩具哦。

家长帮助幼儿将手伸进箱子,或者在幼儿触摸到玩具时给予提示,如"它摸起来软软的"或"它有一个长长的把手"。

(3) 揭晓答案。

家长:你觉得它是什么玩具呢? 是小熊吗? 还是你的小车车?

家长鼓励幼儿根据触摸的感觉和平时玩的经验来猜测玩具的名称,并给予提示或肯定。

【家长支持】玩具尽量选能发出声音的;在玩的过程中关注幼儿是否愿意开口说话、能否为熟悉的玩具命名。

模仿动物走路

【适宜年龄】2～3 岁。

【游戏目标】锻炼肢体协调能力;培养独立意识。

【游戏准备】节奏欢快的音乐;动物玩偶。

【游戏玩法】

(1) 介绍游戏玩法,引导幼儿模仿动物走路。

家长:今天我们要玩一个有趣的游戏,叫作"模仿动物走路"。我们要变成不同的动物,学它们是怎么走路的。

家长拿出动物玩偶,逐一展示,并用生动的语言和动作模仿动物的行走方式,如学小鸟挥动翅膀、小鱼摇摆尾巴、小青蛙跳跃等。

(2) 随着音乐走一走。

家长:音乐开始啦,让我们跟着音乐的节奏,一起来模仿动物走路吧! 小鸟飞飞,小鱼游游,小青蛙跳跳。

家长播放节奏欢快的音乐,随着音乐的节奏,带领幼儿一起模仿动物走路。家长可进行示范,如挥动手臂表示飞翔,摇摆臀部表示游泳,屈膝跳跃表示青蛙跳。

【家长支持】游戏开始,家长可以带领幼儿模仿一遍,然后再鼓励幼儿自己走。

任务思考

1. 请简述如何在家庭中为 2～3 岁幼儿创设一个安全、有趣的室内游戏环境?

2. 请论述家长在 2～3 岁幼儿的亲子游戏中应如何避免过度指导,鼓励幼儿自主探索,并举例说明。

3. 请为 2～3 岁幼儿设计一个家庭亲子游戏活动,要求包括游戏名称、目标、游戏准备、游戏玩法、家长支持要点。

育儿宝典

宝宝不爱分享怎么办

每当有同事、朋友带宝宝到家里来玩时,2 岁 9 个月的源源都要护着自己的玩具不肯让别人玩。妈妈怎么劝说都不行。有时,妈妈会拿起一个玩具,直接给小客人玩,源源就会当场哭闹,使别的宝宝觉得十分无趣,家长也很尴尬。

其实,这是宝宝自我意识形成的一种表现,"占有欲"十分强烈。主要是宝宝缺少和其他朋友相处的经验,也与平时缺乏家长正确的引导有关。为引导幼儿学会分享可以采取以下措施。

(1) 交换玩具,关注结果。新鲜的玩具总会引起幼儿的注意力和好奇心,家长可以找一样不属于源源的东西让小客人玩,使源源产生想要玩别人的玩具的情感体验,再引导他用自己的玩具与别人交换。事后,引导幼儿想想交换玩具的结果:学会分享可以玩别人的玩具。

(2) 事先提示,尊重幼儿。客人来之前,家长可先与幼儿沟通,并作出积极的示范:"张阿姨要带晶晶到咱们家做客,妈妈请客人喝茶、吃水果,源源请晶晶一起玩玩具好吗?"家长尊重幼儿,幼儿也会像小主人一样招待小朋友。

(3) 用游戏的口吻去引导。让源源当"玩具公司"的推销员,家长给晶晶一张名片或钥匙做凭证,到源源的"公司""购买"一件玩具,家长也可参与游戏,每人"购买"一件,使源源占有玩具的情绪转移到游戏的情节之中。

(4) 多提供交往的机会。家长应多为源源提供与其他幼儿在一起游戏的机会,多几次成功经历后,幼儿会慢慢改变"独占"的行为。

实训实践

实训实践任务书

任务名称:设计2~3岁幼儿的游戏活动

任务要求:以小组为单位,为2~3岁幼儿设计游戏活动方案(表6-4-1),包括游戏名称、游戏背景、游戏目的、游戏准备、游戏玩法和游戏指导,并在小组内进行模拟活动组织。

任务目标:能根据2~3岁幼儿的发展特点设计游戏活动方案;能根据设计的游戏活动方案模拟组织实施。

表6-4-1　实践任务表

游戏名称:
游戏背景:(设计游戏活动的缘由)
游戏目的:
游戏准备:

续表

游戏玩法：
游戏指导：
实施过程：(可粘贴模拟组织过程图)
总结反思：

📖 赛证 链接

一、游戏活动设计

案例描述：甜甜，女孩，2 岁 8 个月，能使用勺子独立进餐。平时在进餐时喜欢脱掉鞋子吃饭，并且从来不喜欢吃肉类的食物，家长反馈甜甜在家里不吃鸡蛋，对于甜甜的饮食习惯，十分头疼。

请你设计一份活动方案，帮助甜甜养成良好的进餐习惯，知道肉类和鸡蛋的营养价值，初步养成不挑食的好习惯。活动形式可以是游戏活动、儿歌活动、绘本阅读活动、认知活动等类型，并从物料清单中自选玩具材料，依据撰写的活动方案，进行演示。

1. 任务

（1）游戏活动方案设计。

（2）游戏活动实施。

2. 基本要求

(1) 根据案例的描述,设计适宜的游戏活动方案。方案格式完整规范,包含活动目标、活动准备、活动过程。要求目标设计、内容选择、材料运用等符合案例中幼儿的年龄特点及托育机构保育指导大纲的要求。

(2) 根据已设计的游戏活动方案进行活动展示。仪表大方,举止文雅,表情自然、丰富,有亲和力,语言规范、条理清楚;能阐述清晰该年龄段生长发育里程碑的重要目标,和下一阶段的生长发育规律。①

二、游戏活动设计

案例描述:小凯是一个托大班的宝宝,保育师发现他洗手后,不用毛巾擦干双手,询问小凯,小凯说:"毛巾不舒服。"日常生活中发现他也排斥同伴轻微的触碰。家长反映小凯对衣服的材质挑三拣四,不喜欢粗糙的花纹、带领子的衬衫,总是尽可能把袜子脱掉。

综合分析,小凯有轻微的触觉失调,请你为小凯开展一个游戏活动,激发小凯触觉感知能力,引导小凯在触觉探索游戏中,进行自我表达和情感交流。活动形式可以是触觉探索游戏活动、生活活动游戏、认知发展游戏等类型。请从物料清单中自选玩具材料,依据撰写的活动方案,进行演示。

1. 任务

(1) 游戏活动方案设计。

(2) 游戏活动实施。

2. 基本要求

(1) 根据案例的描述,设计适宜的游戏活动方案。方案格式完整规范,包含活动目标、活动准备、活动过程。要求目标设计、内容选择、材料运用等符合案例中幼儿的年龄特点及《托育机构保育指导大纲(试行)》的要求。

(2) 根据已设计的游戏活动方案进行活动展示。仪表大方,举止文雅,表情自然、丰富,有亲和力,语言规范、条理清楚;能阐述清晰该年龄段生长发育里程碑的重要目标,和下一阶段的生长发育规律。②

三、游戏活动设计

案例描述:3 岁的小亚跑步和跳跃等运动能力比同班幼儿表现都要差,作为带班老师,应如何通过运动游戏活动帮助他提升运动能力?

1. 任务

(1) 根据案例内容,设计一个亲子运动游戏。

(2) 根据教案设计,展示游戏活动内容。

2. 基本要求

(1) 根据给定素材与幼儿年龄特征,设计游戏活动方案(22 分钟)。游戏活动方案格式完整规范,包含活动目标(家长学习目标和幼儿发展目标)、活动准备、活动过程、家庭活动延伸;语言清晰、简洁、明了;目标设计、内容选择、方法运用等满足科学育儿的需求,符合幼儿的年龄特点。

(2) 根据已设计的游戏活动方案进行模拟活动展示,仪表大方,举止文雅,表情自然、丰富,有亲和力,语言规范,条理清楚,逻辑性强,表达流畅。模拟活动展示在 8 分钟之内完成。③

---

① ② 选自全国职业院校托育职业技能大赛题库。
③ 选自海峡两岸暨港澳大学生职业技能大赛题库。

项目七 观察与评价婴幼儿游戏活动

项目导读

国家卫生健康委颁布的《托育机构保育指导大纲(试行)(2021)》中明确提出:"提供支持性环境,敏感观察婴幼儿,理解其生理和心理需求,并及时给予积极适宜的回应。"游戏是婴幼儿与周围世界互动的基本途径,观察婴幼儿的游戏活动对于理解其成长和发展具有重要意义。

本项目主要阐述观察婴幼儿游戏活动的方法和支持策略,以及对婴幼儿游戏活动的评价和反思。期望通过本项目的学习,学习者能够对婴幼儿的游戏活动进行观察分析和支持引导。

学习目标

认知目标
1. 掌握婴幼儿游戏观察的基本原则和方法;
2. 掌握婴幼儿游戏支持引导的策略。

能力目标
1. 能够运用合适的观察方法对婴幼儿的游戏活动进行观察记录、分析评价,尝试提出个性化的游戏指导和建议;
2. 能结合婴幼儿的游戏活动进行评价和反思。

素质目标
1. 理解婴幼儿游戏活动观察的重要性;
2. 树立科学的观察态度。

知识导图

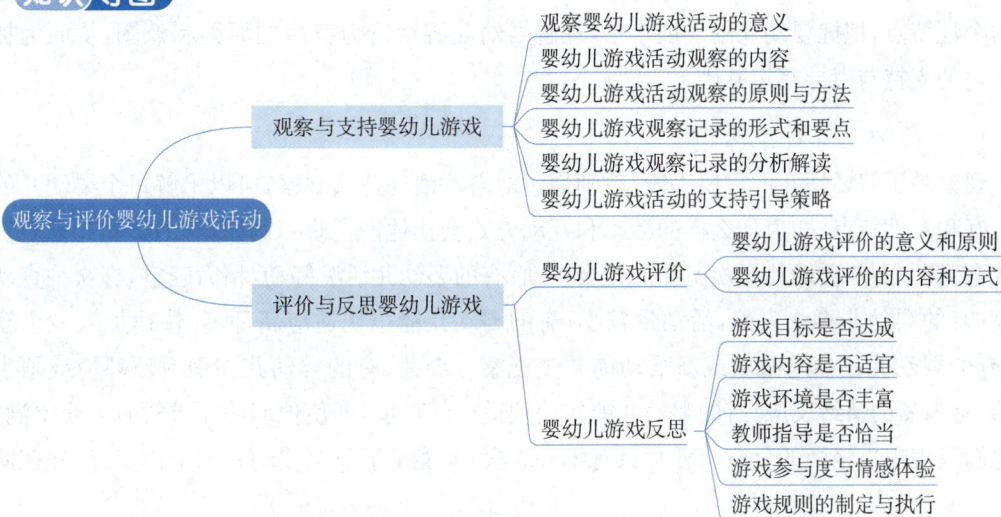

135

任务一　观察与支持婴幼儿游戏

案例导入

图 7-1-1　户外活动

又到了户外活动时间,刚下过雨的午后空气格外的清新,1 岁 8 个月的新新穿着可爱的防水小雨鞋来到了户外(图 7-1-1)。正走着走着,他眼前一亮,原来是发现了一片亮晶晶的水坑。他先是小心翼翼地走近,小脚轻轻抬起,又缓缓放下。当第一只脚轻轻踏入水坑,溅起的小水花让他咯咯直笑。紧接着,另一只脚也迫不及待地加入,水花四溅,新新兴奋地跳了起来,他双手张开,眉头微微上扬,嘴角挂着藏不住的笑意,眼睛里闪烁着发现新世界的兴奋。踩了几下水坑后,他开始尝试不同的步伐,时而轻轻踏步,时而用力踩踏,水花四溅,新新发出清脆的笑声。偶尔,他还会停下来,低头观察水坑中的倒影,小手轻轻摆动。

从这段观察记录中,你觉得新新喜欢踩水坑的游戏吗?教师在此过程中可以提供哪些支持呢?为什么要对婴幼儿的游戏进行观察呢?

一、观察婴幼儿游戏活动的意义

观察能力是幼教工作者的一项重要专业能力。《幼儿园教师专业标准(试行)》(2012)中指出"掌握观察、谈话、记录等了解幼儿的基本方法和教育心理学的基本原理和方法""有效运用观察、谈话、家园联系、作品分析等多种方法,客观、全面地了解和评价幼儿。"对于 0～3 岁的婴幼儿,观察同样重要。国家卫生健康委颁布的《托育机构保育指导大纲(试行)(2021)》中明确提出:"提供支持性环境,敏感观察婴幼儿,理解其生理和心理需求,并及时给予积极适宜的回应。"在游戏活动中观察婴幼儿的行为,是了解和理解婴幼儿的第一步。观察有助于了解婴幼儿的个性特点,把握婴幼儿的发展水平,理解婴幼儿游戏行为背后的原因和意图,从而为提供个性化的支持与引导奠定基础。

(一) 有助于了解婴幼儿的个性特点

观察是了解婴幼儿的重要手段,教师通过对游戏活动持续观察,可以了解每个婴幼儿的独特喜好和个性特点,知道什么样的活动和互动方式会让他们喜欢。例如,有的婴幼儿喜欢热情的社会互动;有的婴幼儿喜欢温和的社会互动;有的婴幼儿活泼好动,精力旺盛,喜欢一直动个不停;有的婴幼儿喜欢安静,活动量较小;有的婴幼儿能很快适应新环境,快速加入一个新游戏;有的婴幼儿在参与游戏或新活动前要先观察一会儿;有的婴幼儿在面对新环境或陌生人时,会有强烈的情绪反应;有的婴幼儿能较快地适应新环境,即使他们的需求暂时未获得满足,但他们只表现出轻微的反应。教师只有细心观察,才能了解每个婴幼儿的个性特点,并在此基础上为其提供合适的玩具材料,进行适宜的游戏互动,以促进婴幼儿的健康发展。

(二) 有利于把握婴幼儿的发展水平

游戏活动可以促进婴幼儿发展,同时也反映着婴幼儿的发展水平。教师通过观察不仅可以清晰地把握婴幼儿的发展水平,包括其动作、认知、语言、情绪情感、社会性的发展,还可以了解其学习品质、创造性思维和问题解决能力等方面。例如不满一周岁的多多在地毯上玩耍,教师在他旁边投放了各种颜色和形状的积木。他被鲜艳的颜色吸引,便伸手拿起一块红色的圆形积木,放进了嘴巴里,随后很快又拿了出来。他转身看到旁边有一个积木桶,于是便把积木往桶里装,刚开始没有装进去,于是他尝试第二次,终于装进去了,他显得很开心,并拍着小手。正是通过观察,教师发现婴幼儿通过感官探索去认识事物,手眼协调能力有了一定的发展。

(三) 有助于理解婴幼儿的游戏行为

通过观察,教师发现婴幼儿行为背后的需求,从而更好地理解其游戏行为。例如,10个月大的明明在自主进食时,把勺子从餐椅上扔下去,教师帮他捡起来,他随即又扔下去,并开心地轻拍小手。通过持续观察,教师理解了明明行为背后的需求。他正是在这样的重复性游戏中,发展着关于物体运动和空间感知的经验。

观察是早期教育工作者为婴幼儿提供个性化支持与引导的前提和基础。通过观察,教师可以了解婴幼儿在游戏中的表现和兴趣,有助于设计更符合其年龄特点和发展需求的游戏和活动,为其提供个性化的支持和引导,从而更有效地促进其全面健康地发展。

二、婴幼儿游戏活动观察的内容

教师可以观察婴幼儿游戏的需求和信号;观察游戏中婴幼儿运动、认知、语言、情绪情感、社会性等方面的发展;观察婴幼儿游戏中展现的学习品质、创造性思维和问题解决能力;观察婴幼儿在游戏中对规则等的掌握、理解与遵守。具体从以下十个方面展开。

(一) 观察婴幼儿游戏的需求和信号

婴幼儿的游戏需求是其成长过程中的重要部分,表现为对探索、互动和体验新事物的渴望。他们通过特定的信号表达这种需求,如眼神注视、伸手抓取、发出咿呀声等。当他们对某样物品或活动感兴趣时,会表现出持续的关注和积极的身体反应。此外,婴幼儿也会通过哭闹或烦躁来表达对缺乏游戏机会的不满。观察这些需求和信号,教师可以更好地理解婴幼儿的内心世界,为他们提供适宜的游戏环境和材料。例如,当婴幼儿伸手去抓取玩具时,教师可以及时提供,以满足他们对不同质感和功能的玩具材料的探索需求。

(二) 观察婴幼儿在游戏中与照护者或同伴的互动

婴幼儿在游戏中的互动是其社会交往能力发展的重要途径。他们通过观察、模仿和与他人的交流来学习如何与他人相处。当婴幼儿与照护者互动时,他们会模仿照护者的面部表情、声音和动作,从而进行早期的学习。与同伴的互动则有助于他们学习合作、分享和轮流等社交技能。观察婴幼儿在游戏中的社交技能,可以了解他们的社交能力和人际关系。0～3岁的婴幼儿社会交往技能较弱,容易与同伴发生冲突。当婴幼儿能够主动与他人互动、分享玩具和食物时,说明他们已具有较好的社交能力和合作意识。此外,婴幼儿还会在游戏过程中学会如何表达自己的意愿和需求,以及如何尊重他人的权利和感受。总的来说,教师在游戏活动中,可以观察婴幼儿是否会主动与照护者或同伴互动;是如何与照护者或同伴进行互动的,其表情、动作、语言是怎样的,是否有轮流,是否会表达自己的意愿和需求,是否有出现同伴冲突,等等。

（三）观察婴幼儿在游戏中对玩具材料的探索

婴幼儿对玩具材料的探索是他们认知发展的重要体现。他们通过触摸、品尝、嗅闻和摆弄玩具来感知世界。不同类型的玩具材料提供了不同的感官刺激，有助于婴幼儿感知能力的发展。例如，柔软的毛绒玩具可以让他们感受到舒适和温暖，而硬质的积木则可以锻炼他们的手部协调能力。此外，婴幼儿还会通过拆卸和重组玩具来探索其内部结构和功能。在游戏中，教师可以观察婴幼儿是如何探索玩具材料的，其具体的方式和动作是怎样的。

（四）观察婴幼儿在游戏中的创造性行为

0～3岁婴幼儿在游戏中的创造性行为是多维度的。他们在材料使用上展现出天马行空的想象力，如将积木当作小船漂浮于"海洋"；在艺术表达时突破常规认知，在涂鸦中诞生"彩虹色的树"这类独特作品；而角色游戏更是创造力的集中爆发——婴幼儿通过模仿照护者动作（如怀抱、喂食），运用稚嫩的语言和丰富的表情扮演"爸爸妈妈"照顾玩具娃娃，自发构建充满童趣的游戏情节与角色关系。这些行为既是想象力和创造力的直观体现，又能促进语言表达、社交互动及问题解决能力的发展。照护者需敏锐捕捉并积极回应这些创造性瞬间，为婴幼儿的成长注入更多可能性。

（五）观察婴幼儿在游戏中的学习品质

婴幼儿在游戏过程中展现出的学习品质是他们未来发展的关键。这些品质包括好奇心、坚持性、专注力和解决问题的能力等。当婴幼儿对某样物品或活动表现出浓厚的兴趣时，他们会持续地探索和尝试，直到满足自己的好奇心。同时，婴幼儿也会在面对困难时坚持不懈地尝试，在解决问题的过程中，展现出不同的思维方式和策略。例如，当遇到玩具损坏时，他们可能会尝试用不同的方法修复玩具，或者寻找替代物品来继续游戏。这种问题解决能力不仅有助于婴幼儿认知和技能的发展，还能培养他们的自信心和解决问题的能力。此外，他们还能在一段时间内专注于某项活动，不受外界干扰。教师应注意观察婴幼儿在游戏中的学习品质。

（六）观察婴幼儿在游戏中展现出的情绪表达

婴幼儿在游戏过程中会通过表情、声音和动作来表达自己的情绪。他们可能会因为游戏的成功而欢笑，也可能会因为失败而烦躁、不开心或哭泣。这些情绪表达不仅反映了婴幼儿对游戏结果的感受，也是他们情绪发展的重要体现。观察婴幼儿在游戏中的情绪表达，可以了解他们的情感需求和情绪调节能力。当婴幼儿能够适当地表达自己的情绪，并在面对挫折时能够调整自己的心态时，说明他们具有较好的情绪管理能力。教师应关注婴幼儿在游戏中的情绪表达，并给予积极的回应和支持。

（七）观察婴幼儿在游戏中对空间的探索

婴幼儿对空间的探索是他们运动能力发展的重要方面。婴幼儿在游戏中通过爬行、站立、行走和奔跑来感知和体验空间的变化，也会通过抛掷、摆弄物体来探索空间。他们会尝试跨越障碍物、进入不同的区域和寻找隐藏的角落。这种探索不仅有助于他们身体协调性和平衡感的发展，还能增强他们的自信心和冒险精神。在游戏中照护者可以观察婴幼儿进行空间探索时具体的行为动作。

（八）观察婴幼儿在游戏中对规则的理解与遵守

婴幼儿在游戏中对规则的理解与遵守不仅体现了其语言理解能力、自我控制能力，还体现了婴幼儿社会性发展的水平，对约定俗成的社会规则的认可。他们通过观察和模仿照护者的行为来了解哪些行为是被允许的,哪些是被禁止的。此外,婴幼儿还会通过与其他婴幼儿的互动来学习规则,如轮流玩玩具、分享食物等。教师可重点观察婴幼儿在游戏中对规则是否能很好地理解与遵守。

(九)观察婴幼儿在游戏中的语言发展

婴幼儿在游戏过程中会通过语言来与他人交流和表达自己的需求。他们可能会用简单的词汇来描述玩具或活动,也可能会用句子来表达自己的意愿和感受。观察婴幼儿在游戏中的语言发展,可以了解他们的语言能力和认知能力。当婴幼儿能够用词汇或句子来清晰地表达自己的需求时,说明他们的语言能力得到了较好的发展。此外,婴幼儿还会在游戏过程中模仿和学习照护者的语言,从而丰富自己的词汇量和语法结构。教师应关注婴幼儿在游戏中是否会主动表达,以及表达能力如何。

(十)观察婴幼儿对游戏环境的适应情况

婴幼儿在游戏过程中会对不同的游戏环境产生不同的反应和适应方式。他们可能会因新环境而感到好奇和兴奋,也可能因陌生而感到不安和焦虑。观察婴幼儿在游戏环境中的适应情况,可以了解他们的情绪发展和应对新环境的能力。当婴幼儿能够迅速适应新环境,与玩具和同伴积极互动时,说明他们具有较好的情绪调节能力和社交技能。相反,如果婴幼儿在新环境中表现出退缩、抗拒或过度依赖教师的行为,则可能需要更多的关注和支持。当踏入一个新的游戏环境时,教师可以观察婴幼儿的具体反应——是感到开心兴奋、还是恐惧害怕,或者是会先进行观察,然后逐步探索和适应新环境。

三、婴幼儿游戏活动观察的原则与方法

(一)观察的原则

对婴幼儿进行有效的观察,需要遵循一些基本的原则,包括目的性、客观性和持续性原则。

1. 目的性原则

在进行婴幼儿游戏观察之前,应明确观察的目的,这样有助于观察者收集到的信息始终围绕主题,聚焦重点,避免盲目观察。例如,观察一周岁左右的新新在和成人游戏互动时的表现,如表情、动作、发声等。如果在确定观察目的时感到有些困难,可以尝试在日常生活中对婴幼儿多加关注,则会逐渐明确观察目的。

2. 客观性原则

这意味着观察者必须摒弃个人偏见,避免主观臆断,确保所记录和分析的行为真实反映婴幼儿的实际状态。观察者不应只关注自己预期或希望看到的行为,而应全面、细致地捕捉婴幼儿的每一个动作和反应。此外,为确保观察的客观性,应尽量在婴幼儿熟悉的环境中进行。熟悉的环境能让婴幼儿展现出最自然、最真实的状态,从而有助于观察者获得更准确、更全面的信息。只有这样才能通过观察游戏,深入了解婴幼儿的发展状况,为他们的成长提供更有针对性的支持和引导。

3. 持续性原则

年龄越小的婴幼儿,游戏时越容易受到外界因素的干扰。对游戏进行的一次观察,就如同拍摄了一张静态的照片,仅仅捕捉到了某个瞬间的画面,难以全面展现婴幼儿在游戏中的真实状态和发展水平。为了更深入地理解婴幼儿的游戏行为,必须坚持持续性观察的原则。这意味着教师需要在一段时间内,持续、系统地观察婴幼儿在游戏中的表现,记录下他们的行为变

化、情绪反应以及与同伴的互动情况。通过持续观察，才能够更准确地把握婴幼儿在游戏中的兴趣点、学习方式和社交技能，从而为他们提供更加个性化的指导和支持。

（二）观察方法

观察婴幼儿游戏活动的方法多种多样，每种方法都有其独特的优势和适用范围。以下是常用的观察婴幼儿游戏活动的方法。

1. 扫描观察法

扫描观察法是指在固定的时间段里对全体婴幼儿平均分配时间，对游戏情况依次进行观察。这种观察方法一般用于了解全体婴幼儿的游戏状况，一般用于游戏开始和结束的时候。例如，观察者想要了解游戏中托班全体婴幼儿选择了哪些游戏区域，使用了哪些游戏材料。观察者可以事先设计好表格，如开放的区域有哪些，游戏开始后，依次观察记录各个区域婴幼儿的人数以及使用的材料。这种记录适用于了解整体婴幼儿的游戏情况。如表7-1-1，教师想要了解幼儿喜欢哪些区域，于是对托大班5名幼儿的游戏区域偏好进行扫描式的观察，在10分钟内依次观察每名幼儿的游戏情况，并进行记录。表7-1-2，教师想要了解班级游戏区域的整体使用情况，在游戏开始前的5分钟、游戏中的5分钟以及结束前的5分钟，分别记录各游戏区域的人数。

表7-1-1　托大班5名幼儿10分钟内参与游戏情况

幼儿姓名	游 戏 区 域				
	娃娃家	建构区	阅读区	艺术区	自然区
幼儿1	√			√	
幼儿2		√			
幼儿3			√		
幼儿4				√	√
幼儿5	√	√			

表7-1-2　托大班各游戏活动区人数情况

游戏时间段	游 戏 区 域				
	娃娃家	建构区	阅读区	艺术区	自然区
游戏前期（0～5分）	4	3	1	2	2
游戏中期（10～15分）	3	3	0	3	3
游戏后期（20～25分）	4	2	1	2	3

2. 定点观察法

定点观察法是指观察者选择某一特定的区域进行一定时间的观察。它是一种重要且常用的观察方法，适用于观察者想要了解某个区域婴幼儿游戏的具体情况。例如，观察者想要了解建构区婴幼儿的游戏行为，则可以选择一个固定的时间段，在建构区进行定点观察，观察婴幼儿对积木的兴趣，使用材料的方式，和同伴的互动，以及具体的行为、动作、情绪等。可以采用图文并茂的文字记录，也可以采用表格的方式进行记录。

3. 追踪观察法

追踪观察法即定人观察法,即明确某个婴幼儿作为观察对象后,持续跟踪并进行全面细致的观察,有助于观察者了解个别婴幼儿的游戏状态。这是观察婴幼儿游戏时常用的一种观察方法。它可以深入了解婴幼儿的游戏行为,为后续的个性化支持引导提供强有力的依据。可采用文字记录或图文并茂记录,也可以采用图示记录。文字记录一般反映婴幼儿游戏的具体情况,图示记录则反映婴幼儿在活动室游戏的路线轨迹。

4. 线索提示法

线索提示法是指观察者在观察婴幼儿游戏时,根据预设的观察线索或提示点,有针对性地观察和分析婴幼儿在游戏中的具体表现。通过线索提示法,观察者可以更加高效地收集到有价值的信息,从而为后续的支持引导提供依据。例如,在观察婴幼儿建构游戏时,可以确定以下观察线索,如材料使用情况、建构的目的性、建构主题的选择、建构技能、同伴互动等(表7-1-3)。表格中的观察记录重点呈现了观察线索中第2条内容。这种观察方法能够提高观察的针对性和有效性,减少无效信息的干扰,但是对于一些突发性和偶发性的行为表现,可能难以捕捉到。

表7-1-3　线索提示法观察记录表

观察地点:托大班建构区	观察时间:2024年9月11日
观察线索	观察记录
1. 婴幼儿在游戏中热衷于什么? 激发婴幼儿游戏兴趣的因素是什么? 2. 婴幼儿是如何使用材料的? 3. 婴幼儿如何解决游戏过程中出现的问题? 4. 婴幼儿之间是如何互动的? 是否有利于婴幼儿自身经验的发展或能力的提高? 5. 婴幼儿在游戏过程中出现的新经验是否有利用的价值? 6. 教师提供的空间是否足够让婴幼儿活动?	两岁三个月的天天拿了一块长方形积木装进了小车里,接着又往小车里放了一块正方形的积木。然后他拉起小车的绳子在活动室里走了起来,他走到美工区那边后,又返回来。接着他回到建构区坐了下来,把小车里的积木倒了出来。他把正方形的积木放在长方形的积木上面,尝试将积木堆叠起来,但是很快,上面的积木掉了下来。他又重新放上去,尽量让上面的积木和下面的对齐,这次成功了,他脸上露出了笑容,并尝试在最上面又放一块积木,积木歪歪扭扭,但是没有掉下来。天天看起来很开心。

四、婴幼儿游戏观察记录的形式和要点

观察记录是教师了解婴幼儿游戏行为、评估其发展水平的重要手段。观察记录—分析解读—计划支持是一个循环往复、持续改进的过程。观察记录的形式有文字记录和图表记录。

(一) 文字记录

文字记录是以文字的形式来描述游戏中发生的具体事件,也称为描述性记录,分为日记记录、逸事记录、实况详录等。日记记录一般采用持续记录的形式,可以了解一个婴幼儿行为的发展变化;逸事记录一般记录观察者认为有价值或有意义的事件,可以反映婴幼儿发展的里程碑;实况详录则是在一个时间段内详细记录婴幼儿的所有行为,可以全面了解婴幼儿的语言、认知、动作、情绪情感和社会性发展等方面。文字记录通常采用图文并茂的形式,常常辅以录音、录像等手段,以确保记录的完整性。这种方法能够较为全面地反映婴幼儿在游戏中的表现,有助于教师深入理解婴幼儿的行为动机和情感状态。

文字性观察记录的要点主要有真实客观、详细具体、清晰规范。

1. 真实客观

真实客观是指记录的内容应该是自己亲身经历,亲眼所见的,避免主观臆断、猜测或解释;记录的内容要多用事实性文字,少用情感性文字。以下是两段关于2岁3个月的天天在活动区的记录,尝试分析哪个记录更真实客观。

记录1:天天来到益智区,他看到一盘带孔的五颜六色的木头珠子,他拿起一颗看了看,不小心珠子掉到了地板上,发出清脆的声响。他转头看了看四周,发现没有人注意到。他又拿起了几颗珠子,轻轻地抛起来,又发出了更多的声响,他脸上露出了笑容。

记录2:天天很喜欢捣乱。他今天来到益智区,看到一盘带孔的五颜六色的木头珠子。他拿起一颗看了看,不小心珠子掉到了地板上,发出清脆的声响。于是又故意调皮地拿起了好几颗珠子,轻轻地抛起来,又发出了更多的声响,他看起来很开心的样子。

在记录时,观察者应尽量保持客观,不要戴着有色眼镜看待婴幼儿,也尽量不要有主观猜测或解释,如"天天很喜欢捣乱……故意调皮地……",这是很明显带有主观臆断的内容。观察记录要避免主观和态度描述,如表7-1-4。

表7-1-4　常见的不合适描述和合适描述①

不合适描述	合适描述
这个孩子喜欢……	他经常玩……
认真完成了……	他用……分钟做……
他用了很长时间在……	他反复了三次
看起来像(好像)……	他说……(问过幼儿以后)
我认为……	几乎每天他都……
我感到……	我看到……
我想知道……	每隔一两天……
他把……做得很好	
他在……有缺陷	
很难……	

2. 详细具体

详细具体是指记录应对与观察目的和观察内容有关的关键性细节进行"深描",不但记录事件发生、发展、变化的过程,而且详细、具体、生动、明确地记录能反映主题的人物动作、对话、表情、环境等。因为记录是为了分析,只有记录得细,分析才能深。例如,要记录婴幼儿在地垫上玩球的情况,就不能简单地写"婴幼儿在玩球",而应该详细记录婴幼儿是如何玩球的,他的动作、表情、语言等。以下是两段关于1岁8个月的新新在玩球的观察记录。

记录1:新新在玩皮球,他先是抱着皮球,然后开始拍皮球,又用手滚动皮球。

记录2:新新走近皮球,先是观察了一会儿,然后伸出小手轻轻地触摸皮球。他尝试用双手抓住皮球,但是没有抓稳,皮球从他的手中滑落,滚到了不远处。新新迅速追上去,再次尝试抓握。这次他双手抓得很稳。他开始尝试用双手拍打皮球,皮球在他的拍打下轻轻地跳动。新新看到皮球跳起来,脸上露出笑容。随后,他尝试用一只手滚动皮球,皮球缓缓地向前滚动。

---

① 李季湄,冯晓霞.《3—6岁儿童学习与发展指南》解读[M].北京:人民教育出版社,2013:200.

如果我们的观察目标是要分析该名婴幼儿在玩皮球过程中的动作表现,显然第二个记录提供的信息更详细,这样在分析婴幼儿的具体行为时也会更有依据。当然,详细具体并不是把观察到的所有细节都事无巨细地记录下来,而是与观察目的和观察内容有关的关键性细节才需要详细具体。

3. 清晰规范

清晰规范是指记录的内容和事件发生的顺序保持一致、条理清晰,一个案例尽量只反映一个主题。在记录的开始部分可以简要地介绍下背景信息,同时记录下观察日期、时间、地点、观察对象、记录者等信息,便于后续的分析和整理。

(二) 图表记录

图表记录是以图或表的形式直观地记录婴幼儿游戏情况的一种记录形式。有图示记录和表格记录两种形式。这种记录往往目标明确、记录简便,记录内容更加直观。其局限性在于记录的内容通常比较简单,如记录幼儿的活动轨迹或行为出现的频率,缺乏对幼儿游戏活动过程详细的记录。根据观察目的,图示记录也可以和文字记录相结合使用,以弥补其缺点。

1. 图示记录

图示记录是以图的形式直观记录幼儿在游戏中的情况。可以和追踪观察法、定点观察法以及扫描观察法综合使用。和追踪观察法结合使用时,一般用于追踪观察某个幼儿的活动轨迹。

例如,和追踪法结合使用,可以在游戏开始之前或刚开始时,先画出活动室的区域布局图,然后根据幼儿的游戏活动的顺序情况,用序号和箭头表示。图 7-1-2 展示的是 2 岁 5 个月的多多在班级游戏区的轨迹图,序号和箭头表示他的活动顺序和活动区域。通过这个图示记录,教师可以清晰地了解到该幼儿喜欢什么活动。同时,教师也可以针对观察记录进行反思:他的活动区域为什么都在门的附近?他在游戏中的情绪状态怎样?相应的动作和语言是什么么?有和其他幼儿或成人互动吗?这些反思会促使教师持续观察,并结合观察目的对幼儿有更多的了解。

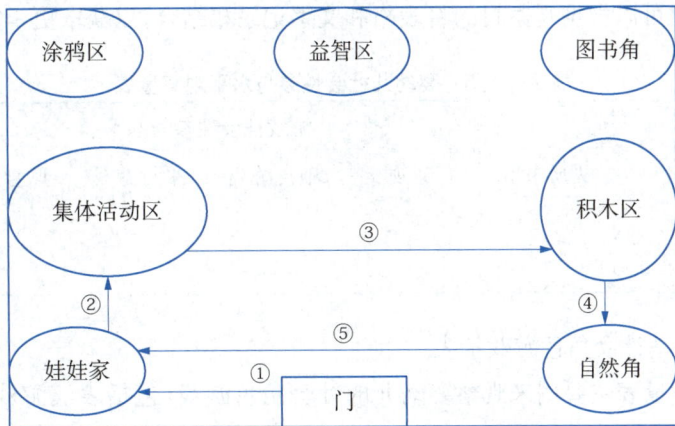

图 7-1-2　幼儿活动轨迹图

图示记录也可以和定点观察法结合使用,一般用于观察在某个区域,幼儿和材料、同伴的互动情况。如图 7-1-3 展示的是在户外沙池游戏时,三名幼儿和两名教师之间的互动情况。为了使记录更详细,便于日后分析,也可以和文字记录相结合,在旁边空白的地方记录下幼儿之间的语言互动、动作表情等具体信息。

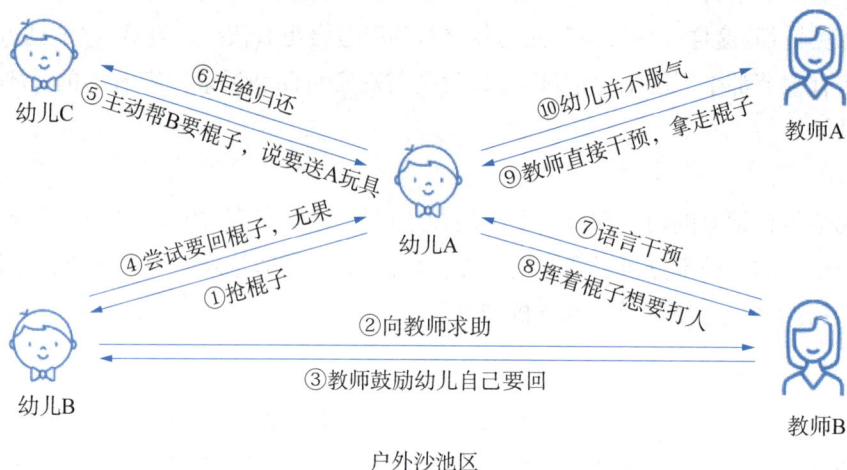

图 7-1-3　户外游戏时同伴冲突与教师干预观察记录

2. 表格记录

表格记录是以表格的形式直接记录幼儿在游戏中情况的一种记录形式。表格记录可以增强观察的目的性。常采用符号式的记录方式,操作简便易行。常用的游戏观察量表主要有以下几种。

（1）帕顿的社会性参与水平观察量表

社会性参与水平观察量表常用来观察婴幼儿在游戏中的社会性参与水平,如表 7-1-5 所示。通常采用时间取样的方法来进行观察,即在一定的时间内轮流对几名幼儿进行观察,一般每名幼儿观察 1 分钟,依次轮流,直到游戏结束。如在 30 分钟内对某一游戏区的几名幼儿轮流进行观察,每名幼儿观察 1 分钟,记录他在游戏中的同伴互动情况,并在相应的地方打"√",游戏结束后,就可以分析出这几名幼儿在游戏中的社会性参与水平状况。运用此种方法,需要注意的是,在观察之前,要清楚对几种游戏水平的定义,如能够区分联合游戏和合作游戏。对于 0～3 岁的婴幼儿来说,联合游戏和合作游戏通常也较为少见,因此在运用时,需考虑婴幼儿的年龄。也可以根据观察目的将表格和文字记录相结合,以获取更丰富的信息。

表 7-1-5　婴幼儿社会性参与水平观察量表

观察时间	幼儿代号	游戏社会性参与水平					
		无所事事	旁观	独自游戏	平行游戏	联合游戏	合作游戏

（2）斯米兰斯基社会角色游戏量表

社会角色游戏量表主要用来观察婴幼儿的社会角色游戏(包括表演游戏),如表 7-1-6 所示。观察婴幼儿在游戏中的角色扮演、想象的转换、社会性交往、语言沟通以及持续性五个方面。通常也采用时间取样的方法来进行观察。为判断观察对象在游戏中的具体情况,通常每名幼儿至少每次观察 5 分钟或 10 分钟,然后记录在此时间内是否出现这五个方面的游戏行为。为了保证观察结果的准确性和客观性,建议多次观察和记录,从而更全面地认识婴幼儿的游戏。

表7-1-6　婴幼儿社会角色游戏量表

姓名	角色扮演	想象的转换			社会互动	语言沟通		持续性
		材料	动作	情境		元交际	沟通	

（3）同伴冲突观察表

表7-1-7主要用来记录婴幼儿在游戏中的同伴冲突事件或互动情况,通常采用事件取样法,即以特定行为或事件的发生为取样标准,并观察记录行为或事件的完整过程。在运用此表格进行记录时,需要先对同伴冲突进行界定,即什么样的行为可以认为是同伴冲突;然后确定观察的时间、地点和记录的形式。一般采用文字记录的方式,较为灵活,收集的信息也较为全面,可以深入了解行为发生的背景、过程和结果。

表7-1-7　婴幼儿同伴冲突观察表

婴幼儿姓名	性别	年龄（月龄）	时间地点	发生背景	指向对象	冲突持续时间	动作语言	结果

（4）行为检核表

行为检核表是一种清单式的表格,观察者将所要观察的行为项目排列成清单,然后通过观察,来记录行为出现与否。如表7-1-8就是从问题解决和想象表现两个方面对婴幼儿的行为进行观察和记录。这种表格一般要求观察者在观察前目标要明确,并将自己所要观察的内容列成表格。为了保证观察结果的客观性和准确性,教师可以多次观察。在记录方面也可以和文字记录相结合,以提供更详细的观察资料。

表7-1-8　2~3岁幼儿认知与探索发展检核表①

幼儿姓名：	性别：　　　年龄（月龄）：		记录者：		
	观察内容		是	否	观察时间
问题解决	1. 了解物品的大小关系,知道大杯子不能放到小杯子里面,而小杯子可以放到大杯子里面。				
	2. 能辨别"上下""里外"等方位,能根据方位指令找到相应物品。				
	3. 会对物品进行初步归类,收拾玩具,会根据日常惯例按类摆放。				
	4. 会探究容器打开的合适方法,如寻找包装的封口处。				
	5. 能分辨"一个"和"全部",如在一堆球中,按指令拿出一个球或按指令拿出全部球。				
	6. 知道家里人的名字和简单的情况,需要的时候能说出爸爸妈妈的名字或居住地的小区名、路名、村名等。				

---

① 上海市教师教育学院(上海市教育委员会教学研究室).上海市0—3岁婴幼儿发展要点与支持策略(试行稿)[M].上海:上海教育出版社,2024:39.(依据需要有所改编)

续表

观察内容		是	否	观察时间
想象表现	1. 能模仿节奏的强弱、快慢,能跟着成人打出快和慢的节奏,能学着成人重重地敲和轻轻地敲。			
	2. 出现多种音乐表现,会唱较短的整首歌曲,能跟随音乐、儿歌做模仿操。			
	3. 喜欢用泥巴、彩泥、粗短的笔等各种材料或工具进行美工活动,为自己的作品命名,如用橡皮泥做出简单的作品,并说出名称。			
	4. 用积木进行简单的拼搭,并为作品命名,如垒高或连接成简单的物体形状,并说它是高楼或火车等。			
	5. 会进行角色扮演,假装自己是爸爸、妈妈、医生等,出现简单的游戏情节。			
	6. 在游戏中会使用替代物,如:把凳子当作汽车,把瓶子当作电话机,把手指当作牙刷等。			

五、婴幼儿游戏观察记录的分析解读

(一)分析解读的维度和框架

在对婴幼儿的游戏行为进行分析时,可以借鉴多个框架和理论,以全面而深入地理解婴幼儿在游戏中的发展状态、行为背后的原因及意图。从分析解读的对象来说,包括游戏中的婴幼儿以及教师。

1. 游戏中的婴幼儿

(1)依据游戏理论,分析婴幼儿的游戏行为和背后的意图

作为观察者的教师,在面对幼儿的游戏行为时,需要思考:他在做什么? 他对什么感兴趣? 他为什么会这么做? 行为背后的原因是什么? 这对他来说有什么意义? 他可以学到什么? 依据游戏理论,可以帮助教师或养育者理解婴幼儿的游戏行为,评估婴幼儿的游戏水平,分析游戏的动机和意图,理解游戏的重要价值。

例如,皮亚杰的游戏理论启发我们可以从行为模式的角度去分析婴幼儿的游戏行为,有助于早期教育工作者理解婴幼儿的重复性行为模式,从而以积极的态度来解读婴幼儿的游戏行为。皮亚杰认为,婴幼儿的重复性的游戏通常反映其思维的发展,他称为"图式"(schema),即重复的行为模式。"儿童探索世界,以某种特定的方式反复游戏,或对某一特定事物表现出浓厚的兴趣,他们就是优秀的学习者。"[1]具体的游戏图式有十几种,包括连接图式,如把火车轨道连接起来,把珠子穿成长长一串等;装填图式,如把东西装进容器里等;中心和放射线图式,如画圆圈或画直线,玩旋转玩具等;围合图式,如把积木连起来建围栏,把自己装进盒子里;包裹图式,如藏在被子里,搭建一个小窝,自己钻进去;穿过边界图式,如脑袋不停地从帐篷里探进探出;定向图式,如头朝下脚朝上躺在沙发里,喜欢从不同的位置或角度看世界;定位图式,如喜欢把玩具物品摆成一排或一行,或是把玩具物品放在特定的地方,对物品的摆放位置非常关注;旋转图式,如对带轮子的玩具感兴趣,喜欢玩旋转木马等;轨迹图式,如喜欢在沙发或床上爬上爬下,喜欢在餐椅上和大人玩"扔捡"勺子;搬运图式,喜欢把积木从一个地方搬到另一

---

① [英]塔姆辛·格里梅. 观察婴幼儿的游戏图式——支持和拓展儿童的学习[M]. 张晖,译. 时萍,范忆,审校. 北京:中国轻工业出版社,2023:7.

个地方;等等。从这些"图式"中,分析婴幼儿的重复性游戏行为,理解他们如何学会思考。

精神分析理论认为游戏是补偿现实生活中不能满足的欲望和克服创伤性事件的手段,启发我们重新审视婴幼儿游戏的价值。例如,婴幼儿摆弄娃娃,扮演妈妈,或是戴上听诊器,假装自己是医生,等等。它也许是婴幼儿缓解焦虑和情感表达的重要途径,是人格发展的重要方式。

维果茨基则强调游戏在儿童心理发展中的主导作用,认为游戏是儿童依据自己的想象构建各种虚假情境的创造活动。他启发我们观察分析婴幼儿在游戏中的创造性表现,观察分析婴幼儿如何创造性地使用游戏材料,以及他们对材料的探索和尝试过程,从表征思维、创造性的角度去分析了解婴幼儿的想象力和创造力水平,例如角色游戏中的以物代物、以人代人等。

(2)依据发展心理学,分析游戏行为所反映的各领域发展里程碑

发展心理学着重研究个体在不同年龄阶段的心理特征和发展规律,强调个体的发展变化。从发展心理学的角度来看,婴幼儿的游戏行为是他们身心发展的重要组成部分。通过分析婴幼儿在游戏中的表现,可以了解他们在身体运动、语言认知、情绪情感、社会性等多个领域的发展里程碑。例如,观察婴幼儿在游戏中的注意力集中程度、问题解决能力、创造力等,可以评估他们的认知水平;观察婴幼儿在游戏中的情绪表达、情绪调节能力等,可以了解他们的情绪发展;观察婴幼儿在游戏中与同伴或照护者的互动,如眼神交流、微笑、轮流、发声,以及协商、合作、分享等,可以评估婴幼儿的社交能力和情感交流能力,了解他们的社会性发展水平;观察婴幼儿如何适应新环境和新规则。

2. 游戏中的教师

除了分析游戏中的婴幼儿,教师也是重要的分析对象。可以分析教师创设的游戏环境是否适宜,教师对婴幼儿是否了解,能否敏锐地觉察到婴幼儿发出的游戏需求和信号,能否与婴幼儿进行回应性的互动,能否支持或参与婴幼儿的游戏,游戏互动方式是否适合婴幼儿。当婴幼儿在游戏中遇到困难或出现同伴冲突时,教师是否介入游戏,介入的时机、方法和策略是否恰当,是否为婴幼儿所接受,是否有利于推动游戏的发展,是否有利于婴幼儿的成长。

(二)分析解读需要遵循的要求

1. 联系性

联系性指教师在分析解读时既要与前面的观察目的相呼应,又要联系观察记录的内容进行分析,不要脱离记录的具体内容进行抽象、笼统的分析。

2. 深入性

深入性指不仅要分析婴幼儿游戏行为的表面现象,更要挖掘其背后的意义、动机和目的,这意味着需要细致观察游戏中的细节,如婴幼儿的表情、动作、语言以及与其他婴幼儿的互动方式,从中捕捉他们的兴趣点、解决问题的策略、情绪变化等。透过外在的语言、动作等行为表现去解读婴幼儿游戏行为背后的原因。如果说分析的联系性较多地从横向方面考虑,那么分析的深入性则更多从纵向方面考虑。

3. 理论性

理论性即以一定的理论为指导去分析观察记录内容中所反映的问题,如儿童发展心理学理论、皮亚杰和维果茨基关于游戏的相关理论,等等。如果没有理论做后盾,分析就容易停留在浅显或片面的水平上,很难揭示记录内容所隐含的本质问题。运用这些理论,可以更加科学、系统地分析游戏行为。基于理论的分析评价还能促使教育者采取更加适宜的教学策略,支持婴幼儿在游戏中的全面发展。

4. 正向性

正向性即分析时多从正向的视角、以积极的态度去看待婴幼儿的学习与发展,将婴幼儿看作是有能力的、有自信的学习者和沟通者。这要求评价者具备敏锐的洞察力,能够发现并赞扬婴幼儿在游戏中的创新尝试、问题解决能力、社交技能等。同时,正向性也意味着在面对婴幼儿的挑战性游戏行为时,教师要营造一种积极、安全的学习环境,提供建设性的反馈和支持,帮助婴幼儿在安全的环境中探索和学习。比如,针对同样一件事情,如婴儿在餐桌上一直往地上扔勺子,负向视角的观察者认为婴儿调皮捣乱,而正向视角的观察者则认为婴儿在探索物体运动的相关经验。分析评价的视角不同,对婴幼儿的反馈和回应自然也就不同。

六、婴幼儿游戏活动的支持引导策略

《3 岁以下婴幼儿健康养育照护指南(试行)》(2022 年)指出"关注婴幼儿的好奇心,并通过陪伴、互动、示范等方式引导婴幼儿尝试不同的活动,激发探索的兴趣。"教师要积极回应婴幼儿的游戏需求,鼓励婴幼儿自主选择游戏。在支持引导婴幼儿的游戏活动时,要注意婴幼儿年龄的适宜性和个体的适宜性。教师支持引导的方式主要有以自身为媒介、以材料为媒介和以同伴为媒介三类。

(一) 以自身为媒介

教师以自身为媒介与婴幼儿一起游戏,具体的支持方式包括言语和非言语两种。言语的方法包括描述情节、猜测感受、扩展句子、提出问题、语言建议等方式;非言语的方法包括陪伴、面部表情、动作提示、示范、参与游戏等方式。这些支持方式并不是单个出现,有时可能同时出现,言语和非语言方式往往会结合起来使用。

1. 言语互动

根据言语互动的具体内容,可以分为描述情节、猜测感受、扩展句子、提出问题、语言建议等。当教师适时地评论婴幼儿的游戏行为时,不仅是对婴幼儿游戏行为的鼓励和肯定,同时也有助于他们获得丰富的游戏体验。例如,一岁左右的天天,将卷纸一圈一圈地扯开,他一边扯一边扔,卷纸滚动起来,扯开的纸越来越多,在地上绕成一团。教师在一旁说:"天天,我看到你把纸扯成了好长好长一条呀!"这有助于婴幼儿更放心大胆地进行探索。当然,如果教师觉得这样会浪费纸张,则可以替换为其他可供幼儿探索的物品,如毛线球等。对于 2 岁以上的幼儿则可以提出稍微复杂的问题给予支持(表 7 - 1 - 9)。

表 7 - 1 - 9 教师与婴幼儿的言语互动

描述情节	你在微笑;你拿了一个球。
猜测感受	你看起来很高兴;你看起来很想要那个球。
扩展句子	球,这是一个大大的、圆圆的球。
简单提问	这是什么呀? 你在做什么呀?
复杂提问	发生了什么事情呀? 我们应该怎么办呢? 为什么会这样呢? 如果……会怎么样呢?

2. 非言语形式

(1) 陪伴

陪伴是一种重要的支持婴幼儿游戏的方式。对于较小的婴幼儿,教师更需要给予情感上的陪伴支持,例如对婴儿微笑、拥抱等。对于较大的婴幼儿,教师有时候只是在旁边看着,适时

给予关注,就是一种很重要的支持。关注、微笑等可以向婴幼儿传达教师对游戏支持和肯定的态度,有利于创造和谐的心理氛围,使婴幼儿获得心理上的安全感和被接纳感。

案例①:1 岁 4 个月的梅梅在玩偶区玩耍。李老师脸上带着微笑,静静地坐在旁边,观察梅梅的假扮技能是如何发展的。梅梅抱着一个玩偶在晃动,李老师也假装抱着个婴儿,做着相同的摇晃动作。梅梅笑了,然后把自己抱着的婴儿玩偶递给了李老师。

在上述案例中,李教师在幼儿游戏时的关注和陪伴,会让幼儿觉得自己是被关注的、被欣赏的,教师对他做的事情感兴趣。幼儿在这个环境中感觉到安全、被信任,教师和幼儿之间的联结加强。

(2) 示范

虽然很多时候我们鼓励婴幼儿按照自己的喜好和方式来探索玩具材料,但有的时候教师也可以进行示范,从而鼓励婴幼儿进行模仿和新的探索尝试。示范可以分为直接示范和平行游戏两种方式。例如,在藏猫猫的游戏中,一般情况下是先由教师直接示范,然后引导婴幼儿模仿并参与游戏,逐渐地婴幼儿会自主发起该游戏,并示意教师加入游戏。平行游戏是指教师在一旁玩着和婴幼儿一样的游戏,从而起到间接示范的作用。例如,在搭积木游戏中,教师坐在婴幼儿旁边,不直接与他们互动,而是自己专注地用积木搭建一个小房子。婴幼儿观察到教师的行为后,开始模仿教师的动作,尝试搭建自己的积木作品。

(3) 参与游戏

教师直接参与游戏的方式,也能支持与促进婴幼儿的游戏开展,并在潜移默化中提升婴幼儿的游戏水平。例如,一岁半的毛毛把自己藏在窗帘后面,露出一个脑袋看向教师,当教师发现毛毛的这一举动,立马心领神会。教师笑着说:"毛毛在哪里呀? 彤彤(旁边另一个小朋友)要和我一起去找一找吗? 毛毛去哪里了呀?"毛毛从窗帘后出来,开心地说:"我在这里! 我在这里!"

(二) 以材料为媒介

材料是婴幼儿游戏的重要载体和工具,合适的材料可以激发婴幼儿的游戏兴趣。教师要根据婴幼儿的年龄特点和兴趣爱好,通过提供适宜的玩具材料来支持他们的游戏。在保持游戏区材料基本数量的同时,也可以适时做出一些改变。例如,每周在游戏区增加一个新材料。或者根据婴幼儿的兴趣,适时增加新材料。如教师发现婴幼儿对自己正在拍照的手机很感兴趣,则可以在下次的游戏区增加投放玩具手机或是不用的废旧手机,以供婴幼儿探索。

随着婴幼儿年龄的增长,他们会逐渐关注同伴行为并进行模仿,教师可以投放数量较多的同类玩具,从而避免婴幼儿争抢玩具。

(三) 以同伴为媒介

同伴是婴幼儿游戏中不可或缺的部分。随着婴幼儿年龄的增长,同伴在其发展中起着越来越重要的作用。教师要引导婴幼儿相互学习、共同游戏。

当婴幼儿之间出现冲突时,照护者往往急于帮助他们解决问题。然而,更多时候,照护者需要做的是支持婴幼儿自己解决问题。通常的流程有六步②:阻止伤害性行为、认可婴幼儿的

---

① [美]埃米·L.多姆布罗,等.有力的师幼互动——促进幼儿学习的策略[M].王连江,译.北京:中国轻工业出版社,2019:47.

② [美]贝齐·埃文斯.你不能参加我的生日聚会——学前儿童的冲突解决[M].洪秀敏,等译.北京:教育科学出版社,2012:36.

感受、收集信息、重述问题、询问儿童解决的方法并选择其中一个、准备好提供后续支持。针对婴幼儿的冲突,照护者或教师往往可能只进行到第三步,问题就已经解决了。例如,浩浩和强强都在玩搭积木,两个人因为一块积木争抢起来。浩浩说:"这是我的!"强强也抓着不放,两个人谁也不让谁。教师走过来,从中间拿过积木,并看着两名幼儿,对他们说:"在我们来解决这个问题时,暂时先由我来替你们保管它。看起来,你们俩都想要这块积木,是谁先拿到的呢?"当婴幼儿情绪过于激动时,可以先安抚其情绪,拥抱或是抚摸他们的后背,并用语言描述或猜测婴幼儿的感受:"你看起来很生气,因为你很想要那个积木。"对于较小的婴幼儿,通常情况下,只进行到前面两个或三个环节时,问题就已经解决了。

任务思考

1. 对婴幼儿游戏活动进行观察,需遵循的原则是什么? 有哪些观察方法?
2. 解读婴幼儿的游戏活动时,可以从哪些维度进行? 有哪些支持引导策略?
3. 尝试利用皮亚杰的"图式"理论,对婴幼儿的游戏行为进行观察和分析。

实训实践

在见实习中,选择一名婴幼儿,观察其游戏行为,并完成下列实践任务书。

实训实践任务书

任务名称: 婴幼儿游戏活动的观察与支持

任务内容: 对一名婴幼儿的游戏活动进行观察记录与分析(表7-1-10),并提出支持策略。

任务要求: 在见习中,选择一名婴幼儿,使用文字记录和照片描述其游戏的情况,并提出支持性的方法和策略。

任务目标: 学会观察和支持婴幼儿的游戏,并能够在分析的基础上提出支持性的方法和策略。

表7-1-10　实践任务表

观察对象: 　　　月龄: 观察地点: 　　　日期: 观察目标:
观察记录:(图文并茂记录婴幼儿在游戏中的语言、动作、表情等内容)
分析评价:(对婴幼儿的游戏进行分析评价)

续表

支持策略：（可从三种支持引导方式：以自身为媒介、以材料为媒介、以同伴为媒介提出方法策略）

任务二　评价与反思婴幼儿游戏

案例导入

　　李梅同学已经在托育机构实习了一个月，实习快结束的时候，托育机构组织同学们进行实习汇报和总结活动。李梅同学作为班级代表，展示了一次游戏活动的公开观摩（图7-2-1）。活动结束，带教老师让李梅同学对游戏活动进行自我评价与反思。

　　李梅有些发愁，该从哪些地方进行评价和反思呢？

图7-2-1　组织幼儿游戏

　　评价是人们对客观事物的价值作出判断的过程。"幼儿园教育活动评价是一个收集教育活动过程诸要素及对活动效果作出衡量、判定或赋予其价值意义的过程"[①]。婴幼儿游戏活动是早期教育活动的一个重要组成部分，对婴幼儿游戏的评价就是对婴幼儿游戏活动的过程诸要素及活动效果作出价值判断的过程。从微观层面来说，指对婴幼儿的游戏水平进行评价，具体可参考本项目任务一的内容。从中观层面来说，包括对托幼机构中教师组织的游戏活动进行评价，主要包括游戏环境的创设、游戏活动的设计、游戏活动的组织指导、游戏活动的效果等。本任务中的评价与反思主要针对中观层面。

　　反思是对评价结果的深入分析和思考，对游戏活动的反思要求教育者不仅要看到婴幼儿在游戏中的表现，还要理解这些表现背后的原因和机制，发现游戏活动设计和组织指导的不足，提出改进措施，并不断优化自己的教育实践，提升自己的专业素养。

---

　　① 黄瑾.幼儿园教育活动设计与指导[M].上海：华东师范大学出版社，2007：153.

在婴幼儿的游戏活动中,评价与反思各自扮演着重要的角色。评价为反思提供了基础,而反思则是对评价的深化和拓展。两者相互依存、相互促进,共同推动着婴幼儿游戏活动的优化和发展。在教育实践中,教育者应充分利用评价和反思这两个工具,不断优化游戏活动组织,助力婴幼儿的发展,并促进自身的专业发展。

一、婴幼儿游戏活动评价

(一)婴幼儿游戏活动评价的意义和原则

对婴幼儿游戏进行科学、全面的评价,不仅关乎婴幼儿的全面发展,也有利于早期教育质量的提升,以及促进家托共育。

1. 婴幼儿游戏活动评价的意义

(1)促进婴幼儿全面发展

婴幼儿游戏活动评价的首要意义在于促进婴幼儿在动作、语言、认知、情绪情感与社会性等方面的全面发展。例如,2岁6个月大的明明在户外骑三轮车,在没有外界帮助的情况下,他成功地坐到了座位上。教师注意到他刚开始骑行时,偶尔需要一只脚踩地来调整方向,慢慢地,他能够交替踩踏三轮车向前走,这反映其良好的身体协调性、平衡感。通过持续观察并记录幼儿在不同游戏中的表现,教师可以评估其运动能力发展的阶段,进而设计更符合其发展水平的游戏,最终促进婴幼儿的全面发展。

(2)提升早期教育质量

婴幼儿游戏活动评价是早期教育质量提升的关键。通过评价,教育者能够客观、全面地了解婴幼儿在游戏中的水平、兴趣、需求,发现婴幼儿在游戏中的表现和进步。这些反馈信息为教育者提供了宝贵的参考,使他们能够更准确地判断游戏活动的针对性和有效性,从而及时调整教育策略,优化游戏设计。同时,评价过程也有助于发现游戏设计或活动组织过程中存在的问题,如游戏难度过高、游戏材料不适宜等。针对这些问题,教师可以提出具体的改进措施,如调整游戏难度、更新游戏材料等,以确保游戏活动设置的科学性和合理性。

(3)促进家托共育的形成

婴幼儿游戏活动评价在促进家托共育方面发挥着重要作用。通过共同参与评价过程,家长和教师能够更全面地了解婴幼儿在游戏中的表现和发展状况。这种双向沟通不仅增强了家长与教师之间的合作,还使双方能够共享关于婴幼儿成长的信息,从而在教育理念和方法上达成共识。家长的观察评价,有助于教师更深入地理解婴幼儿在家的行为模式和发展水平,使教育方案更加贴近婴幼儿的个性需求。同时,教师的专业评价也能为家长提供科学的育儿指导,帮助家长在家庭环境中更好地支持和促进婴幼儿的成长。因此,婴幼儿游戏活动评价不仅是对婴幼儿发展的评估,更是家托共育的桥梁。

2. 婴幼儿游戏活动评价的原则

(1)全面性原则

对婴幼儿的游戏活动评价要遵循全面性原则。一方面是指在评价时要对婴幼儿在游戏中的表现进行全面评价,即婴幼儿对游戏的兴趣和需求,以及游戏中所反映的婴幼儿各领域的发展状况,包括认知、语言、运动、情绪情感和社会性等方面。另一方面,全面性原则是指对婴幼儿游戏的评价,不仅要评价幼儿的游戏发展状况,还要评价教师在游戏活动中的组织指导、游戏的环境创设等方面的内容。

(2)发展性原则

发展性原则是指评价的目的在于促进婴幼儿的发展、教师专业能力的提升,以及改进教育质量。而教师专业能力的提升、教育质量的提高,最终的归宿点还是在于婴幼儿自身的发展。因此评价应关注婴幼儿在游戏中的发展变化,以发展的眼光看待婴幼儿的成长和进步,为婴幼儿提供有针对性的指导和支持。

(3)科学性原则

科学性原则是指评价不能仅凭主观经验或直观感觉来进行判断,而应采用科学的方法和手段来展开评价。科学性应贯穿于评价的整个过程,无论是评价目标内容的确定、评价方法的选择,还是评价结果的应用都要客观、准确、科学。

(二)婴幼儿游戏活动评价的内容和方式

1. 婴幼儿游戏活动评价的内容

婴幼儿游戏评价的内容包括:游戏活动方案、游戏环境创设和材料投放,以及婴幼儿游戏行为和教师的互动指导。针对婴幼儿游戏行为和教师的互动指导在前一任务已详细阐述(详见任务一"观察与支持婴幼儿游戏"),这里重点对游戏活动方案、游戏环境创设和材料投放的评价进行详细说明。

(1)游戏活动方案

游戏活动计划是教师针对个别婴幼儿、小组或集体,基于其发展水平所设计的游戏方案,包括游戏目标、游戏准备、游戏玩法、注意事项等。对婴幼儿游戏的活动计划进行评价时,我们需要从多个维度来全面考量其质量和适宜性。

游戏目标的明确性:评价时应关注游戏计划是否清晰地设定了旨在促进婴幼儿某一方面能力发展的目标,如认知、情感、社交或运动技能等。目标应与婴幼儿的当前发展水平相匹配,符合婴幼儿发展水平和发展需要;目标表述应简洁明了,主语统一,具有全面性、可操作性,对整个活动具有导向作用。

游戏准备的充分性:包括物质准备(如游戏材料的安全性、适宜性和趣味性,最大程度地支持和满足婴幼儿游戏、探索的需要)和环境准备(如空间布局是否有利于婴幼儿游戏、自由探索和互动)。同时要注意婴幼儿的情绪状况、精神状态是否适合开展游戏活动。

游戏玩法的适宜性:玩法设计需简单易懂,便于婴幼儿理解和参与,同时融入一定的挑战性以激发其学习兴趣;各环节动静交替、层次清晰;凸显婴幼儿的主体地位,以新颖的方式促进婴幼儿多方面能力的发展。

游戏时间也是一个反映游戏情况的指标。《托育机构质量评估标准》(2023)中明确指出:"根据婴幼儿的月龄特点、实际发展情况和个体差异等特点,制订多种形式的活动计划和明确的发展性目标。活动计划以自由分散活动为主……"而《婴儿学习环境评量表》(ITERS-R)[①]中也专门将自由游戏作为一项评价指标,要求一天 8 小时的课程必须至少有 1 小时的自由游戏时间。也就是说,在日托机构,一日活动安排中至少要有 1 小时的自由游戏时间。这里的自由游戏是指"允许婴幼儿选择材料和玩伴,并且尽可能让他们独立开展游戏。成人的互动仅限于回应婴幼儿的需要。必须为无法自己行走的婴幼儿提供材料供他们自由选择,并且帮助他们移到可以取用材料的地方。"

(2)游戏环境创设和材料投放

对游戏环境、玩具和材料的评价涉及环境空间布局是否合理,游戏时间是否充分,游戏材

---

① [英]西尔玛·哈姆斯,等. 婴儿学习环境评量表(ITERS-R)[M]. 修订版. 汪光珩,周欣,译. 上海:华东师范大学出版社,2015:62.

料是否丰富多样,数量上是否合适,能否支持婴幼儿的游戏、满足婴幼儿发展的需要。

高瞻课程在《学前教育机构质量评价系统》(PQA)①对班级层面的评价包括Ⅰ学习环境、Ⅱ一日常规、Ⅲ成人—幼儿互动等几个方面。其中,对Ⅰ班级学习环境的评价分为9个条目,分别为A.安全而健康的环境、B.明确划分的兴趣区、C.科学设置兴趣区、D.户外空间设备和材料、E.有组织和标识的材料、F.多种多样的开放性材料、G.充足的材料、H.多样化的材料、I.展示幼儿的作品。每个条目下又分为三个水平。表7-2-1展示了其中的一部分。

表7-2-1 班级学习环境评价

Ⅰ-B 教室按兴趣区(如建构或积木区、娃娃家、艺术区、玩具区、图书区、沙水区)分隔开来,反映幼儿游戏和发展的基本方面。		
水平1指标	水平3指标	水平5指标
空间未按兴趣区分隔。	部分空间被分隔成兴趣区(如积木区和娃娃家)。	空间被分隔成兴趣区(积木区、娃娃家、艺术区、图书区、玩具区等)。
兴趣区未被划定或不明显。	部分兴趣区被清晰划定(如利用高和矮的架子、大型家具)。	所有兴趣区都被清晰划定并有明确的标记。
兴趣区未命名,并且/或者所有的区域使用抽象的名字(如操控区、科学区),幼儿不容易理解。	部分兴趣区有名称,且易于幼儿理解。	所有兴趣区均有名称(如玩具区、娃娃家、图书区)且易于幼儿理解。
教师和幼儿不提兴趣区的名称。	教师和幼儿有时会提到兴趣区的名称。	教师和幼儿经常提到兴趣区的名称。
Ⅰ-C 兴趣区的位置经过精心设计,保证每个区域都拥有足够的空间,区域之间方便走动,活动相关的区域相邻。		
水平1指标	水平3指标	水平5指标
兴趣区的位置设计阻碍了通行和游戏。	部分兴趣区的位置设计允许幼儿从一个区域自由移动到另一个区域。	所有兴趣区的位置设计都允许幼儿从一个区域自由移动到另一个区域。
高大的家具、架子或者隔断导致幼儿和成人看不到别的兴趣区。	有部分家具、架子和隔断低矮,幼儿和成人可以看到别的部分兴趣区。	低矮的家具、架子和隔断允许幼儿和成人看到任一兴趣区。
兴趣区空间不充足,限制了可容纳幼儿的数量。	部分兴趣区拥有足够的空间,可供多名幼儿同时游戏。	每个兴趣区均拥有足够的空间,供多名幼儿同时游戏。
相关活动的兴趣区之间不相邻(如艺术区离水池和盥洗室较远)。	部分有相关活动的兴趣区之间是相邻的(如积木区靠近娃娃家)。	有相关活动的兴趣区之间是相邻的(如积木区靠近娃娃家,美术区靠近水池或盥洗室)。
Ⅰ-F 教室材料多种多样,具有操作性、开放性、真实性,能够吸引幼儿多种感官参与(视觉、听觉、触觉、嗅觉和味觉)。		
水平1指标	水平3指标	水平5指标
大部分兴趣区里的大部分材料(如剪贴画、作业单、涂色书以及购买的商业玩具——麦当劳的人偶)只能得到指定的结果。	在部分兴趣区可见部分开放性材料(如箱子、纸、珠子、颜料)。	所有兴趣区的可用材料大部分为开放性的(如积木、图书、沙、水、软木、玩偶、围巾、玩具车、颜料、贝壳)。

① [美]高瞻教育研究基金会(HighScope Educational Research Foundation).学前教育机构质量评价系统[M].霍力岩,黄爽,黄双等译.北京:教育科学出版社,2018:16.

续表

水平 1 指标	水平 3 指标	水平 5 指标
任何区域均未提供操作性材料。	部分区域提供了部分操作性材料。	所有区域均提供了多种操作性材料。
很多玩具复制品替代了"真实的"物品（如玩具盘子和杯子代替了真实餐具，小的塑料工具代替了真实工具）。	材料里有部分玩具复制品（如玩具计数器、玩具扫帚）替代了"真实的"物品。	材料很多是"真实"物品，而非玩具替代品（如狗的餐盘、消防队员的长靴、方向盘、园艺工具、手提箱、公文包、壶和锅、锤子和锯子、电话）。
很多材料并不能吸引所有感官（视觉、听觉、味觉、触觉和嗅觉）。	部分材料（如填充动物玩偶、乐器、橡皮泥）能吸引多种感官。	很多材料能吸引多种感官，且同时包括自然材料和人造材料（如材料有的坚硬，有的柔软，包括有多种口味的点心，用木头、布、金属、纸或液体制成的物品）。

关于积木区和角色区的环境评价可参考《婴儿学习环境评量表》（ITERS－R），见表 7－2－2。

表 7－2－2　积木和角色游戏评量表

积木游戏			
不足（1）	最低标准（3）	良好（5）	优秀（7）
1.1　没有积木游戏的材料。	3.1　每天可取用至少 1 套积木（6 块或以上同一种类的积木）。	5.1　每天大部分时间可取用至少两套不同种类的积木（每套有 10 块或以上的积木）。	7.1　每天大部分时间可取用至少三套不同种类的积木（每套有 10 块或以上的积木）。
	3.2　每天可取用一些积木的配套玩具。	5.2　积木和配套玩具按类别整理。	7.2　多种不同的配套玩具，包括交通工具、人物、动物。
	3.3　一天中大部分时间可取用积木和配套玩具。	5.3　学步儿玩积木的区域不是通行过道，且表现平稳。	7.3　教师和儿童玩简单的积木游戏。
角色游戏			
1.1　没有角色游戏的材料。	3.1　有一些贴合年龄的角色游戏材料，包括玩偶和软质玩具动物。	5.1　每天可使用许多各式贴合年龄的角色游戏材料。	7.1　提供表现多元性的道具（例如：表现不同种族/文化的玩偶，不同文化的人物或残障人士使用的器具）。
	3.2　一天大部分时间可以使用角色游戏材料。	5.2　道具表现儿童每天的生活体验（例如：家庭日常生活、工作、交通工具）。	7.2　提供道具让学步儿在户外或其他开阔的地方进行角色游戏。
		5.3　材料分类整理（例如：餐具放在单独的盒子里，玩偶放在一起，装扮用的帽子和钱袋挂在挂钩上）。	7.3　教师和儿童一起玩假装游戏（例如：和儿童用玩具电话谈话，轻轻摇晃洋娃娃并和它说话）。

续表

不足（1）	最低标准（3）	良好（5）	优秀（7）
		5.4　为学步儿提供儿童尺寸的玩具家具（例如：小洗手盆或火炉、婴儿车、购物车）。	

2. 婴幼儿游戏活动的评价方式

（1）正式评价和非正式评价

根据评价的正式与否，分为正式评价和非正式评价。在托幼机构中，教师每天都在和婴幼儿游戏互动，无时无刻不在对游戏活动进行观察和评价，这种关注、回应一般被认为是非正式评价。对婴幼儿的访谈、作品分析也是一种非正式评价。正式评价是指评价者有计划、有目的、有针对性地实施的评价。例如，教师采用观察量表或行为检核表，有计划、有目的地对婴幼儿某一发展领域进行评价。

（2）形成性评价和总结性评价

根据评价运行的时间可分为形成性评价和总结性评价。形成性评价是在游戏进行过程中，对婴幼儿的游戏表现和相关情况进行持续的评价。目的是及时了解婴幼儿游戏的情况，以及游戏的效果如何，从而为教师提供灵活调整的依据。例如，通过观察婴幼儿在游戏中的行为表现，判断游戏是否适合婴幼儿的年龄和能力，是否能促进他们的认知、语言、社交和情感发展。总结性评价则是在游戏结束后，对游戏的总体效果进行评价。这种评价方式的目的是向决策者提供信息，帮助他们了解游戏对婴幼儿发展的整体影响。总结性评价通常包括幼儿在游戏中的表现、游戏目标的实现程度、游戏规则的执行情况等方面。通过总结性评价，教师可以了解游戏的整体效果，为下一次的游戏计划和教学改进提供参考。

（3）内部评价和外部评价

依据评价的主体可分为内部评价和外部评价。内部评价主要指游戏参与者的自我评价，包括婴幼儿对自身游戏行为和表现的评价，以及教师对自己组织指导的游戏行为进行的反思评价。是婴幼儿在游戏过程中或游戏结束后，对自己游戏行为和表现进行的反思与评估。虽然婴幼儿的语言表达和认知能力有限，但他们在游戏中的情绪反应、兴趣态度，以及与其他孩子的互动，可以反映游戏的质量。外部评价，则是由游戏参与主体之外的人来实施的游戏评价，如家长、教师同行、研究机构科研人员等进行的评价。这种评价通常基于观察者的专业视角和经验，能够更全面地分析婴幼儿在游戏中的发展情况和潜在需求。外部评价不仅有助于教师和家长了解婴幼儿的游戏水平和兴趣点，还能为他们提供有针对性的指导和支持，促进婴幼儿在游戏中的全面发展。

二、婴幼儿游戏活动反思

对婴幼儿游戏活动进行反思，是提升游戏活动设计与指导能力的关键步骤。反思不仅有助于教师或家长更好地理解婴幼儿在游戏中的需求和表现，还能促进活动设计的优化和指导策略的提升。婴幼儿游戏活动反思的内容可以从以下几个方面展开。

（一）游戏目标是否达成

反思的首要内容是游戏目标是否达成，回顾婴幼儿在游戏中的表现是否达到了预期的效果；是否过于强调目标的达成，而忽视了婴幼儿真实的需求和兴趣。

（二）游戏内容是否适宜

教师应考虑游戏内容是否符合婴幼儿的年龄特点、兴趣爱好以及认知水平。如果游戏内容过于简单或过于复杂,都可能导致婴幼儿在游戏中失去兴趣或产生挫败感。因此,教师应根据婴幼儿的实际情况不断调整游戏内容,使其更加贴近婴幼儿的需求。

（三）游戏环境是否丰富

游戏环境是否安全、舒适、整洁;是否有利于婴幼儿的游戏和学习;是否具有趣味性和探索性。游戏材料是否适合婴幼儿的年龄和发展水平;是否足够丰富和多样,以满足不同婴幼儿的需求;游戏材料的使用是否安全、卫生。游戏时间是否充足。

（四）教师指导是否恰当

教师的指导是否适时、适度;是否给予了婴幼儿足够的自主性和探索空间;教师是否有效地促进了婴幼儿之间的互动和合作;教师是否关注到了每个婴幼儿的发展需求,并给予了个性化的指导。

（五）婴幼儿参与度与情感体验

婴幼儿在游戏中的参与度是否高;是否有积极的互动和合作;是否表现出兴趣和愉悦;婴幼儿在游戏中的学习和发展情况如何;是否达到了预期的教育目标。

（六）游戏规则的制定与执行

游戏规则的制定是否明确、合理;是否能够被婴幼儿理解和接受;游戏规则在执行时,是否能够根据婴幼儿当下的需求和兴趣而灵活调整。

对婴幼儿游戏活动进行反思是提升活动设计与指导能力的关键步骤。通过反思教师可以不断优化游戏设计、提升指导策略、促进婴幼儿的全面发展。同时,也有助于构建和谐的师幼关系,提升自己的专业素养和教育教学能力。

任务思考

1. 请阐述婴幼儿游戏评价的原则和内容。
2. 对婴幼儿游戏活动进行反思,其内容可以从哪几个方面展开?

育儿宝典

亲子互动的有效方式:镜像对话

镜像对话是和婴幼儿互动的一种有效方式,它是指把你听到的或看到的婴幼儿的信息反馈给婴幼儿,这种方式能够拓展婴幼儿的思维和学习,也有利于建立亲子之间的情感连接。

家长可以通过简单地重复、拓展、描述等方式来与婴幼儿进行镜像对话。例如,5个月的婴幼儿发出"咕噜""咿呀"的声音时,照护者立即模仿这些声音,用夸张的口型和表情笑着回应"咕噜咕噜",同时眼睛看着婴儿。之后家长还可以在此基础上进行扩展,如"宝宝在说咕噜,是不是看到好玩的东西啦"。9个月的婴儿伸手去够玩具积木,照护者跟宝宝说:"哇,你伸出胳膊真的拿到了积木!"当1岁半的幼儿说出"车车"这个词时,照护者说:"对的,这是一辆红色的小车车,它跑得可快啦。"再如,2岁的宝宝在家里拿着扫把扫地,照护者说:"宝宝,你把地板打扫得很干净呀!"2岁6个月的宝宝在纸上涂鸦画画,照护者可以说:"宝宝,你已经使用了四种不同的颜色!"3岁的幼儿边搭积木边说"太棒了,我成功了!"家长在一旁说:"你真棒! 你把积木一块块地摆成了一座塔。我想知道你能不能把塔搭得更高?"

在与婴幼儿进行互动时,家长可运用镜像对话的方式来支持幼儿的学习,原因在于镜像对话能够为他们提供有关"说什么"和"做什么"的具体且详尽的信息。这种反馈更有助于幼儿察觉自身的思维与学习过程,同时还会激励他们对有助于学习的行为进行重复、实践和巩固。

实训 实践

1. 利用学习环境评量表,对婴幼儿的游戏环境进行分析评价。

2. 观摩一个婴幼儿的集体游戏活动,并尝试对教师的游戏设计和游戏过程中的组织指导进行分析评价。

赛证 链接

请根据材料,撰写观察记录①。

在托育机构的托小班里,教师发现21月龄的男宝明明,经常在积木区抢小朋友手里的积木,在玩具区抢小朋友手中的小车,在户外活动时会去抢同伴正在玩的皮球。

作为托小班的教师,请撰写一份明明的行为观察记录表(表7-2-3),并进行分析。

表7-2-3　行为观察记录表

行为观察记录表			
观察对象		观察时间	
性别		月龄	
观察地点		观察者	
情况记录			
行为分析			

---

① 选自全国托育职业技能竞赛保育师(学生组)婴幼儿托育综合技能题题库。

参 考 文 献

[1] 余震球,选译. 维果茨基教育论著选[M]. 北京:人民教育出版社,2005.

[2] 郑琼,主编. 0—3 岁婴幼儿亲子活动指导与设计[M]. 福州:福建人民出版社,2013.

[3] 王颖蕙,主编. 0~3 岁儿童玩具与游戏[M]. 上海:复旦大学出版社,2014.

[4] 刘焱,著. 儿童游戏通论[M]. 福州:福建人民出版社,2015.

[5] 吴邵萍,主编. 幼儿园开放性区域活动指导(2—3 岁)[M]. 北京:教育科学出版社,2015.

[6] 陈明霞,主编. 婴幼儿亲子活动课程(31~36 个月)[M]. 上海:复旦大学出版社,2018.

[7] 陈春梅,主编. 学前儿童游戏[M]. 芜湖:安徽师范大学出版社,2018.

[8] [英]斯特拉·路易斯,等著. 认识婴幼儿的游戏图式:图式背后的秘密[M]. 2 版. 张晖,范忆,时萍,译. 北京:中国轻工业出版社,2019.

[9] 吴健,等主编. 婴幼儿游戏活动设计与指导:配实训工作手册[M]. 北京:中国人民大学出版社,2024.

[10] 邱学青,俞洋,主编. 你会和孩子聊天吗?——儿童游戏中的倾听和回应[M]. 南京:江苏凤凰教育出版社,2024.

[11] 刘焱,著. 儿童游戏通论[M]. 2 版. 北京:北京师范大学出版社,2008.

[12] [加]贝弗莉·迪策,黛安娜·卡希,著. 幼儿园游戏与学习[M]. 鄢超云,魏婷,孙晓旭,等译. 北京:中国轻工业出版社,2023.

[13] 刘焱,潘月娟,主编. 学前儿童游戏指导[M]. 2 版. 北京:高等教育出版社,2015.

[14] 方建移,何伟强,著. 家庭教育与儿童社会性发展[M]. 杭州:浙江教育出版社,2005.

[15] [美]杰里·比格纳,著,亲子关系——家庭教育导论[M]. 8 版. 郑福明,冯夏婷,译. 北京:高等教育出版社,2012.

[16] [美]朱莉娅·卢肯比尔,等著. 0—3 岁婴幼儿游戏:适宜的环境创设与师幼互动[M]. 张和颐,尹雪力,译. 北京:中国轻工业出版社,2022.

[17] 李季湄,冯晓霞,主编.《3—6 岁儿童学习与发展指南》解读[M]. 北京:人民教育出版社,2013.

[18] 上海市教师教育学院(上海市教育委员会教学研究室),主编. 上海市 0—3 岁婴幼儿发展要点与支持策略(试行稿)[M]. 上海:上海教育出版社,2024.

[19] [英]塔姆辛·格里梅,著,观察婴幼儿的游戏图式——支持和拓展儿童的学习[M]. 张晖,译. 时萍,范忆,审校. 北京:中国轻工业出版社,2021.

[20] [美]高瞻教育研究基金会(HighScope Educational Research Foundation),著. 学前儿童观察评价系统[M]. 霍力岩,黄爽,黄双,等译. 北京:教育科学出版社,2018.

[21] [美]贝齐·埃文斯,著. 你不能参加我的生日聚会——学前儿童的冲突解决[M]. 洪秀敏,等译. 北京:教育科学出版社,2012.

[22] 黄瑾,主编. 幼儿园教育活动设计与指导[M]. 上海:华东师范大学出版社,2007.

[23] [美]西尔玛·哈姆斯,等著. 婴儿学习环境评量表(ITERS-R)[M]. 修订版. 汪光珩,周欣,译. 上海:华东师范大学出版社,2015.

[24] [英]伊丽莎白·伍德,著. 游戏、学习与早期教育课程[M]. 李敏谊,杨智君,等译. 北京:教育科学出版社,2018.

[25] [美]埃米·L. 多姆布罗,等著. 有力的师幼互动——促进幼儿学习的策略[M]. 2 版. 王连江,译. 北京:中国轻工业出版社,2019.

[26] 方玥,主编. 上海市 0—3 岁婴幼儿家庭科学育儿指导手册[M]. 上海:上海科学技术出版社,2019.

[27] 中华人民共和国福建省教育厅. 福建省 0—3 岁儿童早期教育指南(试行)[Z]. 2008-10-26. 闽教基〔2008〕75 号.

［28］国家卫生健康委员会.3岁以下婴幼儿健康养育照护指南(试行)［Z].2022-11-19.国卫办妇幼函〔2022〕409号.

［29］国家卫生健康委办公厅.婴幼儿早期发展服务指南(试行)［Z].2024-12-5.国卫办妇幼函〔2024〕467号.

［30］上海市教育委员会.上海市0—3岁婴幼儿教养方案［Z].2008-04-29.沪教委基〔2008〕33号.

［31］青岛市教育局办公室.青岛市0—3岁婴幼儿教养指导纲要(试行)［Z].2014-11-17.青教通字〔2014〕110号.

图书在版编目(CIP)数据

婴幼儿游戏指导/陈雅芳,颜晓燕总主编;孙巧锋
主编.--上海:复旦大学出版社,2025.8.--ISBN
978-7-309-18094-7

Ⅰ.G613.7

中国国家版本馆 CIP 数据核字第 2025GC3155 号

婴幼儿游戏指导

陈雅芳　颜晓燕　　总主编

孙巧锋　主　编

责任编辑/颜萍萍

复旦大学出版社有限公司出版发行

上海市国权路 579 号　邮编:200433

网址: fupnet@ fudanpress. com　http://www.fudanpress.com

门市零售: 86-21-65102580　　团体订购: 86-21-65104505

出版部电话: 86-21-65642845

上海华业装璜印刷厂有限公司

开本 890 毫米×1240 毫米　1/16　印张 11　字数 282 千字

2025 年 8 月第 1 版第 1 次印刷

ISBN 978-7-309-18094-7/G·2725

定价:45.00 元